Os princípios de justiça tributária sob a perspectiva das desigualdades de gênero

MARIANA CAVALCANTI TIBURCIO

ORGANIZAÇÃO
MARCUS LIVIO GOMES
SERGIO ANDRÉ ROCHA

FINANÇAS PÚBLICAS, TRIBUTAÇÃO E DESENVOLVIMENTO

Copyright © 2023 by Editora Letramento
Copyright © 2023 by Mariana Cavalcanti Tiburcio

Diretor Editorial Gustavo Abreu
Diretor Administrativo Júnior Gaudereto
Diretor Financeiro Cláudio Macedo
Logística Daniel Abreu e Vinícius Santiago
Comunicação e Marketing Carol Pires
Assistente Editorial Matteos Moreno e Maria Eduarda Paixão
Designer Editorial Gustavo Zeferino e Luís Otávio Ferreira

Conselho Editorial Jurídico

Alessandra Mara de Freitas Silva
Alexandre Morais da Rosa
Bruno Miragem
Carlos María Cárcova
Cássio Augusto de Barros Brant
Cristian Kiefer da Silva
Cristiane Dupret
Edson Nakata Jr
Georges Abboud
Henderson Fürst
Henrique Garbellini Carnio
Henrique Júdice Magalhães
Leonardo Isaac Yarochewsky
Lucas Moraes Martins
Luiz F. do Vale de Almeida Guilherme
Marcelo Hugo da Rocha
Nuno Miguel B. de Sá Viana Rebelo
Onofre Alves Batista Júnior
Renata de Lima Rodrigues
Salah H. Khaled Jr
Willis Santiago Guerra Filho

Todos os direitos reservados. Não é permitida a reprodução desta obra sem aprovação do Grupo Editorial Letramento.

Dados Internacionais de Catalogação na Publicação (CIP)
Bibliotecária Juliana da Silva Mauro - CRB6/3684

T554p   Tiburcio, Mariana Cavalcanti.
Os princípios de justiça tributária sob a perspectiva das desigualdades de gênero / Mariana Cavalcanti Tiburcio ; organizado por Marcus Livio Gomes e Sergio André Rocha. - Belo Horizonte : Letramento, 2023.
192 p. ; 23 cm. - (Finanças Públicas, Tributação e Desenvolvimento)
Inclui Bibliografia.
ISBN 978-65-5932-411-8
1. Direito tributário. 2. Tributação e gênero. 3. Desigualdade. I. Título. II. Série.

                                           CDU: 336.02
                                           CDD: 339.5

Índices para catálogo sistemático:
1. Política fiscal 336.02
2. Política fiscal 339.5

LETRAMENTO EDITORA E LIVRARIA
Caixa Postal 3242 — CEP 30.130-972
r. José Maria Rosemburg, n. 75, b. Ouro Preto
CEP 31.340-080 — Belo Horizonte / MG
Telefone 31 3327-5771

É O SELO JURÍDICO DO
GRUPO EDITORIAL LETRAMENTO

APRESENTAÇÃO DA COLEÇÃO TRIBUTAÇÃO, FINANÇAS PÚBLICAS E DESENVOLVIMENTO

Esta coleção nasceu do nosso interesse de congregar e levar aos leitores e leitoras trabalhos acadêmicos sobre temas de Direito Tributário e Financeiro que tratem de questões atuais e relevantes para o desenvolvimento de tributação e finanças públicas democráticas e transformadoras da sociedade.

O Direito Tributário e o Direito Financeiro encontram-se no centro dos principais temas que desafiam os gestores públicos e os atores privados. Da proteção do meio-ambiente à superação de todas as formas de desigualdade, de questões domésticas à equidade na relação entre países soberanos, a tributação e as finanças públicas são parte essencial da solução de qualquer dos problemas que afligem muitas das sociedades contemporâneas.

Neste contexto, o Programa de Pós-Graduação em Direito da Universidade do Estado do Rio de Janeiro vem cumprindo um papel essencial de recuperar o caráter humanista do Direito Tributário e do Direito Financeiro, após décadas de prevalência teórica de teorias formalistas que pretenderam, inclusive, separar os dois campos de estudo.

Além de publicar trabalhos desenvolvidos no Programa de Pós-Graduação em Direito da Universidade do Estado do Rio de Janeiro, esta coleção está aberta a pesquisas produzidas em outras instituições, desde que alinhadas à linha editorial proposta.

Mariana Cavalcanti Tiburcio

Agradecemos à Editora Casa do Direito pela parceria neste projeto, bem como aos autoras e autores que confiaram em nós para a publicação de suas pesquisas.

SERGIO ANDRÉ ROCHA
MARCUS LÍVIO GOMES
Professores de Direito Financeiro e Tributário da
Universidade do Estado do Rio de Janeiro - UERJ

AGRADECIMENTOS

Agradeço primeiramente ao meu orientador, professor Sergio André Rocha, pelas valiosas contribuições e críticas ao meu trabalho e por sempre ter se colocado à disposição para debater o tema comigo.

Agradeço também a todos os professores do mestrado, com quem muito aprendi nesses últimos anos, e principalmente aos professores Carlos Alexandre e Bianca Xavier, que aceitaram participar da minha banca e fizeram considerações muito necessárias para o aprimoramento do meu trabalho.

Agradeço a minha família e principalmente ao meu marido, Antonio Tiburcio, a quem dedico este título, por ser o meu pilar e a minha fonte diária de inspiração e motivação. Obrigada por sempre me apoiar e acreditar em mim. Obrigada por me dar a serenidade e a coragem necessárias para enfrentar todos os desafios da vida. Ao seu lado me sinto mais forte.

Por fim, não poderia deixar de registrar um agradecimento especial a todas as mulheres fortes que me acompanharam de perto ao longo dessa jornada de mestrado, sempre me incentivando e inspirando, principalmente Carmen Tiburcio, Karolina Rosen, Nathalia Vogas, Nina Pencak, Ana Luisa Sénéchal, Raíssa de Almeida Lima Pereira, Laura Kurth, Maria Fernanda Bartolomé, Paula Gonçalves de Oliveira, Bruna Fontenelle, Eduarda Motta, Luíza Latini, Desirée Vianna e Isabela Blanco. Obrigada por tornarem tudo mais leve.

9   **APRESENTAÇÃO — SERGIO ANDRÉ ROCHA**

13   **APRESENTAÇÃO — CARMEN TIBURCIO**

15   **PREFÁCIO — BIANCA XAVIER**

17   **INTRODUÇÃO**

17   **1. CONTEXTO E OBJETO DESTA PESQUISA**

22   **2. JUSTIFICATIVA**

24   **3. METODOLOGIA**

26   **4. ESTRUTURA DA DISSERTAÇÃO**

27   **1. ISONOMIA**

27   **1.1. CONCEITO DE ISONOMIA ADOTADO NESTA PESQUISA**

32   **1.2. A ADOÇÃO DA ISONOMIA PARA A REDUÇÃO DAS DESIGUALDADES DE GÊNERO NA CONSTITUIÇÃO**

36   **1.3. ISONOMIA, GÊNERO E TRIBUTAÇÃO**

36   1.3.1. DADOS QUE DEMONSTRAM AS DESIGUALDADES DE GÊNERO EXISTENTES NA SOCIEDADE

42   1.3.2. VIESES IMPLÍCITOS E EXPLÍCITOS DE GÊNERO

44   1.3.3. RECURSO EXTRAORDINÁRIO Nº 576.967 (TEMA Nº 72 DE REPERCUSSÃO GERAL): INCLUSÃO DO SALÁRIO-MATERNIDADE NA BASE DE CÁLCULO DA CONTRIBUIÇÃO PREVIDENCIÁRIA

51   **1.4. CONCLUSÃO DESTE CAPÍTULO**

52   **2. CAPACIDADE CONTRIBUTIVA**

52   **2.1. CONCEITO DE CAPACIDADE CONTRIBUTIVA ADOTADO NESTA PESQUISA**

57   **2.2. CAPACIDADE CONTRIBUTIVA OBJETIVA E SUBJETIVA**

63   **2.3. CAPACIDADE CONTRIBUTIVA INTERPRETADA A PARTIR DAS DESIGUALDADES DE GÊNERO**

64   2.3.1. O IMPACTO DAS DESIGUALDADES DE GÊNERO NA CAPACIDADE CONTRIBUTIVA OBJETIVA

65   2.3.2. O IMPACTO DAS DESIGUALDADES DE GÊNERO NA CAPACIDADE CONTRIBUTIVA SUBJETIVA

72   2.3.3. PROPOSTAS PARA A EFETIVA CONCRETIZAÇÃO DA CAPACIDADE CONTRIBUTIVA COM VISTAS À SUPERAÇÃO DAS DESIGUALDADES DE GÊNERO

80   **2.4. CONCLUSÃO DESTE CAPÍTULO**

82 3. SELETIVIDADE

82 3.1. CONCEITO DE SELETIVIDADE ADOTADO NESTA PESQUISA

90 3.2. O TRATAMENTO DA SELETIVIDADE NO CASO DO IPI E DO ICMS

101 3.3. SELETIVIDADE INTERPRETADA A PARTIR DAS DESIGUALDADES DE GÊNERO

101 3.3.1. A TRIBUTAÇÃO DE ABSORVENTES

108 3.3.2. A TRIBUTAÇÃO DE ITENS VOLTADOS PARA O CUIDADO E DE MÉTODOS CONTRACEPTIVOS

111 3.3.3. A TRIBUTAÇÃO DE COSMÉTICOS

117 3.4. CONCLUSÃO DESTE CAPÍTULO

124 4. EXTRAFISCALIDADE

124 4.1. O CONCEITO DE EXTRAFISCALIDADE ADOTADO NESTA PESQUISA

131 4.2. RENÚNCIA DE RECEITA E GASTO TRIBUTÁRIO NO ORDENAMENTO JURÍDICO BRASILEIRO

142 4.3. A APLICAÇÃO DA EXTRAFISCALIDADE PARA A REDUÇÃO DAS DESIGUALDADES DE GÊNERO POR MEIO DE INCENTIVOS FISCAIS

147 4.3.1. INICIATIVAS DE INCENTIVOS FISCAIS

154 4.3.2. A AÇÃO DIRETA DE INCONSTITUCIONALIDADE Nº 5.422 E O INCENTIVO FISCAL DE DEDUÇÃO DA PENSÃO ALIMENTÍCIA

175 4.4. CONCLUSÃO DESTE CAPÍTULO

176 CONCLUSÃO

179 REFERÊNCIAS

APRESENTAÇÃO

É sempre uma alegria ser convidado para escrever apresentações e prefácios, mas tenho que reconhecer que em alguns casos a felicidade de nos associarmos à obra que se divulga para a comunidade jurídica é maior que em outros. Escrever esta apresentação para o livro de **Mariana Cavalcanti Tiburcio Rodrigues** certamente se enquadra nessas situações onde a satisfação de poder participar do sucesso da autora nos enche de orgulho.

Mariana não foi minha aluna na graduação. Ainda assim, fui seu orientador na monografia de conclusão de curso, na nossa Faculdade de Direito da Universidade do Estado do Rio de Janeiro – UERJ. Naquela oportunidade, Mariana escreveu sobre a tributação do licenciamento de software da perspectiva do ICMS – e do ISS. Seu trabalho ficou tão bom que se transformou em artigo que, posteriormente, publicamos em coautoria.[1]

Lembro de nosso primeiro encontro para conversar sobre a sua monografia, no Starbucks da Rua da Assembleia no Centro do Rio. Conversamos umas duas horas, mas, naquele dia, muito pouco falamos sobre ICMS, ISS e software. Logo que me encontrou Mariana me provocou com uma pergunta sobre igualdade de gênero no mercado e na academia tributária.

Essa conversa se deu em 2017. Quero acreditar que hoje, em 2023, eu estaria mais preparado para responder as perguntas que Mariana me fazia.

---

1 JESUS, Mariana Cavalcanti de; ROCHA, Sergio André. A Incidência do ICMS sobre o Comércio Eletrônico de *software*. *Revista Fórum de Direito Tributário*, Belo Horizonte, n. 95, set.-out. 2018, p. 47-74.

Em 2017, eu não estava. Me recordo que fiz o que de melhor eu poderia ter feito. Indiquei à Mariana que procurasse pela Professora Tathiane Piscitelli, que, àquela época, de forma pioneira, estava avançando nos debates sobre tributação e gênero, tanto da perspectiva técnico-tributária, quanto provocando modificações nas estruturas patriarcais da academia de nossa disciplina, certamente com grande custo pessoal.

Os anos se passaram e eis que Mariana ingressou no Programa de Pós-Graduação em Direito da UERJ, em nossa linha de Tributação, Finanças Públicas e Desenvolvimento. Mais uma vez fui escolhido, pela agora mestranda, para ser seu orientador. Considerando nossa conversa de 2017, não me surpreendeu quando ela, recém admitida no programa, me disse que queria escrever sua dissertação sobre as relações entre tributação e desigualdades de gênero.

Trabalhos como o de Mariana são tão importantes. Em um mundo no qual temas como pobreza menstrual se apresentam como uma realidade chocante e assustadora, onde os casos de feminicídio invadem os noticiários diariamente, onde a igualdade salarial tem que ser objeto de lei específica e comemorada como vitória, onde as mulheres ainda são subrepresentadas em todas as esferas da vida jurídica, estudos que jogam luz sobre a desigualdade de gênero são um choque de realidade que tiram as vendas que cobrem os olhos de tantos – e tantas – que ainda não enxergam o abismo de desigualdade em um mundo criado por homens para homens.[2]

Felizmente, Mariana não está sozinha. Nos últimos anos muitas pesquisas acadêmicas sobre tributação e gênero começaram a ser produzidas e publicadas. Acredito que o primeiro trabalho monográfico publicado sobre o tema tenha sido a dissertação de Isabelle Rocha,[3] recentemente seguida pelas dissertações das igualmente fantásticas e inspiradoras Lana Borges[4] e Luiza Machado de O. Menezes.[5]

---

2 Sobre este tema recomendo a leitura do fantástico – embora triste – livro de Caroline Criado Perez, Mulheres Invisíveis (PEREZ, Caroline Criado. *Mulheres Invisíveis: O Viés dos Dados em um Mundo Projetado para Homens.* Tradução Renata Guerra. Rio de Janeiro: Intrínseca, 2022).

3 ROCHA, Isabelle. *Tributação e Gênero: Como o Imposto de Renda da Pessoa Física Afeta as Desigualdades entre Homens e Mulheres.* Belo Horizonte: Editora Dialética, 2021.

4 BORGES, Lana. *Tributação e Gênero: Políticas Públicas de Extrafiscalidade e a Luta pela Igualdade.* Belo Horizonte: Editora Fórum, 2023.

5 MENEZES, Luiza Machado de O. *Tributação e desigualdades de gênero e raça: como o sistema tributário discrimina as mulheres na tributação sobre os produtos ligados ao cuidado e à fisiologia feminina.* Belo Horizonte: Casa do Direito, 2023.

A pesquisa que ora apresentamos focou em um aspecto específico do debate sobre tributação e desigualdades de gênero: a relação entre um Direito Tributário pautado pela igualdade de gênero e os princípios desta disciplina. Nas palavras da autora, seu objetivo era analisar "como os princípios e institutos do Direito Tributário podem ser interpretados a partir da perspectiva das desigualdades de gênero com vistas à sua superação, em especial a isonomia, capacidade contributiva, seletividade e extrafiscalidade".

Este ano, além da dissertação de Mariana, outras duas foram defendidas no programa da UERJ versando sobre o tema da tributação e gênero. Os estudos "Uma Defesa da Desigualdade de Gênero sob as Óticas Tributária e Orçamentária", de Ana Luisa Sénéchal de Goffredo Guerra e "Tributação e "Gênero: Um Estudo das Proteções Deficientes e Discriminações Implícitas nos Tributos Diretos", de Isabela Leão Monteiro.

Torço para que este movimento esteja apenas começando e que logo tenhamos muitos e muitos estudos sobre tributação e superação de desigualdades – sociais, de gênero, de raça, de orientação sexual. A era do Direito Tributário desumanizado, distante das verdadeiras mazelas da sociedade acabou. A tributação está no centro da busca por soluções para todos os grandes problemas do século XXI e o Programa de Pós-Graduação em Direito da UERJ quer e precisa fazer parte deste movimento de ressignificação da tributação.

Nesse contexto, nossa escola está muito bem representada pelo trabalho de Mariana Cavalcanti Tiburcio Rodrigues. Que este seja apenas o seu primeiro livro e que logo ela esteja de volta à UERJ, agora como doutoranda, para seguir contribuindo para a construção de um Direito Tributário humanista, cidadão, que se afasta da proteção de interesses patrimoniais mesquinhos para se tornar protagonista da valorização e defesa do ser humano.

SERGIO ANDRÉ ROCHA
Professor de Direito Financeiro e Tributário da
Universidade do Estado do Rio de Janeiro

APRESENTAÇÃO

Foi com enorme satisfação pessoal e acadêmica que recebi o carinhoso convite para apresentar a autora, Mariana Cavalcanti Tiburcio Rodrigues.

No plano pessoal, conheci Mariana logo após ela ter iniciado a Faculdade de Direito na UERJ. Bem jovem, ela encantava pela sua doçura e tenacidade, já estagiava e sabia bem os caminhos profissionais que queria trilhar. Pouco tempo depois, no plano acadêmico, Mariana passou a ser minha bolsista de iniciação científica. Eu estava me preparando para ministrar curso na Academia de Direito Internacional da Haia, Países Baixos, sobre cooperação jurídica internacional e resolvi que seria interessante abordar a questão da cooperação em matéria tributária, tema novo e bastante difícil. Para minha surpresa, Mariana – que ainda não havia cursado a disciplina de Direito Internacional Privado – fez uma excelente pesquisa, tendo compreendido totalmente os problemas e desafios do tema. Trouxe casos de rogatórias e sentenças estrangeiras em matéria tributária, o que foi de grande utilidade para o curso que ministrei na Academia e para o livro que publiquei em seguida.

Mariana também foi minha aluna em Direito Internacional Privado II, tendo sempre demonstrado seriedade e comprometimento com o estudo e pesquisa. Ainda me lembro que ela, apesar de morar longe, sempre procurava chegar cedo para sentar na primeira fileira, tendo concluído a disciplina dentre as melhores notas da turma.

Ainda durante o curso de graduação, fez intercâmbio na Sciences Po, Lyon, França, cursou e foi aprovada em 8 (oito) disciplinas e obteve diploma da referida Faculdade com menção extremamente elogiosa ao seu desempenho estudantil, o que demonstra a dedicação que Mariana coloca em tudo o que faz.

Após a graduação, Mariana ingressou no Mestrado da Faculdade de Direito da UERJ, na linha de Direito Tributário, tendo sido orientada pelo Prof. Sergio André Rocha. O Mestrado foi cursado em tempos difíceis, durante a pandemia e trabalhando para grandes escritórios de advocacia na área tributária. Ainda assim, Mariana concluiu o curso, coroado com a dissertação que ora é publicada, aprovada com nota 10 (dez) por banca composta pelo seu orientador, Professores Bianca Xavier e Carlos Alexandre de Azevedo Campos e recomendação de publicação. O tema escolhido na dissertação "Os princípios de justiça tributária sob a perspectiva das desigualdades de gênero" bem demonstra que as suas preocupações vão bem além do Direito Tributário tradicional. Mariana tem consciência da situação da mulher e de sua luta pela igualdade em todos os campos e por isso escolheu tratar dos reflexos tributários da desigualdade de gênero.

Ademais, ressalto a coerência da autora ao ter trilhado a sua vida acadêmica em sintonia com a sua vida profissional. O Mestrado na linha de Direito Tributário acrescentou conhecimento teórico a uma vida profissional dedicada ao Direito Tributário, pois Mariana estagiou e advogou somente em grandes escritórios de advocacia e empresas nessa área.

Por fim, uma confissão importante: recheei essa apresentação de dados objetivos que demonstram a seriedade, tenacidade, comprometimento e dedicação da autora para que os leitores não venham a concluir que a elogiei por ser parcial. Tenho a enorme alegria de hoje ter sido presenteada com uma filha muito querida pois Mariana se tornou minha nora!

CARMEN TIBURCIO
Professora Titular de Direito Internacional
Privado da Faculdade de Direito da UERJ

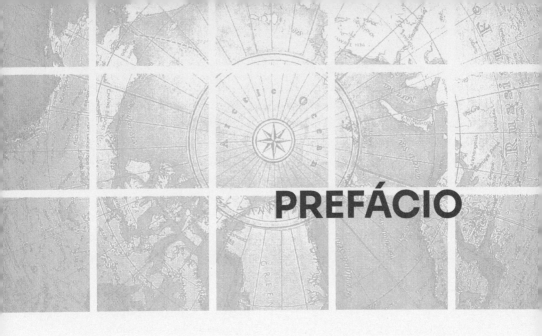

PREFÁCIO

A desigualdade de gênero é uma triste realidade que se perpetua espalhando efeitos danosos em vários aspectos das nossas vidas.

Para além das questões de cunho financeiro, trabalhista, sociológico, psicológico, familiar e criminal, há os efeitos diretos na tributação.

A obtenção de renda de forma desigual, os gastos com os trabalhos domésticos realizados pelas mulheres sem a correspondente remuneração e a tributação majorada de bens de consumo voltados para o público feminino, são algumas das distorções tributárias vivenciadas pelas mulheres que estão em contraposição ao princípio da isonomia e da justiça tributária.

Nesse contexto surge o livro da Mariana Cavalcanti Tiburcio Rodrigues, demonstrando claramente os dados que evidenciam as desigualdades de gênero, os vieses implícitos e explícitos na legislação tributária e como o desequilíbrio do poder afeta a concretização do princípio da isonomia, da capacidade contributiva e do subprincípio da seletividade.

A obra apresenta uma excelente pesquisa sobre desigualdade de gênero diretamente aplicada a problemática da tributação trazendo, ainda, uma abordagem jurisprudencial relevante para o avanço do tema.

No que se refere a jurisprudência, a obra analisa o acórdão preferido pelo Supremo Tribunal Federal no julgamento do Recurso Extraordinário n.º 576.967, tema 72 de repercussão geral, sobre a inclusão do salário-maternidade na base de cálculo da contribuição previdenciária. Analisa, também, os votos dos ministros do Supremo Tribunal Federal decorrentes do julgamento da ação direta de inconstitucionalidade 5.422, relativa à tributação das pensões alimentícias.

Ainda que rarefeitas as decisões que enfrentam as questões de gênero sob a perspectiva da tributação, tais decisões são marcos relevantes para que possamos debater a modificação do sistema tributário, ainda mais, com a eminente possibilidade de uma reforma tributária.

De fato, a carga tributária dos absorventes, dos itens voltados para o cuidado, dos métodos contraceptivos e a tributação dos cosméticos demonstram a necessidade de mudanças imediatas e para futuro, conforme será demonstrado na argumentação sólida apresentada pela escritora.

Debater a seletividade dos produtos de uso feminino é uma das diversas contribuições deste livro, fruto da dissertação de mestrado apresentada no programa de excelência da pós-graduação *stricto sensu* da UERJ em Direito Financeiro e Tributário e que tive a honra de fazer parte da banca examinadora.

A inquietude da escritora com os reflexos tributários da desigualdade de gênero está colocada de forma que o leitor poderá entender e refletir o objeto de estudo para ao final, concordar ou rejeitar as brilhantes proposições sugeridas pela autora na busca por uma sociedade justa e igualitária.

BIANCA XAVIER
Professora de Direito Tributário na Fundação
Getúlio Vargas do Rio de Janeiro

INTRODUÇÃO

1. CONTEXTO E OBJETO DESTA PESQUISA

A sociedade é composta por diferenças de várias naturezas, como as de gênero, raça, idade, orientação sexual, classe, cultura, etnia, religião, entre muitas outras. A diversidade é uma realidade e ser diferente deve ser visto como algo normal e positivo dentro de um Estado Democrático de Direito, que deve propiciar o exercício do livre arbítrio individual. Com efeito, não há e não deve haver uma igualdade absoluta entre os indivíduos.

A diversidade se torna um problema a partir do momento em que ocorrem discriminações, seja em âmbito social, político, econômico e até mesmo jurídico, por razões históricas, culturais ou quaisquer outras. Isso porque os indivíduos que sofrem a discriminação ficam, de uma forma geral, em uma posição menos vantajosa do que a dos demais – em relação àqueles que se encontram em uma situação privilegiada e dominante na sociedade – porque naturalmente terão menos oportunidades e, por conseguinte, menos poder aquisitivo, o que pode não ser compensado com políticas orçamentárias ou fiscais.

Nesse contexto, o Estado Democrático de Direito assume um papel fundamental na proteção de tais indivíduos, garantindo que não haja disparidades de tratamento e promovendo medidas de desequiparação de tratamento na medida da desigualdade de cada grupo, visando à garantia de uma efetiva igualdade de oportunidades, não apenas em sua dimensão formal, mas principalmente na dimensão material. Essa igualdade pode ser buscada por todos os ramos do Direito, como pode ser depreendido a partir da análise dos valores e objetivos que fundamentaram a Constituição de 1988.

O sistema tributário instituído pela Constituição de 1988 deve ser considerado não apenas como um instrumento meramente arrecadatório de receitas para o custeio do Estado, mas também como instrumento de concretização dos valores da igualdade, justiça e solidariedade, tanto em sua função fiscal típica quanto em sua função extrafiscal.

No entanto, pode-se dizer que, de uma forma geral, os responsáveis pela criação, interpretação, aplicação e estudo do Direito Tributário não tem como prioridade o combate das desigualdades sociais[6], e muito menos o combate das desigualdades de gênero, que, quando muito, são tratadas de forma genérica e dentro da perspectiva das demais desigualdades sociais, não sendo consideradas as suas particularidades. Esse fenômeno também é identificado pelas autoras Perim, Grupenmacher e Azevedo (2022):

> Nos dias de hoje, não é novidade nenhuma que as relações de gênero estão cada vez mais entrelaçadas às questões raciais. Por outro lado, ao introduzir o tema da "tributação" nesses dois tópicos, embora valorosos na literatura internacional, escassa é a presença dessa discussão no Brasil. Aliás, até mesmo quando se trata das atuais propostas de reformas tributárias, o assunto mal é observado.

Questões de gênero e raça, por exemplo, que há muito vem sendo debatidas em outras áreas do Direito (como, por exemplo, no Direito Penal, Trabalhista, Civil etc.)[7], apenas recentemente começaram a ser

---

6 "(...) o tão importante Princípio da Igualdade, pressuposto de um Estado Democrático de Direito, estampado, primeiramente, no próprio *caput* do artigo 5° da Constituição, daí sua extrema relevância! Insta salientar que embora referido pressuposto seja preceito constitucional, integrante do próprio Estado Democrático de Direito, ainda não há efetiva concretização na tributação do referido princípio" (VILAÇA, 2020).

7 Alguns avanços das discussões de gênero nesses setores serão demonstrados no capítulo sobre o princípio da isonomia (1), mais especificamente no subcapítulo que tratará da adoção da isonomia para a redução das desigualdades de gênero na Constituição (1.2), assim como no capítulo sobre a extrafiscalidade (4), mais especificamente no subcapítulo que tratará da aplicação da extrafiscalidade para a redução das desigualdades de gênero por meio de benefícios e incentivos fiscais (4.3), em que serão mencionadas, por exemplo, as normas que tratam da prisão

levantadas no Direito Tributário. Há farta produção doutrinária sobre isonomia material, porém pouquíssimos estudos com enfoque em questões sociais mais modernas e complexas, como gênero e raça.

O mais comum é que o legislador tributário adote uma postura neutra, eximindo-se de intervir nas desigualdades sociais de gênero atualmente existentes para tentar minimizá-las. A abordagem neutra da tributação foi identificada pelas feministas na década de 1990, de acordo com Boyd e Young (2004, p. 553). Na visão de Demari (2022), a dita neutralidade:

> [...] é uma falácia que apenas serve de cortina de fumaça para ocultar o fato de que a tributação, que deveria ser instrumento estatal de transformação social, atinge diferentemente aos brasileiros e brasileiras e é de fato usada para propagar os desequilíbrios sociais e manter o status do Brasil como um país com profundas diferenças sociais.
> [...]
> Adotar o discurso da neutralidade do direito tributário e da tributação, e crer que ele afeta igualmente aos brasileiros é, na verdade, assumir uma ideologia que propaga desigualdades.

Isso porque, conforme frisado pela autora no mesmo artigo, a igualdade tributária adaptada à democracia é a igualdade material, que promove a isonomia através do tratamento desigual e com base nas efetivas diferenças sociais. Logo, para que a equidade tributária seja efetiva em um país marcado por profundas desigualdades de raça, gênero e status social, devem ser identificados os sujeitos que se encontram em posição de desvantagem e devem ser criados instrumentos de aproximação entre estes e aqueles que se encontram em uma situação melhor.

No entanto, a tributação brasileira é especialmente dura no consumo e desigual na renda e este desequilíbrio acaba ficando mais intenso na perspectiva de gênero e raça, de forma que "adotar o discurso da neutralidade do direito tributário e da tributação, e crer que ele afeta igualmente aos brasileiros é, na verdade, assumir uma ideologia que propaga desigualdades" [8] (DEMARI, 2022).

---

civil por dívida de pensão alimentícia e do crime de abandono material, a criação da Lei Maria da Penha e a ampliação da licença-paternidade.

8 "A tributação brasileira, podendo onerar o consumo, o patrimônio e a renda, é especialmente dura no consumo (que é responsável por 43% do total da tributação). Não é preciso dizer que os tributos sobre o consumo são indiretos: a indústria e o

No caso das discriminações de gênero, um dos principais fatores que contribuem para o cenário atual é a sub-representação das mulheres, principalmente na política. No entanto, não se pode considerar secundária a busca por igualdade de um segmento que representa mais da metade da população.

O objetivo desta pesquisa, portanto, é analisar os princípios e institutos de justiça tributária sob a perspectiva das desigualdades de gênero, a fim de verificar se e como podem ser utilizados para a superação das referidas desigualdades, em especial a isonomia, capacidade contributiva, seletividade e extrafiscalidade. A partir desse estudo será possível desenvolver uma análise crítica sobre algumas das principais

---

comércio são os contribuintes, mas o valor é repassado ao consumidor no preço do produto.

Assim sendo, quando um trabalhador utiliza praticamente toda a sua renda para as despesas básicas com consumo, todo este valor estará sujeito à tributação mais pesada, ao passo que aquele que tem uma renda média superior e usa apenas parte dela para consumir e outra parte para investir em patrimônio, por exemplo, terá uma tributação menor nos recursos destinados a investimentos ou outro destino que não o consumo cotidiano com itens de primeira necessidade.

Este desequilíbrio entre os contribuintes fica mais intenso na perspectiva do gênero e da raça. No Brasil, mais de 45% das famílias são chefiadas por mulheres. Nesta configuração familiar, os recursos advindos da remuneração feminina são essencialmente destinados ao consumo (fortemente tributado), enquanto, na outra ponta, os pais — que, quando pagam pensão, o fazem em valor geralmente insuficiente para prover o sustento dos filhos —, têm menos comprometimento financeiro no consumo básico e, portanto, conseguem destinar seus recursos econômicos para as áreas menos tributadas (patrimônio, por exemplo).

O cenário fica ainda pior ao considerar que, no Brasil, a renda média das mulheres brancas é aproximadamente 29,6% inferior à dos homens brancos. Mesmo no universo feminino, há diferenças. A renda das negras é 41,79% inferior ao rendimento das brancas. Ou seja: segundo os dados do IPEA, o salário regular diminui considerando-se critérios de gênero e raça. Em termos de renda média, partindo-se do universo dos homens brancos, estes são seguidos em ordem remuneratória decrescente pelas mulheres brancas, seguidas pelos homens negros e estes, finalmente, são sucedidos pelas mulheres negras. Portanto, de ponta a ponta, a variação salarial média é de 59,05% entre homens brancos e mulheres negras.

Não bastasse isso, os grupos mais vulneráveis são mais impactados pela tributação, em razão da articulação e distribuição da carga tributária no Brasil que, ao fim e ao cabo, é regressiva (onerando mais os que ganham menos). Adotar o discurso da neutralidade do direito tributário e da tributação, e crer que ele afeta igualmente aos brasileiros é, na verdade, assumir uma ideologia que propaga desigualdades." (DEMARI, 2022)

políticas fiscais que vem sendo adotadas no Brasil e que não possuem qualquer preocupação com questões de gênero, inclusive identificando vieses implícitos de gênero existentes em algumas delas, assim como sugerir algumas medidas que poderiam ser utilizadas para o alcance de uma maior isonomia por meio da tributação.

Com isso, pretende-se lançar um novo olhar sobre o Direito Tributário que leve em consideração os valores, princípios e direitos fundamentais protegidos pela Constituição. Afinal, os direitos fundamentais dão suporte à atividade tributante do Estado, ao mesmo tempo em que configuram limites intransponíveis a essa mesma atividade (COSTA, 2017, p. 36).

A qualificação de determinados direitos constitucionais como fundamentais – como é o caso dos direitos à igualdade e à liberdade, que são direitos importantes para o debate de gênero – resulta em um regime jurídico especial garantido pela Constituição, traduzido especialmente pelo nível singular de proteção através de cláusulas pétreas (artigo 60, § 4°, inciso IV[9]) e da aplicação imediata de seus preceitos (artigo 5°, § 1°[10]). (COSTA, 2017, p. 35).

É importante destacar, desde já, que a presente pesquisa não pretende analisar a melhor forma de redução das desigualdades sociais de gênero existentes no ordenamento jurídico – se por meio de políticas orçamentárias ou fiscais –, mas apenas demonstrar que existe um caminho no Direito Tributário para a superação dessas desigualdades.

Antes, porém, convém esclarecer que o conceito de gênero que será adotado para fins desta pesquisa será o de cisgênero (CISGÊNERO, 2022), isto é, indivíduos que se identificam com o sexo biológico de nascimento[11]. Apesar de esse ter sido o foco escolhido para a pesquisa,

---

9 Art. 60. A Constituição poderá ser emendada mediante proposta: [...]

§ 4° Não será objeto de deliberação a proposta de emenda tendente a abolir: [...]

IV - os direitos e garantias individuais. (BRASIL, 1988).

10 Art. 5° Todos são iguais perante a lei, sem distinção de qualquer natureza, garantindo-se aos brasileiros e aos estrangeiros residentes no País a inviolabilidade do direito à vida, à liberdade, à igualdade, à segurança e à propriedade, nos termos seguintes:

§ 1° As normas definidoras dos direitos e garantias fundamentais têm aplicação imediata.

11 Destaca-se a existência de discussões acerca do conceito de gênero, sobretudo em relação à ambivalência conceitual de sexo e gênero, que remete à oposição entre

não se pode deixar de reconhecer a importância do desenvolvimento de estudos e debates voltados especificamente para outras identidades de gênero (como a transexualidade) ou mesmo para interseccionalidade de raça (como as dificuldades particulares da mulher negra)[12], por exemplo. Sobre a questão racial, vale destacar que "um sistema tributário que se estrutura em bases feministas por si só não dará conta da transformação emancipacionista que vislumbro fundamental. O sistema tributário, além de feminista, também precisa ser antirracista" (SANTOS, 2021).

2. JUSTIFICATIVA

A justificativa da pesquisa reside na identificação das desigualdades de gênero existentes na sociedade. Existem diversas nuances de desigualdade de gênero que possuem relação direta com o objeto deste estudo, porém convém ressaltar algumas que geram um maior impacto tributário ou, ainda, que são geradas pela própria tributação (como é o caso da terceira nuance): (i) a desproporção na obtenção de renda e (ii) nos gastos com o trabalho não remunerado, (iii) a tributação majorada de bens de consumo voltados para o público feminino e (iv) o fenômeno do "pink tax", que potencializa as três primeiras desigualdades.

No quarto trimestre de 2021, o Instituto Brasileiro de Geografia e Estatística (IBGE) apurou que as mulheres ganharam cerca de 20% me-

---

natureza e cultura e utiliza o sexo como ponto de referência. No entanto, sem desconsiderar a importância desses estudos e para facilitar a compreensão da pesquisa, será adotado o conceito de gênero que utiliza como referencial as diferenças de sexo existentes entre os indivíduos. Para mais informações sobre o assunto, confira-se PISCITELLI, 1997.

12 Crenshaw utiliza o conceito de interseccionalidade para se referir à interseção de diversos fatores que desencadeiam as desigualdades, ou seja, não seria suficiente analisar separadamente as desigualdades de gênero, classe ou raça:

"O discurso sobre o tráfico de mulheres é um exemplo disso. Quando se presta atenção em quais mulheres são traficadas, é óbvia a ligação com a sua marginalização racial e social. Contudo, o problema do tráfico é frequentemente absorvido pela perspectiva de gênero sem que se discuta raça e outras formas de subordinação que também estão em jogo. Por exemplo, no recente relatório sobre tráfico de mulheres, do Comitê sobre a Condição das Mulheres, não se deu atenção alguma ao fato de que, muitas vezes, a raça ou formas correlatas de subordinação contribui para aumentar a probabilidade de que certas mulheres, ao invés de outras, estejam sujeitas a tais abusos." (CRENSHAW, 2002, p. 175).

nos do que os homens no Brasil, sendo que a diferença salarial entre os gêneros seguiu nesse patamar elevado mesmo quando se comparou trabalhadores de mesmo perfil de escolaridade, idade e categoria de ocupação (ALVARENGA, 2022).

Outro estudo do IBGE de 2020 concluiu que as mulheres gastam em média 10,4 horas por semana a mais que os homens com afazeres domésticos ou cuidado de pessoas (IBGE, 2020). Ou seja, além da desigualdade na obtenção de rendimentos, as mulheres também são oneradas com gastos adicionais, tais como os decorrentes do cuidado de familiares vulneráveis (crianças, idosos e doentes) e de tarefas domésticas e de administração familiar, que são espécies de trabalho não remunerado.

A terceira nuance de desigualdade identificada que motivou a pesquisa e que gera impactos tributários desiguais entre os gêneros refere-se à carga tributária elevada incidente sobre bens de consumo direcionados exclusiva ou majoritariamente para o público feminino.

O principal bem de consumo que ilustra essa desigualdade é o absorvente. De acordo com dados levantados pela Associação Comercial de São Paulo (SÃO PAULO, 2023), a venda de absorventes higiênicos submete-se a uma carga tributária que pode chegar a aproximadamente 34%, sendo que dentro desse percentual estão incluídas as alíquotas de contribuição destinada ao Programa de Integração Social (PIS), de Contribuição para o Financiamento da Seguridade Social (COFINS) e de Imposto sobre Circulação de Mercadorias e Serviços (ICMS). Atualmente, tais produtos estão sujeitos à alíquota zero de Imposto sobre Produtos Industrializados (IPI).

Outro levantamento de dados feito pela Receita Federal do Brasil, mencionado pelo grupo de pesquisas de Tributação e Gênero da FGV de São Paulo em estudo recente sobre a reforma tributária e desigualdade de gênero (PISCITELLI *et al.*, 2022), apontou que a carga tributária média incidente sobre absorventes higiênicos corresponde a 27,5%.

Seja como for, considerando que a carga tributária total incidente sobre absorventes pode variar de 27,5% a 34%, fica claro que os referidos produtos recebem o mesmo tratamento de bens que são considerados como menos essenciais ou supérfluos pela legislação, mesmo sendo itens extremamente essenciais para a manutenção da dignidade das mulheres.

Por fim, a quarta principal nuance de desigualdade de gênero que motivou este estudo refere-se ao fenômeno denominado pela doutrina como "pink tax", que representa uma desigualdade na estipulação de preço pelo mercado de bens de consumo e serviços direcionados para o público feminino, isto é, uma despesa extra decorrente exclusivamente da condição feminina. O termo não tem relação com um tributo propriamente dito, tratando-se de uma majoração seletiva dos bens de consumo, isto é, de uma imposição mercadológica que entende que as mulheres devem pagar mais caro.

Há diversos estudos que comprovam esse fenômeno. Um dos mais famosos é o estudo "From Cradle to Cane"[13], feito na cidade de Nova York, em 2015, que constatou que em 42% das vezes os produtos direcionados às mulheres eram mais caros do que os direcionados aos homens, que as mercadorias femininas custam em média 7% a mais do que as similares masculinas e que os produtos de higiene pessoal femininos custam em média 13% a mais do que os masculinos (BLASIO, 2015).

No Brasil, o Mestrado Profissional em Comportamento do Consumidor da Escola Superior de Propaganda e Marketing (ESPM) de São Paulo realizou uma pesquisa de levantamento de preços, em 2017, na qual foi constatado que as mulheres brasileiras pagam, em média, 12,3% mais caro por produtos idênticos aos direcionados ao público masculino, apenas por serem rosa (MULHERES, 2017).

Essa imposição mercadológica de que as mulheres devem pagar mais naturalmente faz com que o impacto econômico da tributação sobre o consumo seja maior, tendo em vista que o aumento do preço provoca o aumento da base de cálculo dos tributos incidentes sobre o consumo e uma maior carga tributária, o que, consequentemente, gera um impacto maior na renda das mulheres em comparação aos homens. Portanto, o referido fenômeno contribui para o aumento das desigualdades de gênero no âmbito tributário.

3. METODOLOGIA

A presente pesquisa visa verificar se e como os princípios e institutos de justiça tributária poderiam ser aplicados a fim de superar as desigualdades de gênero. Assim, os capítulos foram divididos da seguin-

---

13 O título correspondente na tradução livre é: "Do Berço à Bengala".

te forma: uma parte conceitual, em que será analisado o conceito do princípio ou instituto estudado; uma parte normativa, em que serão descritas e analisadas as principais normas jurídicas relacionadas a ele e, por fim, uma parte em que será analisada a possibilidade de sua interpretação e aplicação sob a perspectiva de gênero.

Para tanto, serão analisados diversos dados estatísticos que comprovam a premissa principal deste estudo: a existência de desigualdades de gênero na sociedade. Isso porque somente a partir da confirmação dessa premissa será possível analisar a possibilidade de interpretação e aplicação da isonomia tributária (princípio norteador dos demais capítulos) com vistas à superação das referidas desigualdades. Os dados estatísticos, que serão incluídos majoritariamente no primeiro capítulo, são divulgados por institutos de pesquisa considerados como razoavelmente confiáveis pela sociedade, como por exemplo IBGE, FGV, IPEA e INSPER.

Esta pesquisa, portanto, é qualitativa, no sentido de que "não vai medir seus dados, mas, antes, procurar identificar suas naturezas" (MEZZAROBA; MONTEIRO, 2014, p. 89). Ou seja, o principal propósito não é a análise dos dados em si, mas sim a identificação do que eles representam: a confirmação da existência de profundas desigualdades de gênero na sociedade.

Nesse contexto, Mezzaroba e Monteiro (2014, p. 89) lecionam que, através dessa metodologia,

> [...] a compreensão das informações é feita de uma forma mais global e interrelacionada com fatores variados, privilegiando contextos. A pesquisa qualitativa também pode possuir um conteúdo altamente descritivo e pode até lançar mão de dados quantitativos incorporados em suas análises, mas o que vai preponderar sempre é o exame rigoroso da natureza, do alcance e das interpretações possíveis para o fenômeno estudado e (re) interpretado de acordo com as hipóteses estrategicamente estabelecidas pelo pesquisador.

Assim, revela-se útil para a pesquisa ora encampada a utilização do método de pesquisa bibliográfico, que compreende materiais já elaborados e que passam a ser objeto da pesquisa, os quais exprimem as tendências de pensamento que influenciam nas produções doutrinárias, legislativas e jurisprudenciais. Devido à natureza da pesquisa, por se tratar de um tema relativamente recente em âmbito nacional, serão analisadas diversas fontes, tais como artigos e análises de jornais e revistas eletrônicas, principalmente aqueles publicados no Jota.

4. ESTRUTURA DA DISSERTAÇÃO

A pesquisa será estruturada em quatro capítulos. O primeiro capítulo tratará do princípio da isonomia, especificamente do conceito que será adotado na pesquisa (1.1), da utilização da isonomia para a redução das desigualdades de gênero na Constituição (1.2), da correlação entre isonomia, gênero e tributação (1.3) e da conclusão do capítulo (1.4).

O segundo capítulo tratará do princípio da capacidade contributiva, especificamente do conceito que será adotado na pesquisa (2.1), da perspectiva objetiva e subjetiva (2.2), da interpretação da capacidade contributiva a partir das desigualdades de gênero (2.3) e da conclusão do capítulo (2.4).

O terceiro capítulo abordará a seletividade, especificamente o conceito que será adotado na pesquisa (3.1), a aplicação da seletividade no caso do IPI e do ICMS (3.2), a interpretação da seletividade a partir das desigualdades de gênero (3.3) e a conclusão do capítulo (3.4).

O quarto capítulo tratará da extrafiscalidade, especificamente do conceito adotado na pesquisa (4.1), da renúncia de receita e gasto tributário no ordenamento jurídico brasileiro (4.2), da utilização da extrafiscalidade para a redução das desigualdades de gênero por meio de benefícios e incentivos fiscais (4.3) e da conclusão do capítulo (4.4).

1. ISONOMIA

Como não poderia deixar de ser, o capítulo sobre o princípio da isonomia iniciará a pesquisa, pois a isonomia norteará cada um dos princípios e institutos do Direito Tributário que serão analisados adiante a fim de que se possa verificar a possibilidade de concretização de uma maior igualdade entre os gêneros em âmbito tributário. Em outras palavras, a abordagem será iniciada pela isonomia porque se trata do fundamento para a discussão do tema da desigualdade de gênero e tributação.

1.1. CONCEITO DE ISONOMIA ADOTADO NESTA PESQUISA

A regra geral do princípio da igualdade está contida no caput do art. 5º da Constituição[14] e se aplica a todas as normas jurídicas, estabelecendo que todos são iguais perante a lei, sem distinção de qualquer natureza. Especificamente no campo do Direito Tributário, o inciso II do artigo 150[15] estabelece o princípio da isonomia, que veda à União, aos

---

[14] Art. 5º "Todos são iguais perante a lei, sem distinção de qualquer natureza, garantindo-se aos brasileiros e aos estrangeiros residentes no País a inviolabilidade do direito à vida, à liberdade, à igualdade, à segurança e à propriedade, nos termos seguintes: [...]" (BRASIL, 1988).

[15] Art. 150. "Sem prejuízo de outras garantias asseguradas ao contribuinte, é vedado à União, aos Estados, ao Distrito Federal e aos Municípios: [...]

Estados, ao Distrito Federal e aos Municípios instituir tratamento desigual entre contribuintes que se encontrem em situação equivalente.

Segundo Torres (2014, v. 2, p. 243), a igualdade pode ser considerada como um valor e como um princípio. É considerada um dos valores éticos fundamentais do Direito na medida em que legitima, equilibra e torna proporcionais os outros valores jurídicos, tais como a liberdade, a segurança jurídica, a justiça e a solidariedade. Além de ser considerada como um valor fundamental, a igualdade também se positiva nas Constituições como princípio jurídico, competindo-lhe legitimar todos os outros princípios constitucionais, sejam os fundantes do ordenamento do Estado Democrático de Direito e os vinculados à justiça e à segurança jurídica.

Uma das características mais marcantes da igualdade é justamente a sua bipolaridade, ou seja, "enquanto os outros valores caminham sempre para o seu oposto, que os anulam, a igualdade não encontra na desigualdade o seu desvalor, senão até que pode por ela se afirmar" (TORRES, 2014, v. 2, p. 142-143). Dessa forma, enquanto nos outros valores (tais como justiça, segurança e liberdade) a polaridade significa a sua negação (injustiça, insegurança e falta de liberdade), na igualdade o seu oposto não significa a sua negação, senão que muitas vezes a sua afirmação. E é justamente nessa característica que reside o paradoxo da igualdade, explicitado por Torres.

De acordo com o referido autor, tanto a igualdade como princípio quanto a igualdade como valor possuem as mesmas características, com destaque para a bipolaridade, a ausência de superioridade hierárquica frente aos demais princípios e valores, com os quais vivem em permanente interação e o fato de serem considerados vazios, ou seja, por buscarem os seus conteúdos na interação com outros princípios e valores vinculados à liberdade, à justiça e à segurança (TORRES, 2014, v. 2, p. 244).

Além das características em comum, o princípio da igualdade apresenta ainda a particularidade de ser menos geral e abstrato (Torres, 2014, v. 2, p. 244). Isso porque, enquanto o valor da igualdade é extremamente abstrato e não ganha tradução em linguagem constitucional,

---

II – instituir tratamento desigual entre contribuintes que se encontrem em situação equivalente, proibida qualquer distinção em razão de ocupação profissional ou função por eles exercida, independentemente da denominação jurídica dos rendimentos, títulos ou direitos;" (BRASIL, 1988).

o princípio da igualdade tem menor generalidade e abstração, pois se positiva e se desdobra em várias manifestações constitucionais, desde a igualdade entre homens e mulheres (artigo 5º, §1º, da Constituição[16]), até a igualdade tributária (artigo 150, inciso II, da Constituição).

Da mesma forma que a cláusula geral da igualdade, a isonomia tributária não é restrita a um único fundamento, uma vez que buscará o seu conteúdo na interação com outros valores e princípios constitucionais. Assim, a isonomia tributária estará presente em normas instituídas com o fim arrecadatório, garantindo a justa distribuição da carga tributária, hipótese em que poderá ganhar forma através do princípio da capacidade contributiva, em normas instituídas com o fim extrafiscal de redução de desigualdades sociais, hipótese em que poderá ganhar forma através da extrafiscalidade, ou, ainda, em normas instituídas para adequar as alíquotas de determinados bens e serviços essenciais de acordo com o seu grau de essencialidade, hipótese em que poderá ganhar forma através da seletividade.

Em razão de sua riqueza axiológica, a doutrina tem destacado a dificuldade em demarcar o seu conteúdo. Sobre essa dificuldade na delimitação do conteúdo da igualdade, Carvalho (2019, p. 108-109) observa que:

> O conceito de igualdade, porém, não é de fácil determinação. Autores ilustres pretenderam demarcá-lo, encontrando acerbas dificuldades, pois os valores não podem ser objetivados. Em função de sua plasticidade, amolda-se diferentemente aos múltiplos campos de incidência material das regras jurídicas, o que torna penosa a indicação precisa de seu conteúdo.

A despeito da dificuldade na demarcação do conteúdo da igualdade, a Constituição brasileira deu especial atenção à dimensão material da igualdade, além de seu aspecto meramente formal, preocupando-se em proteger a igualdade efetiva entre os indivíduos. Para tanto, muitas vezes será necessário buscar o conteúdo da igualdade não somente no valor da liberdade negativa, mas também nos valores de justiça, solidariedade e liberdade positiva.

Dessa forma, é necessário que sejam realizadas desequiparações entre situações ou indivíduos que se encontram em patamar de igualdade perante a lei para que se concretize a efetiva igualdade entre eles,

---

16 Art. 5º […]

I - homens e mulheres são iguais em direitos e obrigações, nos termos desta Constituição; (BRASIL, 1988).

combatendo-se situações de discriminações, desde que tais desequiparações não sejam arbitrárias ou irrazoáveis. Ou seja, para combater situações de discriminação não basta que os poderes públicos atuem somente com medidas de igualdade em âmbito geral. É preciso uma atuação com medidas de desigualdades que atuem particularmente sobre os indivíduos e situações de discriminação.

Sobre a diferenciação entre as desigualdades consideradas legítimas e ilegítimas em um Estado Democrático de Direito, confira-se a o entendimento de Godoi (1999, p. 211)[17]:

> Examinando o pensamento jusfilosófico de alguns dos autores mais representativos, e ainda nos baseando nos princípios definidos nas constituições dos principais países, vê-se que prevalece um certo conceito sobre o relacionamento entre justiça e igualdade que se espera de uma sociedade atual: um sistema jurídico será justo ou legítimo se todos os indivíduos da comunidade encontrem, em suas vidas concretas, igualdade de condições materiais e espirituais para participarem do processo político-decisório, desenvolverem e realizarem seus projetos pessoais, suas aspirações e suas potencialidades culturais, enfim sua personalidade de forma ampla e livre. As desigualdades econômicas que forem consequência de tal diversidade de propósitos, ambições e projetos de vida entre os indivíduos são consideradas legítimas e expressão da liberdade inalienável de cada um de seguir seu próprio caminho; mas as desigualdades econômicas e sociais que conformarem diferentes oportunidades materiais para os indivíduos desenvolverem sua personalidade e exercitarem sua liberdade, diferentes pontos de partida sociais ou fatores moralmente arbitrários que impeçam ou dificultem o livre desenvolvimento das potencialidades humanas, são consideradas ilegítimas e é função primordial do Estado e da Sociedade engendrar instrumentos eficazes para eliminá-las.

A complexidade para a concretização da igualdade reside na eleição do critério de diferenciação entre determinadas pessoas ou situações. Como observado por Queiroz (2018, p. 54)[18], o mundo não se compõe

---

17 GODOI, Marciano Seabra de. *Justiça, Igualdade e Direito Tributário*. São Paulo: Editora Dialética, 1999. p. 211.

18 "Por exemplo, poder-se-ia perguntar se um homem é igual ou desigual a uma mulher. A resposta depende do critério de classificação adotado. De acordo com o critério de classificação que permite constituir e separar a classe de objetos 'seres humanos' da classe de objetos 'não seres humanos', não resta dúvida de que homem e mulher são iguais, pois ambos possuem as mesmas características definitórias que identificam a classe de objetos 'seres humanos'. Contudo, se o critério eleito para classificar seres humanos for o 'sexo', homem e mulher são desiguais, pois não possuem as mesmas características definitórias, as quais identificam duas diferentes classes de objetos" (QUEIROZ, 2018. p. 54).

de objetos que, por natureza, são iguais ou desiguais, cabendo ao ser humano, mediante a atividade intelectual denominada de classificação, criar, com certa dose de arbitrariedade, as classes de objetos.

É nesse contexto que ganha importância o estudo dos quatro critérios utilizados para desigualar pessoas ou situações, os quais deverão ser buscados na própria Constituição (MELLO, 2015, p. 51).

O primeiro critério que deverá ser observado é a garantia de que a desequiparação não atingirá de modo atual e absoluto apenas um destinatário determinado, devendo abranger uma categoria de indivíduos ou uma pessoa futura e indeterminada. O segundo critério refere-se às situações ou pessoas desigualadas pela regra de direito, que deverão ser efetivamente distintas entre si, isto é, deverão possuir características diferenciadas. O terceiro critério refere-se à necessidade de uma correlação lógica entre os fatores diferenciais existentes e a distinção de regime jurídico em função deles estabelecida pela norma jurídica. Por fim, o quarto critério refere-se ao vínculo de correlação lógica mencionado, que deverá ter uma relação de pertinência com os interesses constitucionalmente protegidos a fim de que a diferenciação de tratamento jurídico seja fundada em uma razão valiosa e pertinente sob a perspectiva constitucional.

Barroso (2001, p. 162) destaca que o tratamento desigual deverá passar por um teste de razoabilidade interna (adequação meio-fim, necessidade/vedação de excesso e proporcionalidade em sentido estrito) e externa (se o meio empregado e o fim perseguido são compatíveis com os valores constitucionais).

Os testes de razoabilidade interna e externa são necessários para que se afaste qualquer discriminação arbitrária que esteja em desacordo com a fundamentação ética dos valores constitucionais, bem como para harmonizar simultaneamente a justiça, a segurança e a liberdade, mediante o sopesamento desses valores (TORRES, 2014, v. 2, p. 150).

Assim, o conceito de igualdade que será empregado na pesquisa refere-se à igualdade como princípio, especificamente ao princípio da isonomia tributária, cujo conteúdo será alcançado através da interação com outros princípios e valores constitucionais, principalmente aqueles vinculados à justiça, igualdade, liberdade positiva e solidariedade.

1.2. A ADOÇÃO DA ISONOMIA PARA A REDUÇÃO DAS DESIGUALDADES DE GÊNERO NA CONSTITUIÇÃO

Desde o preâmbulo da Constituição de 1988, a igualdade e a justiça foram erguidas como valores supremos de uma sociedade fraterna, pluralista e sem preconceito:

> Nós, representantes do povo brasileiro, reunidos em Assembleia Nacional Constituinte para instituir um Estado Democrático, destinado a assegurar o exercício dos direitos sociais e individuais, a liberdade, a segurança, o bem-estar, o desenvolvimento, a igualdade e a justiça como valores supremos de uma sociedade fraterna, pluralista e sem preconceitos, fundada na harmonia social e comprometida, na ordem interna e internacional, com a solução pacífica das controvérsias, promulgamos, sob a proteção de Deus, a seguinte CONSTITUIÇÃO DA REPÚBLICA FEDERATIVA DO BRASIL. (BRASIL, 1988).

Logo em seguida, o artigo 1º determina que um dos fundamentos do Estado Democrático de Direito é a dignidade da pessoa humana e o artigo 3º consagra os objetivos fundamentais da República Federativa do Brasil, entre eles a construção de uma sociedade livre, justa e solidária, o desenvolvimento nacional, a redução das desigualdades sociais e regionais e a promoção do bem de todos, sem preconceitos de origem, raça, sexo, cor, idade e quaisquer outras formas de discriminação:

> Art. 1º A República Federativa do Brasil, formada pela união indissolúvel dos Estados e Municípios e do Distrito Federal, constitui-se em Estado Democrático de Direito e tem como fundamentos: [...]
> III - a dignidade da pessoa humana;
> [...]
> Art. 3º Constituem objetivos fundamentais da República Federativa do Brasil:
> I - construir uma sociedade livre, justa e solidária;
> II - garantir o desenvolvimento nacional;
> III - erradicar a pobreza e a marginalização e reduzir as desigualdades sociais e regionais;
> IV - promover o bem de todos, sem preconceitos de origem, raça, sexo, cor, idade e quaisquer outras formas de discriminação. (BRASIL, 1988).

A cláusula geral da igualdade está contida no caput do artigo 5º da Constituição, que determina a igualdade de todos perante a lei, sem distinção de qualquer natureza. Além de inaugurar o capítulo dos direitos fundamentais com o princípio de que todos são iguais perante a lei, a Constituição se preocupa em reafirmar esse princípio através de outros dispositivos, inclusive através de dispositivos que buscam mitigar especificamente as desigualdades de gênero. Tanto é assim que, logo no inciso I do mesmo artigo 5º, a Constituição declara que homens e mulheres são iguais em direitos e obrigações:

> Art. 5º Todos são iguais perante a lei, sem distinção de qualquer natureza, garantindo-se aos brasileiros e aos estrangeiros residentes no País a inviolabilidade do direito à vida, à liberdade, à igualdade, à segurança e à propriedade, nos termos seguintes:
> I - homens e mulheres são iguais em direitos e obrigações, nos termos desta Constituição; (BRASIL, 1988).

Em relação às normas que garantem a igualdade entre os gêneros, algumas apenas reafirmam a igualdade e a impossibilidade de qualquer discriminação em função de gênero e outras vão mais além, prevendo tratamentos diferenciados entre os desiguais (homens e mulheres) a fim de garantir a igualdade material, mediante a concessão de direitos fundamentais específicos às mulheres.

Destaca-se alguns dispositivos constitucionais em que a igualdade é invocada com o objetivo específico de reduzir as desigualdades entre homens e mulheres, seja através da garantia de vedação de tratamentos diferenciados, seja através da concessão de diferenciações entre os gêneros que resultem em direitos específicos voltados para as mulheres e que propiciem uma maior igualdade material entre os gêneros:

> Art. 5º Todos são iguais perante a lei, sem distinção de qualquer natureza, garantindo-se aos brasileiros e aos estrangeiros residentes no País a inviolabilidade do direito à vida, à liberdade, à igualdade, à segurança e à propriedade, nos termos seguintes: [...]
> XLVIII - a pena será cumprida em estabelecimentos distintos, de acordo com a natureza do delito, a idade e o sexo do apenado;
> [...]
> Art. 7º São direitos dos trabalhadores urbanos e rurais, além de outros que visem à melhoria de sua condição social: [...]
> XVIII - licença à gestante, sem prejuízo do emprego e do salário, com a duração de cento e vinte dias; [...]
> XX - proteção do mercado de trabalho da mulher, mediante incentivos específicos, nos termos da lei; [...]
> XXX - proibição de diferença de salários, de exercício de funções e de critério de admissão por motivo de sexo, idade, cor ou estado civil;
> [...]
> Art. 17. É livre a criação, fusão, incorporação e extinção de partidos políticos, resguardados a soberania nacional, o regime democrático, o pluripartidarismo, os direitos fundamentais da pessoa humana e observados os seguintes preceitos: [...]
> § 7º Os partidos políticos devem aplicar no mínimo 5% (cinco por cento) dos recursos do fundo partidário na criação e na manutenção de pro-

gramas de promoção e difusão da participação política das mulheres, de acordo com os interesses intrapartidários.
[...]
Art. 143. O serviço militar é obrigatório nos termos da lei. [...]
§ 2º - As mulheres e os eclesiásticos ficam isentos do serviço militar obrigatório em tempo de paz, sujeitos, porém, a outros encargos que a lei lhes atribuir.
[...]
Art. 183. Aquele que possuir como sua área urbana de até duzentos e cinqüenta metros quadrados, por cinco anos, ininterruptamente e sem oposição, utilizando-a para sua moradia ou de sua família, adquirir-lhe-á o domínio, desde que não seja proprietário de outro imóvel urbano ou rural.
§ 1º O título de domínio e a concessão de uso serão conferidos ao homem ou à mulher, ou a ambos, independentemente do estado civil.
[...]
Art. 189. Os beneficiários da distribuição de imóveis rurais pela reforma agrária receberão títulos de domínio ou de concessão de uso, inegociáveis pelo prazo de dez anos.
Parágrafo único. O título de domínio e a concessão de uso serão conferidos ao homem ou à mulher, ou a ambos, independentemente do estado civil, nos termos e condições previstos em lei.
[...]
Art. 201. A previdência social será organizada sob a forma do Regime Geral de Previdência Social, de caráter contributivo e de filiação obrigatória, observados critérios que preservem o equilíbrio financeiro e atuarial, e atenderá, na forma da lei, a: [...]
V - pensão por morte do segurado, homem ou mulher, ao cônjuge ou companheiro e dependentes, observado o disposto no § 2º.
§ 7º É assegurada aposentadoria no regime geral de previdência social, nos termos da lei, obedecidas as seguintes condições:
I - 65 (sessenta e cinco) anos de idade, se homem, e 62 (sessenta e dois) anos de idade, se mulher, observado tempo mínimo de contribuição;
II - 60 (sessenta) anos de idade, se homem, e 55 (cinquenta e cinco) anos de idade, se mulher, para os trabalhadores rurais e para os que exerçam suas atividades em regime de economia familiar, nestes incluídos o produtor rural, o garimpeiro e o pescador artesanal.
[...]
Art. 226. A família, base da sociedade, tem especial proteção do Estado. [...]
§ 5º Os direitos e deveres referentes à sociedade conjugal são exercidos igualmente pelo homem e pela mulher.
[...]
Art. 227. É dever da família, da sociedade e do Estado assegurar à criança, ao adolescente e ao jovem, com absoluta prioridade, o direito à vida, à saúde, à alimentação, à educação, ao lazer, à profissionalização, à cultura, à dignidade, ao respeito, à liberdade e à convivência familiar e comunitária,

além de colocá-los a salvo de toda forma de negligência, discriminação, exploração, violência, crueldade e opressão.

[...]

Art. 229. Os pais têm o dever de assistir, criar e educar os filhos menores, e os filhos maiores têm o dever de ajudar e amparar os pais na velhice, carência ou enfermidade. (BRASIL, 1988).

Como se pode perceber, além de reiterar a igualdade que necessariamente deve existir entre homens e mulheres, inclusive no âmbito dos deveres familiares e no mercado de trabalho, a própria Constituição promove distinções de tratamento em favor da mulher em alguns casos, entre os quais pode-se destacar a concessão de uma licença-maternidade para a mulher, com duração superior à licença-paternidade (artigo 7°, inciso XVIII), o incentivo ao trabalho da mulher, mediante normas protetoras (artigo 7°, inciso XX), o prazo mais curto para a aposentadoria por tempo de serviço da mulher (artigo 201, § 7°) e a dispensa do serviço militar obrigatório (artigo 143, § 2°).

Portanto, é nítido que a Constituição se preocupa com a proteção da igualdade material entre os gêneros, uma vez que não apenas garante que sejam tratados da mesma forma, como também promove diferenciações expressas em determinadas situações para a garantia de uma maior igualdade material. Além do âmbito constitucional, existem diversas outras normas infraconstitucionais que garantem a concretização da igualdade material prevista na Constituição entre os gêneros, em diversos ramos do Direito, como por exemplo o Código Civil[19], o Código Penal[20] e a Consolidação das Leis do Trabalho[21].

---

19 O homem deixou de ser privilegiado na partilha de bens, prevalecendo a igualdade entre homens e mulheres no que se refere à aquisição de direitos e obrigações, expressões como "todo homem" e "pátrio poder" foram substituídas por "toda pessoa" e "poder familiar" e passou a ser reconhecido que a chefia da família e o provimento devem ser exercidos, em colaboração, pelo casal, e não mais exclusivamente pelo homem. Para mais informações, confira-se BARRETO, 2010.

20 A Lei n° 10.886/2004 alterou o Código Penal para tipificar a violência doméstica, a Lei n° 11.340/2006 (Lei Maria da Penha) introduziu mecanismos para coibir e prevenir a violência doméstica e familiar contra a mulher e a Lei n° 13.104/2015 alterou o Código Penal para prever o feminicídio como circunstância qualificadora do crime de homicídio.

21 A licença-paternidade, que antes era de apenas 5 dias, foi ampliada pela reforma trabalhista de 2017 para até 20 dias em alguns casos, o que contribui, mesmo que de forma incipiente, para a noção de que o cuidado com os filhos não é uma responsabilidade exclusivamente feminina.

Assim, sob uma perspectiva constitucional, verifica-se que é possível a edição de normas que garantem a isonomia material entre gêneros, inclusive no âmbito do Direito Tributário.

1.3. ISONOMIA, GÊNERO E TRIBUTAÇÃO

Como visto, para desigualar pessoas ou situações desiguais a fim de garantir uma maior isonomia material, é imprescindível que sejam observados critérios objetivos para que se evite discriminações arbitrárias, sobretudo os seguintes: a desequiparação deve incluir uma categoria de indivíduos que seja efetivamente distinta dos demais, deve existir uma correlação lógica entre os fatores diferenciais existentes e a distinção de regime jurídico adotada e a diferenciação deve ter como fundamento interesses constitucionalmente protegidos. Além disso, a diferenciação de regime jurídico adotada deve ser razoável, isto é, a medida deve ser adequada, necessária e proporcional em sentido estrito.

A partir dessas premissas, será analisado em seguida se as normas tributárias podem desigualar pessoas ou situações com base em gênero.

1.3.1. DADOS QUE DEMONSTRAM AS DESIGUALDADES DE GÊNERO EXISTENTES NA SOCIEDADE

Especificamente em relação à temática de gênero, não faltam dados comprobatórios a respeito da desigualdade de oportunidades e renda existente entre homens e mulheres, mesmo em casos em que ambos exercem exatamente as mesmas funções de trabalho, por motivos que são majoritariamente discriminatórios. Além disso, há clara desigualdade em relação aos gastos de tempo e energia com cuidados domésticos e com dependentes, o que consequentemente gera uma sobrecarga muito maior para as mulheres que não as permite concorrer no mercado em paridade de condições.

É relevante destacá-los porque os dados justificam a possibilidade de interpretação da isonomia tributária com vistas à superação das desigualdades de gênero, já que, como visto, a desequiparação instituída pela norma jurídica somente não será considerada privilégio odioso se efetivamente existir o critério de distinção que a justifica.

Nesse contexto, convém mencionar o entendimento de Rocha (2020, p. 116), no sentido de que "aqueles que se recusam a olhar pela janela de seus estudos tributários para ver a vida do lado de fora não só não contribuem para o avanço, mas são pilares do imobilismo". De acordo com o autor, a mera justificação filosófico-moral é insuficiente para a adesão voluntária do contribuinte ao seu dever fundamental de pagar tributos, sendo necessária a conexão do Direito Tributário com outros ramos da ciência. No presente caso, ainda que não esteja sendo analisado o dever fundamental de pagar tributos, mas a possibilidade de instituição de tratamento tributário diferenciado com vistas à garantia da isonomia material para mulheres, o raciocínio aplicado pode ser o mesmo. Dessa forma, deve ser considerado que "os estudos essencialmente jurídicos não são suficientes, sendo necessária a conexão de conhecimentos, de saberes, desde a economia, passando pela sociologia e a antropologia, chegando na psicologia" (ROCHA, 2020, p. 116).

Portanto, com o objetivo de reforçar a pesquisa e sem a pretensão de aprofundar demasiadamente cada um dos dados, serão destacados aqueles que são considerados mais relevantes para a pesquisa, com ênfase apenas nos trechos que possuem pertinência com a temática analisada.

No quarto trimestre de 2021, o IBGE (ALVARENGA, 2022) apurou que as mulheres ganharam cerca de 20% menos do que os homens no Brasil, sendo que a diferença salarial entre os gêneros seguiu nesse patamar elevado mesmo quando se comparou trabalhadores de mesmo perfil de escolaridade, idade e categoria de ocupação. Em outro estudo elaborado pelo IBGE (2021), relativo ao ano de 2019, foi constatado que 62,6% dos cargos gerenciais eram ocupados por homens e 37,4% pelas mulheres, sendo que a desigualdade de rendimentos do trabalho se mostrou ainda maior entre indivíduos inseridos nos cargos gerenciais.

A situação fica ainda mais crítica quando analisada com o recorte racial. Em recente pesquisa, o INSPER (2020) constatou que as mulheres negras, com o mesmo nível de escolaridade que os homens brancos (no caso, ensino superior), são as que estão na base da pirâmide em termos salariais. A depender da profissão, um homem branco pode chegar a ganhar mais que o dobro que a mulher negra para executar a mesma atividade (PAPP *et al.*, 2020).

A despeito de, como regra geral, auferirem menos rendimentos, as mulheres acabam sendo mais tributadas devido à isenção de lucros e dividendos prevista na Lei nº 9.249/1995. Isso porque boa parte dos rendimentos isentos masculinos se constitui justamente de lucros e dividendos, tendo em vista que a presença masculina ainda é majoritária entre acionistas e sócios, de modo que, em última análise, as mulheres contribuem mais para a manutenção do Estado do que os homens porque, comparativamente, possuem menos rendimentos isentos (LETTIERI, 2017 apud NUNES, 2020).

Além das diferenças de rendimentos, as mulheres acabam sendo mais oneradas com gastos adicionais, tais como os decorrentes do cuidado de familiares vulneráveis (crianças, idosos e doentes) e os decorrentes de tarefas domésticas e de administração familiar, que são espécies de trabalho não remunerado.

A partir de dados apresentados pelo IBGE (2018), sob a perspectiva das diferenças entre homens e mulheres no mercado de trabalho, foi constatado que os homens trabalharam uma média de 42,7 horas por semana em trabalhos remunerados, enquanto as mulheres trabalharam uma média de 37,9 horas nos mesmos trabalhos.

Por outro lado, outro estudo do IBGE (2020) apontou que as mulheres gastam em média 10,4 horas por semana a mais que os homens com afazeres domésticos ou cuidado de pessoas. Esse volume mais elevado de horas de trabalho se deve justamente ao fato de que as mulheres são as principais responsáveis pelo trabalho não remunerado, indicando que ainda prevalece na sociedade uma ideia antiquada de que o papel da mulher se limita ao da reprodução e criação de novos seres humanos ou à noção de que são naturalmente inclinadas ao cuidado, carinho e organização doméstica, atributos que são tratados como muito mais relevantes na esfera privada – em casa – do que na pública – mercado de trabalho (ROCHA, 2021, p. 46).

O trabalho doméstico vem sendo invisibilizado e desvalorizado por anos, de modo que a atuação profissional das mulheres tende a ser menos valorizada do que a dos homens, justamente porque reside no imaginário popular, ainda que de forma inconsciente, a ideia de que as tarefas que as mulheres desempenham fora de casa não fazem parte de seus talentos naturais. Essa é uma das possíveis explicações para essas disparidades, que não se justificam em nenhum outro critério razoável.

Tanto é assim que, segundo dados levantados pelo IBGE, em 2018, foi apurado que 95% dos empregados domésticos são mulheres. Ainda, de acordo com o IPEA, em 2017, 94% das mulheres com renda de até um salário-mínimo declararam realizar trabalhos domésticos, sendo que essa porcentagem cai para 79,5% para mulheres que auferem renda acima de 8 salários-mínimos. Já entre os homens essa lógica se inverte: entre aqueles que possuem renda mais alta, 57% declararam realizar afazeres domésticos, enquanto 49% dos homens mais pobres realizam o mesmo trabalho.

Como os próprios dados apontam, há um percentual de aproximadamente metade dos homens que declaram fazer algum tipo de tarefa doméstica. Portanto, não se pretende insinuar que os homens não exerçam essa rotina, até porque tem se tornado cada vez menos raro ouvir relatos de homens que também participam do cuidado da casa, dos filhos e dos familiares, mas os dados mostram claramente que essa realidade ainda não é a mais comum.

Essa desigualdade se agrava significativamente após a maternidade. De acordo com pesquisa publicada pela FGV (IBE, 2017), aproximadamente metade das mulheres se veem fora de seus empregos na iniciativa privada após os 12 primeiros meses do nascimento do filho. O mesmo estudo reforça também que a presença de um filho na família afeta mais as mulheres do que os homens[22].

Outra pesquisa realizada em 2017 entre famílias de baixa renda em São Paulo (MADALOZZO; BLOFIELD, 2017) revelou que 90% dos pais casados estão empregados contra 47,3% das mães casadas. Entre as mães que não estão casadas, 60% estão empregadas. Em relação ao tempo gasto com os filhos por pais que não moram junto com eles, a pesquisa revelou que menos de 5% dos pais não residentes veem seus filhos pelo menos uma vez por semana, o que demonstra, mais uma vez, que os cuidados das crianças residem muito mais sobre as mulheres do que sobre os homens, em especial quando se está falando de mães solteiras ou separadas que enfrentam o desafio de chefiar a família com menos renda.

---

22 "A presença de um filho pequeno na família é um grande responsável para a baixa participação das mulheres no mercado de trabalho. O percentual de mulheres empregadas entre 25 e 44 anos e com um filho de até um ano de idade cai para 41%. E somente 28% destas mulheres trabalham 35 horas ou mais por semana no Brasil. No caso dos homens, o perfil é oposto: 92% dos homens com filhos de até um ano estavam trabalhando, sendo que 82% em atividades com 35 horas ou mais de carga horária semanal" (IBE, 2017).

Aliás, a configuração familiar composta por mulheres chefes de família[23] não é incomum no Brasil. De acordo com dados disponibilizados pelo IBGE (2010), relativos ao ano de 2010, 37,3% de famílias eram chefiadas por mulheres no Brasil, sendo que, dentro desse percentual, 87,4% era composto por mulheres sem cônjuge e com filho. Segundo outra pesquisa (CAVENAGUI, 2018), o número de famílias brasileiras chefiadas por mulheres cresceu 105% entre 2001 e 2015, o que significa um total de 28,9 milhões de famílias chefiadas por mulheres em 2015.

Um outro dado relevante para a perspectiva de gênero diz respeito ao pagamento de pensão alimentícia. Um levantamento realizado pela Receita Federal do Brasil (BRASIL, 2019a) sobre o Imposto de Renda da Pessoa Física (IRPF) relativo ao ano-calendário de 2017 revelou que os homens declararam pagar 15.269 bilhões de reais em pensão alimentícia nesse período, enquanto as mulheres declararam 346 milhões, do que se infere que nos divórcios os filhos geralmente ficam em lares maternos.

Esse cenário demonstra uma clara desigualdade de gênero no que se refere à renda auferida, aos gastos incorridos para o cuidado dos dependentes e aos gastos incorridos com tarefas domésticas, o que acaba sendo prejudicial para todos os gêneros. Seria muito mais vantajoso para a sociedade se as mulheres estivessem em pé de igualdade com os homens em relação à renda auferida e ao número de horas gastas com o trabalho não remunerado, uma vez que as mulheres produziriam mais riqueza, o que consequentemente fomentaria o crescimento do país – principalmente porque as mulheres correspondem a aproximadamente metade da população, ou seja, metade da força produtiva –, e ao mesmo tempo reduziria as desigualdades entre os gêneros.

Tal constatação pode ser demonstrada por estudo publicado pelo Banco Mundial (WODON; BRIÈRE, 2018), em 2018, o qual concluiu que, no mundo, as mulheres participam com 38% da riqueza resultante do capital humano, enquanto os homens detêm 62%. De forma global, estimou-se que a riqueza total do capital humano poderia aumentar 21,7% se as mulheres obtivessem os seus ganhos equiparados aos dos homens, o que demonstra que a redução das desigualdades de

---

23 Podem ser consideradas chefes de família as mulheres que são as principais responsáveis pelo sustento da casa e dos filhos. Essa dinâmica pode ou não incluir um marido ou companheiro.

gênero traria benefícios não somente paras as mulheres, mas para toda a sociedade, na medida em que potencializaria o crescimento econômico dos países.

Outro estudo realizado pelo *Oxford Committee for Famine Relief* Brasil (OXFAM BRASIL, 2019a), em 2019, trouxe dados que demonstram que se todo o trabalho não remunerado realizado por mulheres no mundo fosse feito por uma única empresa, ela teria um faturamento anual de 10 trilhões de dólares, o que corresponderia a 43 vezes o faturamento da Apple.

O principal fator que desencadeia as mencionadas diferenciações de tratamento na sociedade é a divisão social do trabalho, mais conhecida como divisão sexual do trabalho, que está diretamente relacionada com a dualidade entre as esferas pública e privada.

A esfera pública, eminentemente masculina, é tida como o espaço onde os cidadãos, em condição formal de igualdade, realizam o trabalho produtivo e proveem economicamente para as suas famílias. A esfera privada, por sua vez, eminentemente feminina, é tida como o espaço do cuidado com a família e as responsabilidades da casa (trabalho não remunerado), onde o Estado não deve intervir.

Essa dualidade entre esferas pública e privada está diretamente relacionada com a divisão sexual do trabalho, caracterizada basicamente por dois princípios norteadores (KERGOAT, 2009, p. 67): o da separação (existem trabalhos de homens e outros de mulheres) e o da hierarquização (o trabalho realizado pelo homem valeria mais do que o trabalho realizado pela mulher). A divisão sexual do trabalho provoca não só uma invisibilização das relações de poder e desigualdade existentes no âmbito privado, mas influencia as relações construídas no espaço público, como, por exemplo, a discriminação da mulher no mercado de trabalho, tendo em vista que a inserção da mulher é tratada como complementar. Contudo, essas diferenciações não são biológicas, mas frutos de construções sociais, que devem ser combatidas em todos os ramos do Direito.

A divisão sexual do trabalho, demonstrada pelos dados mencionados anteriormente, evidencia dois elementos importantes para a pesquisa: (i) de uma forma geral, as mulheres auferem menos rendimentos que os homens, mesmo aquelas que se encontram nas mesmas posições profissionais que os homens, e (ii) o percentual de horas remuneradas trabalhadas na semana pelas mulheres, em geral, é menor, em decorrência do maior tempo e energia gastos com o trabalho não remunerado que comumente exercem e que consome mais horas das mulheres do que dos homens.

Além de todas as discriminações decorrentes da divisão sexual do trabalho, as mulheres também são implicitamente discriminadas na tributação indireta, conforme será demonstrado com mais detalhes no capítulo que tratará da seletividade, o que acaba sendo majorado pelo fenômeno do "pink tax".

Portanto, a divisão sexual do trabalho e todas as suas repercussões aliadas à discriminação implícita na tributação indireta de bens de consumo femininos podem justificar a edição de normas contendo desequiparações voltadas especificamente para mulheres, inclusive no âmbito tributário. O conceito de discriminações implícitas ou vieses implícitos de gênero na tributação será analisado a seguir.

1.3.2. VIESES IMPLÍCITOS E EXPLÍCITOS DE GÊNERO

Os conceitos de vieses implícitos e explícitos de gênero nas legislações tributárias são explicitados no artigo de Stotsky (1996, p. 6), pioneiro em analisar a existência desses vieses em sistemas tributários de países em desenvolvimento. A autora mapeou formas explícitas de discriminação, decorrentes de normas tributárias que tratam homens e mulheres de forma diferente, e formas implícitas de discriminação, consubstanciadas em previsões normativas que, em razão dos típicos arranjos sociais e comportamentos econômicos, tendem a ter implicações diferentes para homens e mulheres.

São nesses vieses implícitos de gênero que o Direito Tributário brasileiro pode se aperfeiçoar para eliminar as distorções deles decorrentes. Deve-se registrar que, atualmente, inexistem discriminações de gênero explícitas no sistema tributário, como bem pontuado por Rocha (2020). Por outro lado, existem vieses implícitos de gênero em determinadas políticas ficais que geram discriminações na prática, como ocorre, por exemplo, no caso da tributação excessiva de absorventes, que desconsidera o nítido e elevado grau de essencialidade do bem, e como ocorria no caso do incentivo fiscal de dedução de pensão alimentícia do IRPF do alimentante pagador da verba (antes do julgamento do Supremo Tribunal Federal), conforme será demonstrado ao longo da pesquisa.

Convém mencionar ainda que esses vieses implícitos de gênero podem ser agravados quando interseccionados com fatores raciais. Ao analisar se o sistema tributário brasileiro é racista, Santos (2021) confirma que atualmente não há nenhuma norma explicitamente racista, apesar de mencionar o imposto que existia sobre o comércio interno de escravos como exemplo de um viés explícito racial. Contudo, frisa que apesar de inexistir atualmente um viés explícito racial no sistema tributário, existem alguns vieses implícitos, tais como a regressividade tributária, o discurso de neutralidade fiscal, a desoneração de grupos privilegiados em detrimento da oneração de grupos mais vulneráveis. Confira-se:

> Pensemos no imposto da meia siza sobre o comércio interno de escravos. Este é um exemplo interessante. Este tributo recaia sobre o chamado "escravo ladino", que era aquele que já estava por aqui há um tempo, e cumpria a função de preencher a ausência de ganhos que o tráfico externo de escravos produzia. Com este imposto, portanto, os cofres públicos permaneceriam cobertos, já que não seriam mais abarrotados pelos lucros advindos do tráfico internacional. Clóvis Moura explica que esse imposto sobre a venda de escravos chegava à taxa de 5% do valor venal do escravizado e era pago pelo comprador. Caso houvesse sonegação, o comprador corria o risco de não conseguir estabelecer o título legal sobre a peça adquirida. Então, já tivemos em nosso ordenamento exemplos claros de uma tributação que considerava a raça e as estruturas do racismo, como a escravidão, de modo explícito para a imposição fiscal.
>
> Contudo, embora não tenhamos hoje um tributo que incida direta e especificamente sobre corpos negros, é bastante possível observar que há uma dinâmica tributária que privilegia o status quo e se impõe sobre corpos historicamente oprimidos por outros marcadores como raça, gênero e classe. Essa dinâmica é constatável não só por uma insistente regressividade tributária, mas também por um persistente discurso de neutralidade que se vale da ausência atual de tributos como o da meia siza, que claramente permitiam ao poder público ganhar com a escravidão. Mas é importante que se diga que, mesmo não havendo uma imposição diretamente discriminatória, o sistema tributário segue oprimindo ao valer-se de estratégias que desoneram privilegiados e super oneram os demais grupos.
>
> Não me canso de frisar que a dinâmica da tributação em nosso país, ao onerar sobremodo grupos já fortemente oprimidos por um acúmulo de marcadores como gênero, classe e raça, passa a contabilizar um novo marcador de opressão através de uma tributação que imobiliza ou depaupera economicamente. Pensemos num exemplo concreto: eu, uma mulher (marcador de gênero), uma mulher pobre (marcador de gênero mais marcador de classe) e uma mulher pobre negra (marcador de gênero mais marcador de classe mais marcador de raça) mesmo com tudo isso ainda

sou oprimida pela tributação quando ela, ao retirar de mim toda a possibilidade de investir em qualidade de vida, em educação, em saúde, em cultura, está na verdade me engessando social e economicamente. Percebe como o debate é bastante complexo?

Mas aí poderiam me questionar: então a tributação é sempre opressiva? E eu teria muito prazer em dizer que não. Que se a tributação materializasse os preceitos albergados constitucionalmente ela estaria redistribuindo melhor as riquezas e não se apresentaria sobre o meu corpo feminino, pobre e preto, como mais um marcador de opressão. Seria, pelo contrário, um catalisador de emancipação. Essa é uma escolha política.

Então, veja, para que eu possa dizer que a tributação se apresenta, nos moldes como ela se evidencia hoje, como mais um marcador de opressão, estou considerando o sistema tributário como ele está se mostrando articulado para mim hoje, agora. Falo deste sistema que se interessa por adotar uma lógica de tributação que aprisiona na pobreza e na miserabilidade corpos que só trabalham para sobreviver e nada mais.

Mas a tributação certamente pode ser mais que isso. Ela pode contribuir para a erradicação do racismo e para que todas e todos tenham melhores condições existenciais. Se hoje temos um sistema tributário racista não significa que não é possível se construir um sistema tributário antirracista. Um sistema tributário antirracista se interessa por promover mobilidade social e econômica através do ato de tributar e da redistribuição de riquezas de uma forma mais justa e sobretudo reparatória na história de nossa sociedade marcada por anos de escravidão perversa. (SANTOS, 2021).

Portanto, nos casos de vieses implícitos, é importante que a sociedade se conscientize de sua existência para que, em conjunto com os três poderes, sejam adotadas medidas para combatê-los. Essas medidas podem ser judiciais, legislativas ou executivas, a depender do caso concreto.

1.3.3. RECURSO EXTRAORDINÁRIO Nº 576.967 (TEMA Nº 72 DE REPERCUSSÃO GERAL): INCLUSÃO DO SALÁRIO-MATERNIDADE NA BASE DE CÁLCULO DA CONTRIBUIÇÃO PREVIDENCIÁRIA

Um dos casos mais paradigmáticos e recentes de reconhecimento de um viés implícito de gênero em matéria tributária no âmbito do Poder Judiciário é o julgamento do Recurso Extraordinário nº 576.967[24], no

---

24 BRASIL. Supremo Tribunal Federal. Plenário. Recurso Extraordinário nº 576.967/PR. Recorrente: Hospital Vita Batel S.A. Recorrido: União Federal. Relator Ministro Luis Roberto Barroso. Brasília/DF, Sessão Virtual de 26 jun. 2020 a 4 ago. 2020. Ata nº 178, Diário de Justiça Eletrônico nº 254, divulgado em 20 out. 2020.

qual o Supremo Tribunal Federal, por maioria, reconheceu a inconstitucionalidade da incidência de contribuição previdenciária sobre o salário-maternidade, prevista no artigo 28, §2º, e da parte final da alínea "a", do §9º, ambos da Lei nº 8.212/1991[25]. Trata-se, até onde se tem notícia, do primeiro precedente vinculante em que se abordou, com fundamento na isonomia em sua dimensão de igualdade de gênero, o papel indutor da tributação (BORZINO et al., 2020).

O salário-maternidade foi criado em um contexto de reconhecimento e proteção à função social da maternidade, incentivando a mudança da percepção da gravidez como um ônus para as mulheres no campo profissional na tentativa de garantir que o emprego, a estabilidade, a remuneração e as condições de trabalho não sejam por ela influenciadas (NOVO; MATTHIESEN, 2019).

A natureza de garantia previdenciária e assistencial foi chancelada pelos artigos 201, inciso II[26] e 203, inciso I[27], ambos da Constituição, ao preverem que a previdência e a assistência sociais atenderão à proteção da maternidade. Em decorrência disso, fica a cargo e ônus da previdência social o pagamento do salário-maternidade, configurando-se como um benefício previdenciário.

A despeito de possuir natureza de benefício previdenciário, o artigo 28, §§2º e 9º, alínea "a", parte final, da Lei nº 8.212/1991 autoriza a incidência da contribuição previdenciária sobre o salário-maternidade, o que é incompatível com as garantias constitucionais acima mencio-

---

25 Art. 28. "Entende-se por salário-de-contribuição: [...]

§ 2º O salário-maternidade é considerado salário-de-contribuição. [...]

§ 9º Não integram o salário-de-contribuição para os fins desta Lei, exclusivamente: a) os benefícios da previdência social, nos termos e limites legais, salvo o salário-maternidade;" (BRASIL, 1991).

26 Art. 201. "A previdência social será organizada sob a forma do Regime Geral de Previdência Social, de caráter contributivo e de filiação obrigatória, observados critérios que preservem o equilíbrio financeiro e atuarial, e atenderá, na forma da lei, a: [...]

II - proteção à maternidade, especialmente à gestante;" (BRASIL, 1998).

27 Art. 203. "A assistência social será prestada a quem dela necessitar, independentemente de contribuição à seguridade social, e tem por objetivos: [...]

I - a proteção à família, à maternidade, à infância, à adolescência e à velhice;" (BRASIL, 1998).

nadas e com a base de cálculo prevista no artigo 195, I, alínea "a", da Constituição[28] para a incidência destas contribuições.

Segundo Novo e Matthiesen (2019), o pagamento do salário-maternidade não representa uma transferência de riqueza à mulher durante os primeiros meses da maternidade. De acordo com as autoras, "não há elemento que denote capacidade contributiva, mas sim situação que demanda a sua assistência por meio de benefício previdenciário".

As autoras destacam também que a legislação infraconstitucional está em confronto com a Convenção 103 da Organização Internacional do Trabalho, da qual o Brasil é signatário, segundo a qual foi determinado claramente que "em hipótese alguma, deve o empregador ser tido como pessoalmente responsável pelo custo das prestações devidas às mulheres que ele emprega" (NOVO; MATTHIESEN, 2019).

Assim, as disposições legais mencionadas intensificavam a desvantagem competitiva da mulher no mercado de trabalho, afetando o equilíbrio pretendido pelas garantias constitucionais e pela mencionada Convenção, uma vez que contribuíam para o aumento do custo da mão-de-obra feminina, comparativamente à masculina, ao fazerem com que o ônus tributário da maternidade fosse arcado inteiramente pelo empregador.

Em 2020, o Plenário do Supremo Tribunal Federal reconheceu a inconstitucionalidade da incidência de contribuição previdenciária sobre o salário-maternidade. O voto do relator, Ministro Barroso (BRASIL, 2020b, p. 12-21), considerou que a incidência de contribuição previdenciária sobre o salário-maternidade fere a isonomia entre homens e mulheres, pois as normas que definiam a necessidade de tributação, "ao imporem tributação que incide somente quando a trabalhadora é mulher e mãe cria obstáculo geral à contratação de mulheres, por questões exclusivamente biológicas, uma vez que torna a maternidade um ônus" (BRASIL, 2020b, p. 2). Portanto, como tal discriminação não

---

[28] Art. 195. "A seguridade social será financiada por toda a sociedade, de forma direta e indireta, nos termos da lei, mediante recursos provenientes dos orçamentos da União, dos Estados, do Distrito Federal e dos Municípios, e das seguintes contribuições sociais:

I - do empregador, da empresa e da entidade a ela equiparada na forma da lei, incidentes sobre: (Redação dada pela Emenda Constitucional nº 20, de 1998)

a) a folha de salários e demais rendimentos do trabalho pagos ou creditados, a qualquer título, à pessoa física que lhe preste serviço, mesmo sem vínculo empregatício;" (BRASIL, 1988).

encontra amparo na Constituição, que, ao contrário, estabelece isonomia entre homens e mulheres, bem como a proteção à maternidade, à família e à inclusão da mulher no mercado de trabalho, foi reconhecida a inconstitucionalidade material da incidência.

Em resumo, o Ministro Barroso asseverou que o afastamento da referida tributação, além de privilegiar a isonomia, privilegia também a proteção da maternidade e da família e diminui o caráter discriminatório entre homens e mulheres no mercado de trabalho. Deve-se conferir grande relevância ao referido julgamento, por tornar possível, em matéria tributária, a concretização da igualdade de gênero (VILAÇA, 2020).

Na visão de Borzino *et al.* (2020), o Ministro relator reconheceu que a tributação possuía um resultado extrafiscal negativo: o de desestimular a contratação de mulheres, principais beneficiárias do salário-maternidade, base sobre a qual recaía a contribuição, uma vez que são elas que se afastam do ambiente laboral para fruição da licença-maternidade. As autoras também destacam a importância do referido voto para o reconhecimento da necessidade de revisão desse padrão social ao enfatizar o entendimento de que "a função de 'cuidadora' tradicionalmente atribuída às mulheres deve dar lugar a uma divisão de tarefas relacionadas à parentalidade, conclamando-se o homem a exercer a paternidade em dimensão análoga ao exercício da maternidade pela mulher" (BORZINO *et at.*, 2020). Assim, além de ter reconhecido a inconstitucionalidade formal da tributação, o relator fundamentou seu voto na inconstitucionalidade material da incidência da contribuição.

No entanto, é importante frisar que, apesar de ter sido reconhecida a violação à isonomia entre gêneros no voto proferido pelo relator, a *ratio decidendi* formada no referido julgamento foi no sentido da inconstitucionalidade formal da incidência, por extrapolação da base tributável constitucionalmente prevista sem a devida edição de lei complementar. Isso porque o salário-maternidade, como benefício previdenciário, não se enquadra no conceito constitucional de folha de salários e demais rendimentos do trabalho previsto no artigo 195, inciso I, alínea "a", da Constituição, por não se tratar de contraprestação pelo trabalho ou de retribuição em razão do contrato de trabalho. Com isso, para a sua cobrança seria necessário lei complementar, por inexistir base de cálculo específica no texto constitucional, a ser editada conforme o exercício de competência residual previsto no § 4º do mesmo dispositivo.

Portanto, a inconstitucionalidade material da norma, devido à violação ao princípio da isonomia, em decorrência da discriminação da mulher no mercado de trabalho, não formou *ratio decidendi*. Deligne (2023) destaca que dos 11 ministros que compunham o tribunal no momento do julgamento, somente 5 teriam concordado com a alegação de inconstitucionalidade material do art. 22, § 2º, da Lei nº 8.212/1991 (Ministros Mello, Lúcia, Fux, Barroso e Fachin).

Nesse contexto, recentemente a Receita Federal do Brasil manifestou o seu entendimento, através da Solução de Consulta COSIT nº 27/2023, confirmando a incidência das contribuições previdenciárias no período de prorrogação de 60 dias da licença-maternidade, concedida às empregadas de empresas acobertadas pelo programa Empresa Cidadã, instituído pela Lei nº 11.770/2008. Na visão da Receita Federal do Brasil, a prorrogação "não se reveste de natureza de benefício previdenciário por não ser custeada pela Previdência Social e possuir contornos legais próprios que são distintos do salário-maternidade e, portanto, alheios à decisão proferida no RE nº 576.967/PR".

Ou seja, a Receita Federal do Brasil se apega à estrita formalidade – já que o caso da prorrogação da licença não foi submetido à apreciação do Supremo Tribunal Federal – para distinguir o período de 120 dias (como benefício previdenciário) e o período de 60 dias de prorrogação (como remuneração) e, consequentemente, o tratamento das contribuições previdenciárias sobre ambos. Ocorre que esse entendimento está em claro confronto com a *ratio decidendi* formada pelo Supremo Tribunal Federal. Isso porque, ainda que não tenha sido formada maioria em relação à inconstitucionalidade material da incidência das contribuições previdenciárias sobre o salário-maternidade, formou-se maioria em relação à inconstitucionalidade formal da norma de exação, por extrapolação da base tributável constitucionalmente prevista sem a devida edição de lei complementar.

No caso, a Lei nº 11.770/2008, que instituiu o programa Empresa Cidadã, não prevê qualquer hipótese de incidência de contribuição previdenciária sobre os valores recebidos no período de prorrogação da licença-maternidade. E ainda que existisse essa previsão, seria inconstitucional, pois a Lei nº 11.770/2008 é apenas uma lei ordinária, não podendo sanear a inconstitucionalidade da incidência das contribuições previdenciárias sobre essas verbas. Além disso, ainda que o Supremo Tribunal Federal não tenha apreciado a constitucionalidade da incidência das contribuições sobre a prorrogação de 60 dias, a *ratio decidendi* do julgado também poderia ser aplicada à prorrogação, por também se tratar de espécie de salário-maternidade, ainda que seja custeado pela própria empresa aderente do programa, já que são verbas recebidas ao longo da licença-maternidade, correspondentes à remuneração da empregada, para que ela não seja prejudicada durante o seu período de licença. Na prática, portanto, tais verbas não tem natureza de remuneração pela prestação de serviços, mas de um benefício concedido pela empresa (ainda que não seja previdenciário).

Outro ponto interessante mencionado pela mesma autora refere-se ao cálculo da aposentadoria das seguradas. Isso porque os votos vencidos dos Ministros Toffoli e Lewandowski focaram muito no fato de que a ausência de tributação pela contribuição previdenciária do salário maternidade refletiria diretamente no cálculo da aposentadoria das seguradas[29]. Por outro lado, esse ponto foi enfrentado no voto do relator, Ministro Barroso, quando afirmou que *o tempo de afastamento da mulher no período da licença-maternidade não poderia ser deduzido da contagem do seu tempo para fins de cômputo da aposentadoria*[30]. Entretanto, esse entendimento constou somente nas razões do relator para o reconhecimento da inconstitucionalidade material da norma, as quais não integraram os fundamentos determinantes do julgamento. De acordo com a autora, a "inconsistência na *ratio decidendi* do julga-

---

29 "Em quarto lugar, como bem observou o Ministro Ricardo Lewandowski, na hipótese de o salário-maternidade não ser considerado salário de contribuição, 'criar-se-á uma lacuna no tempo de contribuição da segurada'. Isso trará prejuízo, por exemplo, para a concessão da aposentadoria por invalidez, por idade ou mesmo por tempo de contribuição" (TOFFOLI, 2020, p. 136).

30 "Afirmo, ainda, que o tempo de afastamento da mulher no período da licença maternidade não pode ser deduzido da contagem do seu tempo para fins de cômputo para a aposentadoria. Essa observação, mais que pertinente, serve para, de fato, efetivar o princípio da isonomia sobre o qual fundamento o presente voto. Ressalta-se que se trata de benefício previdenciário e, assim, o período de afastamento em que se recebe o benefício deve ser computado como tempo de contribuição, do mesmo modo como ocorre no auxílio-doença acidentário (art. 29, § 5°, da Lei nº 8.213/1991). Uma eventual dedução dos períodos de afastamento por licença-maternidade, além de atingir frontalmente o núcleo do direito fundamental aqui debatido, de modo a, mais uma vez, colocar a mulher em situação de desvantagem por questões estritamente biológicas, consistiria em verdadeira intervenção inadequada do Estado na autonomia da vontade da mulher e na unidade familiar. Serviria, ainda, como desestímulo à opção pela gestação, dado que, a cada gravidez, a profissional teria que permanecer quatro meses a mais no mercado de trabalho para alcançar a aposentadoria" (BARROSO, 2020, p. 32).

mento do STF pode eventualmente gerar uma insegurança jurídica às seguradas quando da aplicação do julgado pelos órgãos administrativos" (DELIGNE, 2023).

De toda forma, o referido precedente não deixa de ser um marco das discussões de gênero e tributação no judiciário brasileiro, pois pela primeira vez foi reconhecido um viés implícito de gênero na tributação, que afronta diretamente o princípio da isonomia.

Considerando que o fundamento do voto condutor do Recurso Extraordinário nº 576.967 foi a afronta à isonomia, uma vez que, na grande maioria das vezes é a mulher que goza do salário maternidade como benefício previdenciário, Borzino *et al.* (2020) propõem algumas reflexões, entre elas o avanço das discussões legislativas acerca da extensão da licença-paternidade. Segundo as autoras, é possível que a situação anti-isonômica desapareça a partir do momento em que ao homem também seja concedido o direito de se ausentar das atividades laborais para exercício da paternidade pelo mesmo período de tempo da licença-maternidade. Assim, as autoras convocam o Poder Executivo a dar continuidade à ideia lançada e atuar junto ao Congresso Nacional, a fim de que seja implementada a licença parental, uma vez reconhecida a precariedade do atual modelo previdenciário.

Para além da discussão sobre o referido julgamento, as autoras também direcionam críticas ao Programa Empresa Cidadã. Isso porque somente podem aderir ao programa as empresas que tributem o imposto sobre a renda no regime do lucro real. Nesse caso, as empresas recebem o benefício de extensão da licença-maternidade por mais 60 dias, além dos 120 dias assegurados pela Constituição e pela CLT. No entanto, estão excluídas do programa as empresas tributadas pelos regimes do lucro presumido e simples nacional, as quais correspondem, respectivamente e aproximadamente, a 17,6% e 76% do número total de empreendimentos[31]. Dessa forma, somente 6,4% das empresas podem usufruir o incentivo de aumento do tempo de licença-maternidade para as empregadas mães, o que confere um tratamento desigual às empregadas e aos seus filhos, com base exclusivamente no regime de apuração do imposto de renda da empresa empregadora.

---

[31] Atualmente, há 19.228.025 empresas no país, sendo 14.654.801 no Simples Nacional (SEBRAE, 2020).

Além disso, apenas 3,4 milhões são tributadas pelo regime do lucro presumido (QUASE, 2020).

1.4. CONCLUSÃO DESTE CAPÍTULO

Em síntese, em uma sociedade patriarcal, onde as relações de gênero são construídas por meio de um claro desequilíbrio de poder, a concretização do princípio da isonomia reclama não apenas a edição de normas garantidoras da isonomia em seu sentido formal, mas principalmente a adoção de ações e instrumentos afirmativos voltados ao combate dessa situação de desequilíbrio, os quais podem ser buscados diretamente pelo referido princípio ou através da capacidade contributiva, seletividade e extrafiscalidade.

Neste capítulo, portanto, foi possível verificar a possibilidade de aplicação da isonomia tributária para redução das desigualdades de gênero, principalmente para a superação de vieses implícitos de gênero existentes no sistema tributário nacional. Afinal, o princípio da isonomia não impõe uma igualdade meramente formal, de modo que é possível – e muitas vezes necessário – desigualar situações desiguais para que se concretize a efetiva igualdade material.

Nos capítulos seguintes serão analisados os três principais instrumentos para a concretização da isonomia tributária visando à superação das desigualdades de gênero.

2. CAPACIDADE CONTRIBUTIVA

O objetivo deste capítulo é abordar os temas que são correlatos ao princípio da capacidade contributiva e que possuem interface com o objeto da pesquisa, em especial o conceito de capacidade contributiva adotado na pesquisa (2.1), incluindo as dimensões objetiva e subjetiva (2.2) e a sua interseção com o tema das desigualdades de gênero (2.3).

2.1. CONCEITO DE CAPACIDADE CONTRIBUTIVA ADOTADO NESTA PESQUISA

O artigo 145, § 1°, da Constituição consagra expressamente o princípio da capacidade contributiva, dispondo o seguinte:

> Sempre que possível, os impostos terão caráter pessoal e serão graduados segundo a capacidade econômica do contribuinte, facultado à administração tributária, especialmente para conferir efetividade a esses objetivos, identificar, respeitados os direitos individuais e nos termos da lei, o patrimônio, os rendimentos e as atividades econômicas do contribuinte. (BRASIL, 1988).

Ao discorrer sobre o referido dispositivo, Piscitelli destaca a diferença entre capacidade econômica e capacidade contributiva, demonstrando que a primeira se refere à capacidade dos indivíduos de obter rendimentos e manifestar riqueza, enquanto a segunda se refere a uma capacidade econômica específica, relacionada ao pagamento de tributos. Confira-se:

52 COLEÇÃO — Finanças Públicas, Tributação e Desenvolvimento

O artigo 145, parágrafo 1º, da Constituição, menciona que os tributos serão graduados segundo a "capacidade econômica" dos contribuintes. Não obstante isso, o princípio enunciado em tal dispositivo é conhecido como princípio da "capacidade contributiva". Afinal, há diferença entre os dois institutos?

A resposta é positiva. A capacidade econômica revela a habilidade que o sujeito passivo tem de obter rendimentos e manifestar riqueza. No geral, todos aqueles que possuem um trabalho remunerado manifestam tal capacidade. Contudo, isso não implica necessariamente a existência de capacidade contributiva e, assim, do dever de pagar, por exemplo, o imposto sobre os rendimentos obtidos com o trabalho.

A capacidade contributiva é uma capacidade econômica específica, relacionada ao pagamento de tributos. Ou seja, o sujeito, além de auferir renda, fá-lo em um patamar que justifica a tributação pelo imposto de renda. Essa pessoa tem capacidade de contribuir com as despesas do Estado e, assim, será atingido pela tributação, conforme os critérios próprios desse imposto. Nesse sentido, há técnicas para a aferição da capacidade econômica, com vistas ao atingimento da capacidade contributiva, tais como proporcionalidade, seletividade, progressividade e diferenciação de alíquotas. (PISCITELLI, 2022, p. 130-131)

No mesmo sentido, Lodi (2010, p. 7) entende que, embora as expressões "capacidade econômica" e "capacidade contributiva" sejam utilizadas como sinônimas, é correta a distinção segundo a qual a primeira designa a disponibilidade de riqueza, isto é, de meios econômicos no plano fático, enquanto a última se refere à capacidade econômica eleita pelo legislador como signo presuntivo de riqueza a fundamentar a tributação.

Assim, a capacidade econômica dos cidadãos funciona como critério fundamental para orientar a repartição e graduação dos encargos tributários, atuando como medida de definição e apuração do *quantum* do tributo. No entanto, a capacidade econômica é apenas um dos critérios possíveis para que se possa aferir a capacidade contributiva de um sujeito. É certo que o princípio da capacidade contributiva se pauta pela identificação da capacidade econômica dos contribuintes para a verificação de alguma manifestação de riqueza, mas, a partir dessa manifestação, atuarão as técnicas da proporcionalidade, progressividade e seletividade para melhor identificação do poder de contribuir dos cidadãos (PISCITELLI, 2022, p. 131).

Segundo Costa (2017, p. 102), a capacidade contributiva atua como o limite da tributação, permitindo a manutenção do mínimo vital – aquela quantidade de riqueza mínima a propiciar ao sujeito passivo uma vida digna – e obstando que a progressividade tributária atinja níveis confiscatórios ou cerceie outros direitos constitucionais.

É de razoável consenso entre a doutrina que o princípio da capacidade contributiva funciona como uma limitação ao poder de tributar. Entretanto, há divergências na conceituação do referido princípio, sobretudo no que tange à sua posição em relação ao princípio da igualdade, isto é, se a capacidade contributiva atuaria como um princípio autônomo ou como um subprincípio da igualdade.

De acordo com Godoi (1999, p. 192), a relação que se estabelece entre os princípios da igualdade e da capacidade contributiva é a mesma relação existente entre um princípio maior, que engendra um direito individual fundamental e se aplica a todo e qualquer ramo do direito, e um subprincípio consubstanciado na eleição de um critério fundamental para operar, na seara tributária, aquele princípio maior.

No mesmo sentido, Costa (2017, p. 101) entende que a noção de igualdade está na essência do conceito de capacidade contributiva, de forma que esta seria um subprincípio daquela, isto é, uma derivação do princípio da igualdade, o qual irradia efeitos em todos os setores do Direito.

Em sentido contrário, Greco (2011, p. 330-331) entende que o princípio da capacidade contributiva teria uma existência autônoma ao princípio da igualdade. Isso porque existiriam dois momentos distintos: em primeiro lugar, a identificação da capacidade contributiva para que a tributação possa ser justificada e, somente então, o atingimento da capacidade contributiva de forma isonômica. Assim, ao invés de atuar como um desdobramento do princípio da igualdade, a capacidade contributiva seria um desdobramento do princípio da solidariedade social (GRECO, 2011, p. 328), sendo elemento necessário para a construção de uma sociedade justa, nos moldes do art. 3°, inciso I, da Constituição[32].

Independentemente da existência de divergências na doutrina sobre a posição em que se encontra o princípio da capacidade contributiva em relação ao princípio da igualdade, é de razoável consenso que a capacidade contributiva concretiza a igualdade na tributação.

Ao discorrer sobre a origem do princípio da capacidade contributiva, Campos (2016, p. 281) esclarece que o seu surgimento ocorreu fora

---

[32] Art. 3. "Constituem objetivos fundamentais da República Federativa do Brasil: I - construir uma sociedade livre, justa e solidária;" (BRASIL, 1988).

do Direito Tributário, no campo da Ciência das Finanças, para assegurar uma justa repartição das cargas públicas entre os cidadãos de determinado Estado. Atualmente, seria compreendido como exigência de uma tributação materialmente justa, uma vez que comportaria a ideia de que cada cidadão deve arcar com o custeio dos gastos estatais na proporção de sua capacidade de contribuir e na medida em que essa existir.

Em sua visão, o princípio da capacidade contributiva possuiria papel de destaque no desenho da estrutura e do conteúdo do sistema normativo tributário, assim como na fixação da medida da tributação, o que confirmaria o seu caráter de direito fundamental. Assim, o princípio concretizaria a igualdade na tributação e protegeria a liberdade econômica e a propriedade dos cidadãos-contribuintes, atuando como autêntica limitação ao poder de tributar (CAMPOS, 2016, p. 281). Em suas palavras, o princípio poderia ser assim resumido:

> [...] direito a uma tributação baseada em critérios de justiça material e igualdade, na impossibilidade de incidência sobre fatos que não denotem riqueza, na vedação de exigências que eliminem a própria capacidade de produzir e contribuir, na generalidade sem olvidar-se o respeito à imunidade do mínimo existencial, e na mais completa proibição de privilégios odiosos.

Outra questão que levanta discussões refere-se à extensão (ou não) da aplicabilidade do princípio da capacidade contributiva a outras espécies tributárias além dos impostos. Isso porque o artigo 145, § 1º, menciona especificamente a palavra "impostos". Apesar disso, o Supremo Tribunal Federal pacificou a aplicação do referido dispositivo a todos os tributos. São exemplos que podem ilustrar esse entendimento o Recurso Extraordinário nº 573.675 (BRASIL, 2009), no campo das contribuições sociais, e a Ação Direta de Inconstitucionalidade nº 5.489 (BRASIL, 2021b), no campo das taxas, pois em ambas as oportunidades foi reconhecida a necessidade de observância ao princípio da capacidade contributiva. Entretanto, não se pode desconsiderar que existem manifestações em sentido contrário na doutrina[33].

---

33 Confira-se, por exemplo, o entendimento de Costa (2017, p. 101): "Discordamos daqueles que proclamam ser o princípio da capacidade contributiva aplicável a tributos vinculados a uma atuação estatal – taxas e contribuições –, porquanto estes são orientados por princípios diversos, os da retributividade e do benefício, respectivamente, relacionados à atuação estatal a ser remunerada."

O referido dispositivo também suscita outra discussão: a possibilidade de aplicação do princípio da capacidade contributiva e da técnica da progressividade de alíquotas a todos os impostos, sejam reais ou pessoais. Isso porque o artigo 145, § 1°, dispõe expressamente que "sempre que possível, os impostos terão caráter pessoal e serão graduados segundo a capacidade econômica do contribuinte".

Apenas a título de esclarecimento prévio, as expressões impostos pessoais e reais costumam ser empregadas na doutrina para designar, respectivamente, os impostos que levam em consideração condições particulares do contribuinte, como por exemplo o imposto sobre a renda, cujo critério material da regra-matriz de incidência é o ato de auferir renda, e os impostos que levam em consideração a própria matéria a ser tributada, ou seja, o bem ou a coisa sobre a qual recai a tributação, sem cogitar das condições pessoais do contribuinte, como por exemplo o Imposto sobre a Propriedade Territorial Urbana (IPTU) e o Imposto sobre a Propriedade de Veículos Automotores (IPVA).

Diante da redação literal do dispositivo, poder-se-ia ter duas interpretações distintas. A primeira seria de que as sentenças "os impostos serão pessoais" e "graduados segundo a capacidade econômica" estariam diretamente conectadas de modo a permitir que somente os impostos pessoais sejam graduados segundo a capacidade econômica do contribuinte. A segunda seria de que as duas sentenças não estariam diretamente conectadas e passariam mensagens independentes, indicando que "sempre que possível" os impostos deveriam ser pessoais, porém todos os impostos, sejam pessoais ou reais, deveriam ser graduados segundo a capacidade econômica dos contribuintes.

Ao discorrer sobre o tema, Piscitelli (2022, p. 137-138) manifesta o seu entendimento no sentido de que não seria possível dissociar os impostos reais do referido princípio, pois se a mensuração de todos os tributos pode ser feita a partir de considerações relacionadas com a capacidade contributiva, principalmente pela utilização de alíquotas progressivas, não faria sentido limitar essa possibilidade apenas aos impostos pessoais. Além disso, em sua visão, "os impostos reais são representativos da tributação sobre o patrimônio, que, por excelência, revela maior capacidade de uma distribuição equânime dos ônus tributários" (PISCITELLI, 2022, p. 137-138).

Portanto, considerando-se que a tributação progressiva da riqueza, seja em forma de renda ou patrimônio, é uma das formas mais legítimas de realização da justiça tributária, não existiriam motivos para restringir a aplicação do princípio apenas aos impostos pessoais. Convém destacar que o Supremo Tribunal Federal possui decisões no mesmo sentido, a exemplo do Recurso Extraordinário n° 562.045 (BRASIL, 2013), no qual foi firmado, em sede de repercussão geral, o entendimento no sentido da constitucionalidade da fixação de alíquota progressiva para o Imposto sobre Transmissão Causa Mortis e Doação (ITCMD), em observância ao princípio da capacidade contributiva.

Para fins do presente estudo, a capacidade contributiva será analisada principalmente na perspectiva do imposto sobre a renda e dos impostos incidentes sobre o consumo (notadamente ICMS e IPI), que são os impostos que mais impactam as mulheres, de uma forma direta. No entanto, também é importante analisar a capacidade contributiva nos demais impostos reais, como IPTU e IPVA. Isso porque, de uma forma geral, os homens são os maiores proprietários de bens, o que demonstra a existência de uma maior capacidade contributiva em comparação com as mulheres, daí porque também é importante analisar a tributação sobre o patrimônio com um recorte de gênero. Afinal, a capacidade contributiva global das mulheres pode ser aferida por diversos fatores, desde o pagamento de mais tributos sobre o consumo e sobre a renda e – em alguns casos – até a falta de capacidade econômica para ser proprietária de um bem.

Dessa forma, na presente pesquisa será adotado o conceito de capacidade contributiva como princípio essencial para a concretização da isonomia no ordenamento jurídico, nada obstante a existência de divergência doutrinária acerca de sua caracterização como subprincípio da isonomia ou como princípio autônomo. Além disso, será adotado o pressuposto de que o princípio da capacidade contributiva se aplica a todos os tributos, sejam pessoais ou reais.

2.2. CAPACIDADE CONTRIBUTIVA OBJETIVA E SUBJETIVA

O princípio da capacidade contributiva possui duas manifestações distintas, mas complementares: objetiva ou absoluta e subjetiva ou relativa. A capacidade contributiva em sua manifestação objetiva ou absoluta demanda que a norma tributária descreva um fato que seja revelador de riqueza. Ou seja, o legislador irá eleger eventos que demonstrem aptidão para concorrer às despesas públicas, que podem ser, por exemplo, auferir renda, ser proprietário de imóvel e ser proprietário de veículo automotor (COSTA, 2017, p. 101).

A capacidade contributiva em sua manifestação subjetiva ou relativa, por sua vez, reporta-se a um sujeito individualmente considerado e expressa a sua aptidão de contribuir, na medida de suas possibilidades econômicas. Assim, uma vez presente, o potencial sujeito passivo se torna efetivo e apto a absorver o impacto tributário (COSTA, 2017, p. 101). Portanto, a capacidade contributiva subjetiva ou relativa demanda que, ao se determinar a carga tributária a ser suportada pelo contribuinte, deve-se levar em consideração não apenas o aspecto material e objetivo da riqueza auferida, mas também as características pessoais do indivíduo, como por exemplo o seu estado civil e as despesas familiares incorridas.

Assim, apenas possuirá capacidade contributiva objetiva aquele que demonstrar possuir riqueza para contribuir com as despesas estatais, o que é verificado pela prática do fato eleito pelo legislador como presuntivo de riqueza, independentemente das condições subjetivas do contribuinte. Já a capacidade contributiva subjetiva pressupõe uma análise concreta do indivíduo a fim de que se possa verificar a possibilidade material e normativa de suportar a carga tributária a partir da disponibilidade da riqueza (não basta a mera manifestação de riqueza), o que pode ser aferido pela conjugação do mínimo existencial com o não confisco, e da graduação da intensidade do ônus impositivo da norma tributária (PISCITELLI, 2022, p. 126-127).

De acordo com Piscitelli, "em ambas as manifestações do princípio, vê-se claramente a realização da isonomia, em diferentes medidas", pois no caso da capacidade contributiva objetiva "trata-se de distribuir igualmente a carga tributária, a partir da eleição de fatos que sejam passíveis de manifestar a riqueza e, pois, capacidade econômica", enquanto que no caso da capacidade contributiva subjetiva "deve-se estabelecer as condições e intensidades do ônus impositivo para cada sujeito passivo, individualmente considerado, a partir da produção de normas que estabeleçam as formas específicas de tributação" (PISCITELLI, 2022, p. 127).

Ao tratar das acepções objetiva e subjetiva da capacidade contributiva, Lodi (2010, p. 7) entende que aquela se apresenta como fundamento da tributação e obrigatoriedade à eleição pelo legislador de um signo presuntivo de riqueza para compor a hipótese de incidência tributária, enquanto esta se destina a graduar a tributação e apresentar limites máximos e mínimos ao seu desenvolvimento.

Queiroz (2018, p. 65), ao descrever o papel de ambas as vertentes do princípio, esclarece que enquanto o princípio da capacidade contributiva objetiva condiciona, necessariamente, tanto o conteúdo do antecedente quanto o conteúdo do consequente da norma constitucional de produção normativa (que dispõe sobre a criação de normas de imposto), o princípio da capacidade contributiva subjetiva informa o modo de distribuição e a intensidade da carga tributária a ser suportada pelos contribuintes, atuando como complemento necessário e condicionante do antecedente da norma[34].

Como se vê, em relação à conceituação da capacidade contributiva objetiva e subjetiva, a doutrina parece concordar, ao menos em grande maioria, com as respectivas definições, entendendo que aquela exige que a norma tributária descreva um fato que seja revelador de riqueza e esta informa o modo de distribuição e a intensidade da carga tributária a ser suportada pelos indivíduos, levando-se em consideração as suas características pessoais.

Contudo, há bastante discordância na doutrina em torno de qual das duas concepções de capacidade contributiva deve prevalecer na ordem constitucional brasileira, existindo aqueles que defendem que as normas e os aplicadores do direito, por questões de praticidade e eficiência, devem fazer prevalecer, como regra geral, a capacidade contributiva objetiva para alcançar as manifestações de riqueza a serem tributadas, e aqueles que defendem a prevalência da capacidade contributiva subjetiva, sempre que possível, com o objetivo de alcançar uma maior justiça fiscal na tributação.

---

34 "O princípio constitucional da capacidade contributiva objetiva é o complemento, necessário e condicionante, do aspecto declaração prescritiva do antecedente da norma constitucional de produção normativa (que dispõe sobre a criação de normas de imposto), portador de elevada carga axiológica, o qual exige que o antecedente da norma impositiva de imposto descreva um fato que ostente sinal de riqueza pessoal, e que o seu consequente prescreva a conduta (obrigatória) de o titular dessa riqueza de entregar parte dela ao Estado. [...]

Princípio constitucional da capacidade contributiva subjetiva é o complemento, necessário e condicionante, do aspecto declaração prescritiva do antecedente da norma constitucional de produção normativa (que dispõe sobre a criação de normas tributárias), portador de elevada carga axiológica, segundo o qual, ao se determinar a carga de tributos a ser suportada por alguém, deve-se levar em consideração as respectivas características pessoais (nível de riqueza, estado civil, encargos de família, estado de saúde pessoal e familiar etc), com o propósito de fazer com que cada um participe, de maneira equânime, no financiamento do Estado."

O debate sobre a aplicabilidade da capacidade contributiva subjetiva enseja muita polêmica, existindo autores que defendem a impossibilidade de aplicação do princípio, sobretudo pelo legislador. Carraza, por exemplo, defende que a capacidade contributiva prevista na Constituição e que deve ser levada em consideração pelo legislador é sempre a objetiva:

> A capacidade contributiva à qual alude a Constituição e que a pessoa política é obrigada a levar em conta ao criar, legislativamente, os impostos de sua competência é objetiva, e não subjetiva. É objetiva porque se refere não às condições econômicas reais de cada contribuinte, individualmente considerado, mas às suas manifestações objetivas de riqueza (ter um imóvel, possuir um automóvel, ser proprietário de joias ou obras de arte, operar em Bolsa, praticar operações mercantis etc.).
> Assim, atenderá ao princípio da capacidade contributiva a lei que, ao criar o imposto, colocar em sua hipótese de incidência fatos deste tipo. [...]
> Pouco importa se o contribuinte que praticou o fato imponível do imposto não reúne, por razões personalíssimas (v.g., por estar desempregado), condições para suportar a carga tributária. (CARRAZA, 2015, p. 108)

A despeito disso, o autor entende que o legislador não pode desconsiderar desigualdades próprias das diferentes categorias de contribuintes, daí a sua compreensão de que o legislador também deve levar em consideração a capacidade contributiva subjetiva, sob pena da possibilidade de o Poder Judiciário garantir a sua aplicação em determinado caso concreto. É como se, na visão do autor, a perspectiva objetiva devesse prevalecer, mas a perspectiva subjetiva não pudesse ser desconsiderada. Portanto, na visão de Carraza (2015, p. 110-111), tanto o legislador quanto o Poder Judiciário devem atentar para a perspectiva subjetiva a fim de concretizar a capacidade contributiva. Confira-se:

> Importante destacar, ainda, que o legislador deve, enquanto descreve a norma jurídica instituidora dos impostos de caráter pessoal (v.g., do imposto sobre a renda), não só escolher fatos que exibam conteúdo econômico (capacidade contributiva objetiva), como atentar às desigualdades próprias das diferentes categorias de contribuintes. Noutras palavras, a norma jurídica tributária deve trazer em seu bojo elementos suficientes para que, no momento da aplicação ao caso concreto, as especificidades econômicas de cada contribuinte, isoladamente considerado, sejam levadas em conta (capacidade contributiva subjetiva). A Constituição Federal sinaliza neste sentido quando manda dispensar tratamento privilegiado às cooperativas (art. 146, III, "c", da CF), às microempresas e empresas de pequeno porte (art. 146, III, "d", da CF) etc.
> A própria interpretação das normas tributárias, que visam a onerar financeiramente os contribuintes, deve ser feita em perfeita sintonia com os

> princípios da capacidade contributiva e da igualdade. [...] Portanto, o princípio da capacidade contributiva exige que na repartição dos encargos impositivos se levem em conta as especificidades das várias categorias de contribuintes.
>
> O Poder Judiciário, de sua parte, ao aplicar contenciosamente a lei que criou *in abstracto* este tipo de imposto, não pode deixar de levar em conta tais desigualdades (isonomia negativa). Noutros termos, a aplicação do princípio da capacidade contributiva pode e deve ser controlada pelo juiz, em cada caso concreto. (CARRAZA, 2015, p. 110-111).

Já Godoi defende a prevalência da capacidade contributiva subjetiva sobre a objetiva, em virtude de aquela "possuir em seu conceito as noções de garantia do mínimo vital e limite contra o confisco". Além disso, a capacidade contributiva subjetiva exigiria "a consideração, pelo legislador, de fatores cujo desprezo pode fazer com que um indício de capacidade contributiva oculte em verdade uma ausência real de capacidade contributiva" (GODOI, 1999, p. 199). Dessa forma, a prevalência de uma sobre a outra permite que sejam considerados todos os encargos obrigatórios pessoais e inafastáveis assumidos pelo contribuinte ou por determinado grupo de contribuintes.

Godoi (1999, p. 200) também defende que o Poder Judiciário pode declarar a inconstitucionalidade de leis tributárias cuja presunção de capacidade contributiva (objetiva ou absoluta) se revela insincera, uma vez que a capacidade contributiva deve ser real, e não fictícia. Utiliza, como exemplos, os casos das normas que limitam as deduções com gastos essenciais relativos a dependentes no IRPF e que não corrigem monetariamente as tabelas de retenção na fonte utilizadas em um contexto inflacionário.

A partir dos ensinamentos de Derzi (1999, p. 199) também é possível inferir o seu posicionamento no sentido de que, sempre que for possível, deveria prevalecer na ordem constitucional brasileira a capacidade contributiva relativa ou subjetiva, que expressa a concreta e real aptidão de determinado contribuinte ao recolhimento do tributo (considerados os encargos obrigatórios pessoais e inafastáveis). A prevalência da capacidade contributiva relativa decorreria do fato de que esta abrange em seu conceito as noções de garantia do mínimo vital e limite contra o confisco (BALEEIRO, 1997, p. 693).

Não se pode desconsiderar a dificuldade de atender a capacidade contributiva subjetiva, principalmente na formulação de normas jurídicas tributárias, já que esta, como o próprio nome denota, é subjetiva por natureza, o que significa que pode variar muito de indivíduo para indivíduo, de acordo com as circunstâncias fáticas sob as quais estará submetido. É por isso que as leis tributárias devem ser, via de regra, gerais e abstratas, justamente para que possam atingir a todos os contribuintes que se enquadrem em uma determinada hipótese de incidência tributária, independentemente de suas características individuais, visando à garantia do princípio da isonomia (ao menos sob uma perspectiva formal da isonomia).

No entanto, existem algumas situações em que é possível perceber claramente que determinados contribuintes ou determinados grupos de contribuintes assumem, de uma forma geral, encargos obrigatórios pessoais extras que lhes são impostos pelo simples fato de ostentarem determinada condição ou de pertencerem a determinado grupo, os quais podem ser impostos de forma explícita ou implícita, por questões de cunho social, cultural ou até mesmo pela legislação vigente, apesar de, aparentemente, manifestarem os mesmos indícios de riqueza que outros contribuintes ou grupos de contribuintes. É o caso, por exemplo, das mulheres.

Nesse contexto, é oportuno ressaltar o posicionamento de Piscitelli reconhecendo que a capacidade contributiva objetiva tem a sua importância para assegurar a justiça tributária, na medida em que promove a igualdade sob uma perspectiva formal. Entretanto, a justiça tributária pode ser concretizada de forma mais intensa e efetiva a partir da capacidade contributiva subjetiva, devido à sua aptidão para concretizar a igualdade material. Em suas palavras:

> [...] entende-se que a capacidade contributiva objetiva, na análise aqui proposta, deve se situar como uma norma tributária que participa na realização do Estado Democrático de Direito em seu aspecto formal, já que se trata de promover o princípio da igualdade também do ponto de vista formal – o objetivo é distribuir, de forma equânime e de acordo com o mesmo critério (i.e. manifestação de riqueza), a carga tributária.
> Ressalte-se, apenas, que com isso não se pretende afirmar que a capacidade contributiva objetiva não seja um elemento importante para assegurar a justiça tributária e, pois, não possa integrar o aspecto material do Estado Democrático de Direito, mas, tão somente, que essa vertente do princípio melhor se encaixa nessa perspectiva, sem prejuízo de outras interpretações que o relacionem com a distribuição material dos ônus da tributação.
> De outro lado, a capacidade contributiva subjetiva revela mais intensamente sua relação com a justiça tributária, pois se ocupa das formas e técnicas de se aferir e mensurar referidos atos. Trata-se de distribuir os ônus da tributação de forma que aqueles que manifestem mais riqueza

> sejam mais onerados, pela identificação da situação individual do sujeito passivo. Sem qualquer dúvida, está-se diante da tributação pelas vias da justiça distributiva. (PISCITELLI, 2022, p. 127-128).

Assim, ainda que haja divergência na doutrina acerca da prevalência da capacidade contributiva em sua dimensão objetiva ou subjetiva, em um debate que antagoniza eficiência e justiça fiscal, há razoável consenso em relação ao conceito de capacidade contributiva subjetiva. A sua aferição pode se dar por meio de circunstâncias fáticas e características pessoais dos sujeitos que os vinculem a determinados gastos essenciais à subsistência, tais como, por exemplo, despesas com dependentes, estado civil e demais despesas inerentes à essência do sujeito e fundamentais para o seu pleno desenvolvimento humano. A capacidade contributiva subjetiva, portanto, está intrinsecamente relacionada com o mínimo existencial e a vedação ao confisco.

É nesse contexto que se propõe investigar a capacidade contributiva com um olhar voltado para as circunstâncias de gênero, a fim de demonstrar a possibilidade de levá-las em consideração para a sua aferição. Não se pretende adentrar na discussão sobre qual modelo seria o melhor – se o modelo que privilegia a justiça fiscal ou a eficiência, ou seja, o modelo em que prevaleça o sentido subjetivo ou objetivo da capacidade contributiva –, mas apenas demonstrar a possibilidade de sua aferição com base em circunstâncias de gênero.

2.3. CAPACIDADE CONTRIBUTIVA INTERPRETADA A PARTIR DAS DESIGUALDADES DE GÊNERO

Como demonstrado no capítulo anterior, nascer com o gênero feminino, de uma forma geral, é mais oneroso do que nascer com o gênero masculino, pois a simples condição de nascer mulher traz consigo maiores dificuldades para auferir renda, assim como mais encargos, que podem ser diretos ou indiretos. Os encargos diretos seriam aqueles quantificáveis financeiramente, como por exemplo, o custo tributário exacerbado sobre bens de primeira necessidade, como absorventes, e os custos com o cuidado de dependentes. Já os encargos indiretos seriam aqueles que, apesar de não serem diretamente quantificáveis financeiramente, podem ser traduzidos em custos financeiros, pois representam uma perda de receita, como por exemplo a quantidade de horas e energia gastas com trabalhos não remunerados.

Apenas para recapitular, algumas das principais desigualdades existentes entre os gêneros, conforme estatísticas claras já mencionadas neste estudo, são as seguintes: (i) na renda auferida, (ii) nos gastos incorridos com o cuidado de dependentes e trabalhos domésticos, os quais, na grande maioria das vezes, recaem sobre as mulheres, (iii) no preço pago por bens de consumo direcionados exclusivamente ou em sua grande maioria para o público feminino, fenômeno denominado pela doutrina como "pink tax" e (iv) na carga fiscal incidente sobre tais bens e serviços, que desconsidera o grau de essencialidade específico para o público feminino.

Qual seria, então, a relação da capacidade contributiva com as mencionadas desigualdades de gênero? Ora, todas as desigualdades de gênero apontadas impactam diretamente na capacidade contributiva das mulheres, seja em sua acepção objetiva ou subjetiva, conforme será demonstrado adiante.

2.3.1. O IMPACTO DAS DESIGUALDADES DE GÊNERO NA CAPACIDADE CONTRIBUTIVA OBJETIVA

Como visto, a capacidade contributiva em sua acepção objetiva exige que a norma tributária descreva um fato que seja revelador de riqueza, que pode ser, por exemplo, auferir renda, ser proprietário de imóvel ou ser proprietário de veículo automotor. Ou seja, a capacidade contributiva objetiva pressupõe a manifestação de algum signo presuntivo de riqueza.

No caso do imposto de renda da pessoa física, a legislação é neutra, ou seja, a tabela progressiva das alíquotas se aplica indistintamente para homens e mulheres. Portanto, ao analisar a situação de um homem e de uma mulher que se enquadrem em uma mesma faixa da tabela do IRPF, a alíquota aplicável será a mesma, ainda que a carga tributária não necessariamente seja a mesma, pois esta dependerá de outros fatores como as deduções aplicáveis. O mesmo ocorre com a legislação do IPTU e do IPVA, que também são totalmente neutras sob a perspectiva de gênero.

No entanto, ao analisar a situação geral de homens e mulheres estatisticamente, isto é, sem considerar casos particulares, verifica-se que as mulheres, em geral, auferem menos renda e possuem menos patrimônio que os homens, apesar de acabarem arcando com uma carga tributária maior, como pode ser comprovado a partir dos dados mencionados no capítulo anterior.

Sendo assim, partindo-se dessas premissas, pode-se concluir que as desigualdades relativas ao auferimento de renda e à propriedade vistas com o recorte de gênero impactam diretamente a capacidade contributiva de mulheres na perspectiva objetiva, na medida em que esta é diminuída em decorrência de discriminações, que fazem com que, de uma forma geral, mulheres tenham menos riqueza que os homens. Destaca-se novamente que não se está analisando o sentido objetivo da capacidade contributiva considerando casos individuais, mas um recorte de gênero. Assim, pode-se dizer que, de uma forma geral, a acepção objetiva da capacidade contributiva de mulheres é menor que a de homens.

2.3.2. O IMPACTO DAS DESIGUALDADES DE GÊNERO NA CAPACIDADE CONTRIBUTIVA SUBJETIVA

A capacidade contributiva em sua acepção subjetiva significa a aptidão para contribuir na medida das possibilidades econômicas do indivíduo. Ou seja, deve-se levar em consideração as condições e a intensidade do ônus impositivo para cada sujeito passivo para que se defina a distribuição e gradação da carga tributária a ser suportada, como por exemplo despesas inerentes a determinada situação do indivíduo.

Com base nessa premissa, verifica-se que as discriminações implícitas no preço pago por determinados bens de consumo e na carga fiscal incidente sobre bens de razoável ou elevado grau de essencialidade para o público feminino impactam diretamente na capacidade contributiva subjetiva dessas contribuintes, pois tais dispêndios decorrem exclusivamente de uma condição de determinado grupo de contribuintes (o grupo do gênero feminino).

Para que fique mais claro, destaca-se que não há um impacto direto na capacidade contributiva objetiva, pois as mulheres continuam manifestando capacidade econômica e auferindo rendimentos, de forma que estariam sujeitas a mesma alíquota de imposto de renda, por exemplo, caso se enquadrem na mesma faixa da tabela progressiva aplicável a um indivíduo do gênero masculino. No entanto, terão uma parcela maior desses rendimentos comprometidos com despesas que recaem somente sobre elas, única e exclusivamente pelo fato de serem mulheres. Por esse motivo, haverá um impacto maior na capacidade contributiva subjetiva das mulheres, em decorrência das desigualdades mencionadas.

Convém destacar também neste item que não se está analisando o sentido subjetivo da capacidade contributiva considerando casos individuais, mas um recorte de gênero. Assim, pode-se dizer que, de uma forma geral, a acepção subjetiva da capacidade contributiva de mulheres é menor que a de homens, tendo em vista determinados custos que são inerentes a condição de possuir o gênero feminino e que comprometem grande parte das manifestações de riquezas auferidas pelas mulheres.

Da mesma forma, os custos incorridos com os dependentes e trabalhos domésticos, comumente denominado trabalho não remunerado, sejam custos diretos ou indiretos, igualmente diminuem a capacidade contributiva subjetiva de mulheres. Isso porque, de uma forma geral, tais encargos recaem de modo muito mais oneroso sobre o público feminino, ou seja, também decorrem exclusivamente de uma condição de determinado segmento de contribuintes: a condição de pertencer ao gênero feminino.

Sobre o impacto da realização de trabalhos domésticos para as mulheres, é interessante mencionar o entendimento de Staudt (1996, p. 1647)[35], que defende a tributação das atividades domésticas para garantir que as mulheres tenham acesso a benefícios sociais tipicamente atribuídos ao trabalho assalariado, pois essa tributação seria um primeiro passo para o reconhecimento formal da importância desse trabalho e das mulheres que o exercem. Como os benefícios sociais estão vinculados à tributação, essa medida garantiria que as mulheres obtivessem os seus benefícios sociais de forma independente, os quais seriam baseados no valor econômico do trabalho doméstico:

> Este artigo argumentou que, para melhorar a segurança econômica das mulheres, o trabalho doméstico deve ser reconhecido como valioso e produtivo. Em particular, argumentei que o Congresso deveria valorizar e tributar as atividades domésticas para garantir que as mulheres tenham acesso a benefícios de bem-estar social tipicamente vinculados ao trabalho assalariado, como benefícios de previdência social, invalidez e assistência médica. A tributação marcaria um importante passo rumo ao reconhecimento formal das mulheres como importantes atores econômicos e políticos. Esta reforma, juntamente com a reforma orientada para o mercado, contribuiria muito para mudar a visão da sociedade sobre o valor das atividades produtivas realizadas tanto em casa quanto no mercado e, mais importante,

---

35 STAUDT, Nancy. *Taxing Housework*. Washington, D.C.: The Georgetown Law Journal, 1996, v. 84, No. 5. p. 1647.

representaria um passo crítico para alcançar maior segurança econômica para mulheres[36].

Na visão da autora, os incentivos voltados para a inclusão da mulher no mercado de trabalho não possibilitam que a mulher escolha livremente entre responsabilidades de cuidado na casa e uma carreira no mercado de trabalho, pois mesmo quando a maior parte das mulheres são incluídas no mercado, ainda assim continuam responsáveis pela maior parte dos trabalhos domésticos, o que a faz concluir que conferir maiores oportunidades no mercado de trabalho não necessariamente corresponde a uma diminuição do nível de trabalho doméstico exercido por mulheres. Além disso, segundo a autora, existe uma questão cultural que faz com que muitas mulheres enxerguem o trabalho doméstico pessoalmente e politicamente importante, por garantir a sobrevivência da família[37] (STAUDT, 1996, p. 1573).

---

36 Tradução livre. No original:

"This article has argued that to improve women's economic security, housework must be recognized as valuable and productive. In particular, I have argued that Congress should value and tax household activities to ensure women have access to social welfare benefits typically tied to waged labor, such as social security, disability and medicare benefits. Taxation would mark an important step toward formal recognition of women as important economic and political actors. This reform, together with the market-oriented reform, would go far toward changing society's views of the value of productive activities carried out both in the home and in the market, and more importantly, it would represent a critical step in achieving greater economic security for women."

37 "Além disso, os incentivos orientados para o mercado não permitirão que as mulheres escolham livremente entre as responsabilidades de cuidar da casa e uma carreira no mercado. Em 1994, a maioria das mulheres de todas as raças e classes trabalhava no mercado; no entanto, as mulheres continuaram a ser responsáveis por setenta a oitenta por cento das tarefas domésticas. Oferecer oportunidades de mercado, portanto, não causa uma diminuição correspondente no nível de trabalho doméstico das mulheres. A abordagem da política tributária voltada para o mercado também falha em reconhecer que muitas mulheres não procuram trocar suas responsabilidades domésticas por um maior nível de participação no mercado. Muitas mulheres negras, por exemplo, acreditam que, à luz dos riscos de saúde desproporcionalmente sofridos pelas comunidades negras, os serviços de cuidado que garantem a sobrevivência da família podem ser pessoalmente satisfatórios e politicamente importantes."

Tradução livre. No original:

"Additionally, market-oriented incentives will not enable women to choose freely between caretaking resposabilities in the home and a carrer in the market. In 1994, the majority of women of all races and classes were working in the market; never-

Em relação às dificuldades financeiras que as mulheres de baixa renda enfrentariam caso o trabalho não remunerado começasse a ser tributado, a autora defende a criação de mecanismo de créditos tributários voltados para essas mulheres de baixa renda. A ideia seria que essa medida compensaria apenas o aumento da carga tributária incidente sobre o trabalho doméstico, mas não funcionaria como um programa geral de bem-estar social baseado em tributos. Assim, a medida diminuiria ou eliminaria o encargo fiscal, mas não proveria uma transferência de renda[38] (STAUDT, 1996, p. 1636-1640). Além disso, se a unidade familiar igualmente compartilha renda e despesas, o en-

---

theless, women continued to be responsable for seventy to eighty percent of housework responsabilities. Providing market opportunities, therefore, does not cause a corresponding decreasce in the level of women's housework. The market-oriented approach to tax policy also fails to acknowledge that many women do not seek to exchange their household responsabilities for a greater level of market participation. Many women of color, for example, believe that in light of health hazards disproportionately suffered by communities of color, caretaking services that ensure the family's survival can be personally satusfying and politically important."

[38] "Embora a tributação do trabalho doméstico tenha o potencial de garantir o acesso das mulheres aos benefícios sociais independentes, ela simultaneamente imporá um ônus financeiro imediato às mulheres e suas famílias. Esse fardo adicional é particularmente problemático para mulheres de baixa renda que muitas vezes precisam de cada dólar disponível para comprar necessidades, como alimentação e creche. Como esse ônus pode superar o valor dos benefícios futuros, algumas mulheres preferem renunciar aos benefícios de bem-estar social de longo prazo para evitar a tributação no curto prazo. (...)

Para garantir que as mulheres de baixa renda não sejam prejudicadas pela inclusão do trabalho doméstico na base tributária, o Congresso poderia adotar um crédito de imposto de renda familiar ("HITC") que seja paralelo, mas não espelhado, ao EITC. Os efeitos distributivos e comportamentais do HITC seriam muito mais limitados do que os encontrados no EITC. O objetivo do HITC seria apenas compensar o aumento do imposto cobrado sobre o trabalho doméstico e não operar como um programa de bem-estar social baseado em impostos semelhante ao EITC. (...) Assim, embora o HITC pudesse diminuir ou eliminar a carga tributária, não proporcionaria uma transferência de renda semelhante ao programa EITC."

Tradução livre. No original:

"Although taxation of housold labor has the potential to ensure women's access to independent social welfare benefits, it will simultaneously impose an immediate financial burden upon women and their families. This additionalburden is particularly problematic for low-income women who often need Every available dollar to purchase necessities, such as food and childcare. Because this burden might outweigh the value of future benefits, some women will prefer to forgo long-term social welfare benefits to avoid taxation in the short-run. (...)

cargo fiscal desse novo tributo recairia sobre toda a renda disponível da unidade familiar, o que causaria menos impacto econômico nas mulheres[39] (STAUDT, 1996, p. 1640).

Apesar das interessantes conclusões da autora, a tributação do trabalho não remunerado poderia gerar um agravamento da situação de algumas mulheres, como por exemplo daquelas que são chefes de fa-

---

To ensure that low-income women are not harmed by the inclusion os household labor in the tax base, Congress could adopt a household income tax credit ("HITC") that parallels, but does not mirror, the EITC. The distributional and behavioral effects of the HITC would be far more limited than those found in the EITC. The purpose of the HITC would be to offset Only the increased tax imposed on household labor and not to operate as a tax-based social welfare program similar to the EITC. (…) Thus, while the HITC could decrease or eliminate the tax burden, it would not provide a cash transfer similar to the EITC program."

39 "As famílias, no entanto, não compartilham igualmente receitas e despesas. As mulheres casadas tendem a usar grande parte de sua renda para as necessidades da família, deixando maior renda disponível para seus maridos. Se a nova carga tributária for, por necessidade, paga com a renda disponível, então a tributação do trabalho doméstico pode funcionar mais em detrimento dos homens casados do que das mulheres casadas.

Se a unidade familiar dividir igualmente as receitas e despesas entre seus membros, o ônus do novo imposto será compartilhado por toda a família, incluindo a mulher. Nessas circunstâncias, essa abordagem sem dúvida causará menos dificuldades econômicas às mulheres do que a abordagem atual, que deixa as mulheres sem recursos econômicos significativos na velhice. As mulheres geralmente vivem mais do que os homens e muitas vezes têm um baixo nível de benefícios de seguridade social; como resultado, as mulheres frequentemente passam os últimos anos de suas vidas na pobreza. Ao tributar o trabalho doméstico, o Congresso exigiria que toda a família contribuísse para a segurança econômica das mulheres na aposentadoria."

Tradução livre. No original:

"Households, however, do not equally share income and expenses. Married women tend to use a large portion of their income for family necessities, leaving greater disposable income for their husbands. If the new tax burden is, by necessity, paid out of the disposable income, then the taxation of housework might work more to the detriment of married men than married women.

If the household unit equally shares income and expenses among its members, the burden of the new tax will be shared by the entire household, including the woman. Under these circumstances, this approach will arguably cause less economic hardship on women than the current approach that leaves women without significant economic resources in old age. Women generally live longer than men and often have a low level of social security benefits; as a result, women frequently swpend the last years of their lives in poverty. By taxing housework, Congress would require the entire family to contribute to women's economic security in retirement.

mília e principalmente das mães solo. Isso porque as mulheres, em geral, costumam ser mais oneradas em termos fiscais que os homens, em decorrência de todos os vieses implícitos de gênero abordados nesta pesquisa. Assim, uma nova tributação, ainda que para garantir o acesso a benefícios sociais futuros, poderia agravar especialmente a situação dessas mulheres, a menos que seja desenvolvido um mecanismo de compensação mediante a geração de créditos que poderiam reduzir ou até eliminar a tributação, como o que foi sugerido pela autora. Por outro lado, no caso das mulheres casadas ou em união estável, que possuem o amparo financeiro de parceiros alocados no mercado de trabalho, a medida proposta pela autora poderia funcionar bem, já que a tributação do trabalho não remunerado seria arcada por toda a unidade familiar, e não somente pela mulher. Em ambos os casos, a mulher teria os seus benefícios sociais assegurados.

Atualmente, a legislação[40] permite a dedução de R$ 3.561,50 anuais a título de despesas com a instrução do contribuinte e seus dependentes e de R$ 2.275,08 anuais a título de despesas com dependentes. Para simplificar, está sendo analisada a possibilidade de dedução de somente R$ 486,37 mensais a título de gastos com dependentes,

---

40 Decreto nº 9.580/2018 (Regulamento do Imposto sobre a Renda):

"Art. 74. Na determinação da base de cálculo do imposto sobre a renda devido na declaração de ajuste anual, poderão ser deduzidos os pagamentos de despesas com instrução do contribuinte e de seus dependentes, efetuados a estabelecimentos de ensino, relativamente à educação infantil, ao ensino fundamental, ao ensino médio, à educação superior, e à educação profissional, até o limite anual individual de (Lei nº 9.250, de 1995, art. 8º, caput, inciso II, alínea "b"): [...]

VI - R$ 3.561,50 (três mil, quinhentos e sessenta e um reais e cinquenta centavos), a partir do ano-calendário de 2015.

Art. 76. A base de cálculo do imposto sobre a renda devido no ano-calendário será a diferença entre as somas (Lei Complementar nº 109, de 2001, art. 69 ; Lei nº 9.250, de 1995, art. 8º ; Lei nº 9.532, de 1997, art. 11 ; Lei nº 12.024, de 2009, art. 3 º; e Medida Provisória nº 2.158-35, de 2001, art. 61):

I - dos rendimentos percebidos durante o ano-calendário, exceto os isentos, os não tributáveis, os tributáveis exclusivamente na fonte e os sujeitos à tributação definitiva; e

II - das deduções relativas ao somatório dos valores de que tratam o art. 68 , o art. 70 , o art. 72 ao art. 75 , e da quantia, por dependente, de: [...]

f) R$ 2.275,08 (dois mil, duzentos e setenta e cinco reais e oito centavos), a partir do ano-calendário de 2015" (BRASIL, 2018).

incluindo as despesas com educação (considerando um único dependente na conta).

Ao se analisar a perspectiva de mulheres que auferem seus próprios rendimentos e recebem pensão alimentícia, pode-se verificar que as despesas suportadas por elas com os dependentes acabam impactando muito mais a carga tributária efetiva do IRPF em comparação aos homens, pois as despesas arcadas por elas não são integralmente dedutíveis do imposto. As ínfimas deduções com dependentes permitidas pela legislação (somente é possível deduzir da renda tributável o total aproximado de R$ 486,37 mensais em gastos com dependentes) não são suficientes para neutralizar as despesas com o cuidado que o dependente demanda. Ao menos sob uma perspectiva de contribuintes pagadores do IRPF e que estão acima do patamar de isenção, é razoável que se tenha um gasto maior que R$ 486,37 mensais com dependentes para a manutenção de uma vida digna. Ainda assim, as mulheres pagam o IRPF na mesma tabela progressiva de alíquotas aplicada aos contribuintes do gênero masculino, os quais, por sua vez, possuem o privilégio da dedução integral de todos os valores pagos a título de pensão alimentícia.

Ainda que o Supremo Tribunal Federal tenha firmado entendimento quanto à não tributação dos valores das pensões alimentícias familiares recebidas pelas mulheres que possuem a guarda dos dependentes, seja em casos de divórcio, separação ou de mães solteiras, todos os gastos com dependentes arcados pelos homens permanecem inteiramente dedutíveis do IRPF, logo, não são tributados. Por outro lado, todos os gastos com dependentes arcados pelas mulheres que auferem os seus próprios rendimentos e que em geral ficam com a guarda não são deduzidos do IRPF (salvo as ínfimas deduções autorizadas pela lei), de forma que a renda direcionada para tais gastos é inteiramente submetida à tributação.

Por fim, os encargos indiretos com o cuidado de dependentes e trabalhos domésticos, isto é, o custo de energia e tempo com esses trabalhos não remunerados, que podem ser verificados majoritariamente na realidade de contribuintes do gênero feminino, sejam chefes de família ou não, também diminuem a capacidade contributiva subjetiva dessas contribuintes. Isso porque homens e mulheres possuem vinte e quatro horas por dia. Sendo assim, é uma questão lógica que se um dos gêneros – que na maioria das vezes é o feminino – gasta mais horas do seu dia com tarefas não remuneradas, sobrará menos horas e energia do seu dia para as tarefas remuneradas em comparação com o outro gênero – que na maioria das vezes é o masculino.

Em última análise, pode-se dizer que o maior gasto de horas com o trabalho não remunerado representa uma perda de expectativa de receita das mulheres, já que elas poderiam estar trabalhando e produzindo riqueza em igualdade de condições com os homens caso não tivessem uma maior parte de seu tempo e energia comprometidos com essas tarefas. É o que demonstrou a pesquisa realizada pela OXFAM Brasil (2019), que concluiu que se todo o trabalho não remunerado realizado por mulheres no mundo fosse feito por uma única empresa, ela teria um faturamento anual de 10 trilhões de dólares. Portanto, o trabalho não remunerado exercido em larga escala pelas mulheres não pode ser ignorado pelo Estado e tratado como uma questão meramente privada, pois é uma realidade inegável e que repercute efeitos negativos em toda a sociedade, tornando-a mais desigual.

Demonstrada a relação de cada uma das nuances de desigualdades de gênero apontadas nesta pesquisa com a capacidade contributiva, passa-se a analisar a possibilidade de sua adequação para superação dessas desigualdades.

2.3.3. PROPOSTAS PARA A EFETIVA CONCRETIZAÇÃO DA CAPACIDADE CONTRIBUTIVA COM VISTAS À SUPERAÇÃO DAS DESIGUALDADES DE GÊNERO

O Direito Tributário e todas as normas, princípios e valores que compõem a sua estrutura, como partes integrantes do arcabouço constitucional que sustenta o Estado Democrático de Direito, não podem ser indiferentes (ou neutros) a essa realidade, já que a sua desconsideração causa um claro desequilíbrio de capacidade contributiva entre dois grupos de contribuintes e, em última análise, uma violação ao princípio da isonomia tributária.

A tributação genérica sobre a renda perpetua as desigualdades de gênero existentes na sociedade, prezando apenas por uma igualdade do ponto de vista formal, que está longe de promover a igualdade material entre gêneros. Assim, a neutralidade na tributação, ao menos sob uma perspectiva de gênero, acirra desigualdades já existentes e desconsidera um dos principais objetivos da República e valores primados pela Constituição, que é justamente a igualdade material entre homens e mulheres.

A realidade demonstrada em diversas estatísticas é que homens e mulheres ainda não partem do mesmo estágio inicial em termos de oportunidades, funções sociais e ônus que lhes são incumbidos, seja devido a questões sociais, históricas ou culturais. Não se pretende com este estudo insinuar que a legislação tributária deverá sempre favorecer o gênero feminino em detrimento do masculino, em decorrência das distorções sociais que acabam se refletindo na esfera tributária. Pelo contrário, espera-se que a sociedade evolua cada vez mais e passe a refletir criticamente acerca de tais distorções, seus impactos e os possíveis meios para a sua superação, a fim de que ambos os gêneros sejam tratados de forma cada vez mais igualitária.

No entanto, enquanto esse cenário ainda não se concretiza, a legislação deve se adequar à realidade fática da sociedade, sem prejuízo de, no futuro, e na medida em que as distorções forem diminuindo, a legislação novamente se adeque ao novo cenário – que, espera-se, seja cada vez menos desigual. Assim, a tendência é que, sob uma perspectiva de gênero, a legislação se torne cada vez mais neutra, uma vez que a sociedade tende a evoluir e superar gradativamente essas desigualdades. Por ora, entretanto, deve-se lidar com a realidade como ela efetivamente se apresenta.

A necessidade de concretização da equidade entre os gêneros em matéria tributária foi devidamente captada por Torres, um dos primeiros tributaristas brasileiros a discorrer sobre o assunto, ao reconhecer que o sistema das contribuições sociais deve proteger também as mulheres que não participam do processo produtivo e que não contribuem, de forma a garantir a igualdade material entre os gêneros:

> O sistema das contribuições sociais deve observar a questão da equidade entre homens e mulheres. Embora as mulheres nem sempre participem do processo produtivo, exercendo as suas atividades no recesso do lar, à margem do regime contributivo, nem por isso devem ser excluídas dos benefícios sociais, especialmente se divorciadas ou viúvas. (TORRES, 2014, p. 562).

É natural que seja difícil direcionar um olhar mais humanizado para uma ciência que sempre tratou os contribuintes com neutralidade e nunca se preocupou com questões mais sensíveis à sociedade atual, como é o caso das desigualdades de gênero. Afinal, apenas recentemente a questão de gênero chegou tão fortemente à tona nos debates sociais, tendo ganhado inclusive bastante espaço em meio aos debates tributários e orçamentários, assim como ocorreu com as questões raciais. Considerando esse novo contexto social, propõe-se neste capítulo a aplicação da capacidade contributiva sob a perspectiva de gênero, de maneira que a tributação leve em consideração todos os ônus inerentes à condição de ser mulher, sejam diretos ou indiretos.

Há diversas propostas para a mitigação das distorções tributárias causadas pela aplicação neutra do princípio da capacidade contributiva para ambos os gêneros. Pode-se pensar primeiramente em uma revisitação do sistema de deduções do IRPF atualmente vigente para que as deduções possam espelhar de forma mais fidedigna a realidade da maioria das mulheres contribuintes. Isso porque os custos com o cuidado de dependentes e trabalhos domésticos, sejam diretos ou indiretos, impactam diretamente na capacidade contributiva dessas contribuintes e devem ser desconsiderados da renda tributável. Mas como isso poderia ser feito?

Em relação aos custos diretos com os trabalhos não remunerados, os quais poderiam ser financeiramente quantificados e comprovados, seria inviável que a legislação contemplasse essas deduções de forma específica e detalhada. Seria inviável, por exemplo, que a legislação contemplasse deduções específicas para as despesas com vestimenta, lazer e alimentação de dependentes. Isso porque a verificação de cada um dos valores referentes aos gastos essenciais com dependentes não seria eficiente.

A alternativa, nesse caso, seria o estabelecimento de um valor padrão de dedução pelo legislador, considerando uma presunção da média geral de gastos com dependentes, como já ocorre na sistemática atual. Ocorre que, atualmente, é possível deduzir do IRPF apenas a quantia de aproximadamente R\$ 486,37 mensais, que é uma presunção estabelecida pela legislação de gastos com dependentes, incluindo aqueles com educação. No entanto, é facilmente perceptível que esse valor não passa nem próximo de um montante razoável de custos mensais com dependentes. Os R\$ 486,37 mensais de dedução sequer são suficientes para o pagamento de uma única mensalidade escolar, sendo que dentro desse limite mensal de dedução já estão incluídas todas as despesas com dependentes e com educação, estabelecidas presumidamente pelo legislador.

A alternativa, portanto, seria majorar esse valor para que se possa chegar ao menos um pouco mais próximo da realidade. No entanto, é difícil estimar um valor que seja considerado razoável, mesmo porque parece que o tema ainda não tem sido muito explorado pelos institutos de pesquisa. Ao menos, até a conclusão desta pesquisa, não foram localizados estudos específicos sobre a média anual de gastos, por segmento social, incorridos com dependentes por aqueles que ficam com a guarda. De toda forma, se o valor total de dedução com dependentes, incluindo as despesas com educação, fosse apenas corrigido monetariamente, já haveria um avanço, tendo em vista que a última atualização dos valores ocorreu em 2015.

O avanço mais significativo, no entanto, ocorreria não apenas com a correção monetária, mas com a ampliação de ambos os valores de dedução (dependentes e educação), de modo que a sistemática de dedução do IRPF fique um pouco mais próxima da realidade da média de gastos com dependentes incorridos pelas mulheres contribuintes. Nesse sentido, convém destacar o entendimento de Rocha (2022, p. 264-265), que também defende o aumento dos limites de dedução com dependentes e com instrução, além da concessão de crédito para dedução no pagamento do IRPF por mães e chefes de família, que exerçam a responsabilidade econômica pelo núcleo familiar.

Essa majoração na dedução total com dependentes e educação também abarcaria os custos não financeiros com trabalhos não remunerados, os quais seriam, por exemplo, os custos com tempo e energia que não são quantificáveis, mas que certamente impactam na capacidade contributiva subjetiva das contribuintes mulheres. Portanto, a solução de fixação de um valor maior de dedução também resolveria o problema dos custos não financeiros, uma vez que o valor de dedução eleito como uma ficção de todos os gastos com dependentes já abarcaria os custos financeiros e não financeiros que impactam na capacidade contributiva.

Nesse sentido, convém mencionar o entendimento de Nunes, que defende a ampliação do conceito de dependente para fins de dedução de despesas do IRPF, assumindo que os custos indiretos relativos à criação dos filhos e outras responsabilidades familiares deveriam beneficiar, automaticamente, as mulheres chefes de família por deduções específicas sobre a renda bruta:

> Um fato, no entanto, é inquestionável: a dupla jornada da mulher como trabalhadora e dona de casa é irrelevante para o Estado-fiscal, o que acarreta uma situação mais desvantajosa para ela. Nesse sentido, o IR, no Brasil, deveria ampliar o conceito de dependente, assumindo que, na perspectiva das mulheres, os custos indiretos relativos à criação dos filhos e outras responsabilidades familiares deveriam beneficiar, automaticamente, as mul-

heres chefes de família por deduções específicas sobre a renda bruta, antes de apurar a renda tributável. (NUNES, 2020, p. 38)

Sobre os comentários da autora, concorda-se que as deduções relativas aos dependentes precisam ser urgentemente revistas e ampliadas pelos legisladores, a fim de equalizar a condição das mulheres em comparação à condição dos homens. Assim, faz sentido que seja ampliado o valor fixo previsto na legislação para a dedução do IRPF relativa aos dependentes, a fim de abranger também os custos indiretos com o trabalho não remunerado, uma vez que seria extremamente difícil mensurar o valor desses custos indiretos e estabelecer uma dedução específica para abrangê-los. Por esse motivo, parece que o melhor caminho realmente seria incluir tais custos indiretos no valor geral estabelecido pelo legislador a título de dedução com dependentes.

Rocha também defende a ampliação das deduções com dependentes como medida para a redução das desigualdades de gênero sob o viés fiscal, na medida em que haveria redução das distorções causadas pela possibilidade de dedução integral do valor pago predominantemente pelos homens a título de pensão alimentícia:

> [...] a) aumento dos limites de dedução com dependentes e com instrução, para além da atualização monetária urgente e necessária. Hoje em dia, somente é possível deduzir da renda tributável o total de R$ 486,37 por mês em gastos com os dependentes, inclusive com educação. No entanto, para indivíduos com filhos, que ganham mais de R$ 1.903,00 mensais (mínimo para ser contribuinte do imposto de renda), as despesas com filhos podem ultrapassar, e muito, esse valor. Essa medida poderia beneficiar mulheres, na medida em que reduziria as distorções causadas pela possibilidade de dedução integral do valor pago pelos homens (predominantemente) a título de pensão alimentícia. Além disso, como vimos, as mulheres são as principais responsáveis pelo cuidado dos filhos, mesmo em famílias com pai presente. E não nos esqueçamos de um dos dados expostos no Capítulo 2: é cada vez maior o número de famílias chefiadas por mulheres, muitas vezes sem cônjuge, ou seja, elas também são as maiores responsáveis pelos gastos com as crianças, exceto nos lares biparentais em que a mulher não possui renda. Por outro lado, o aumento de tais deduções atingiria a todos de forma geral, homens e mulheres, o que permitiria um maior respeito ao mínimo existencial, deduzindo-se as despesas ao menos em valores um pouco mais próximos da realidade média de gastos com filhos e a sua educação [...] (ROCHA, 2021, p. 264-265).

Concorda-se integralmente com a autora, principalmente em relação ao fato de que a ampliação das deduções valeria para todos os gêneros, e não somente para as mulheres. É claro que, na prática, essa ampliação das deduções com dependentes beneficiaria muito mais mulheres do que homens, por todos os motivos já expostos, mas o ponto positivo dessa medida, sem dúvidas, seria o fato de sua neutralidade sob o viés fiscal, que inegavelmente faz com que a medida tenha mais chances de ser aprovada pelo Congresso Nacional.

Além da ampliação das deduções com dependentes, propõe-se uma reflexão sobre outra alternativa para tornar a tributação do IRPF mais igualitária sob a perspectiva de gênero, qual seja, a fixação de alíquotas nominais diferenciadas para contribuintes em determinadas situações, como por exemplo, contribuintes que sejam responsáveis legais pelo cuidado de dependentes.

A medida, embora certamente seja muito mais polêmica do que a concessão de uma dedução na base de cálculo do imposto, provocaria, na prática, os mesmos efeitos da redução da tributação, mas pela via da alíquota nominal. O resultado almejado neste estudo seria o mesmo, isto é, a redução da alíquota efetiva, porém ao invés desse resultado ser alcançado por meio de uma redução da base de cálculo (dedução), seria alcançado através da redução da própria alíquota nominal do imposto.

A medida de equalização da carga tributária por meio da redução da alíquota nominal do imposto é controvertida e poderia ser considerada como incompatível com a Constituição, devido à disposição do inciso II do art. 150[41]. No entanto, o art. 150 veda a instituição de tratamento desigual entre contribuintes que se encontrem em situação equivalente ou em razão de ocupação profissional ou função por eles exercida.

Ocorre que ser o responsável pelo cuidado com o dependente (posição na maioria das vezes ocupada por mulheres) não é equivalente a não ser o responsável por um dependente ou a pagar apenas uma pensão alimentícia (posição ocupada na maioria das vezes por homens). Como visto, homens e mulheres estatisticamente não se encontram em situação equivalente, ainda que se encontrem nas mesmas condições profissionais (por exemplo, exercendo o mesmo trabalho e auferindo

---

41 "Art. 150. Sem prejuízo de outras garantias asseguradas ao contribuinte, é vedado à União, aos Estados, ao Distrito Federal e aos Municípios: [...]

II - instituir tratamento desigual entre contribuintes que se encontrem em situação equivalente, proibida qualquer distinção em razão de ocupação profissional ou função por eles exercida, independentemente da denominação jurídica dos rendimentos, títulos ou direitos;" (BRASIL, 1988).

a mesma renda), tendo em vista todos os custos diretos e indiretos que decorrem da condição de ser mulher.

Além disso, o referido dispositivo deve ser interpretado em conjunto com o preâmbulo da Constituição, que prevê a igualdade e a justiça como valores supremos de uma sociedade fraterna, plural e sem preconceito, com o artigo 1º, que prevê a dignidade da pessoa humana como um dos fundamentos do Estado Democrático de Direito, com o artigo 5º, *caput* e inciso I, que consagra expressamente o direito à igualdade entre homens e mulheres e com o artigo 3º, que consagra os objetivos fundamentais da República Federativa do Brasil, entre eles a construção de uma sociedade livre, justa e solidária, o desenvolvimento nacional, a redução das desigualdades sociais e regionais e a promoção do bem de todos, sem preconceitos de origem, raça, sexo, cor, idade e quaisquer outras formas de discriminação.

É por esse motivo que o artigo 150, inciso II, da Constituição, veda a instituição de "tratamento desigual entre contribuintes que se encontrem em situação equivalente", justamente para proteger a igualdade material de tratamento entre os contribuintes que se encontram em situação equivalente, e não uma igualdade meramente formal que funciona apenas perante a lei e não contempla as particularidades de cada um dos indivíduos.

A distinção de regimes tributários não é nova no ordenamento jurídico. Na realidade, essa distinção é muito utilizada entre pessoas jurídicas. Um exemplo disso são os diferentes regimes tributários estabelecidos para pessoas jurídicas com base no faturamento total anual (lucro real e lucro presumido). No caso do lucro presumido, as mesmas alíquotas de IRPJ e CSLL aplicáveis no regime do lucro real incidem sobre um percentual de presunção do lucro, a depender da atividade desempenhada, com base na receita bruta auferida pela pessoa jurídica e como uma técnica de simplificação da arrecadação.

Sob a perspectiva da praticidade e eficiência na tributação, poderia ser mais vantajoso adequar a tributação incidente sobre a renda ao princípio da igualdade material através da diferenciação de alíquotas. O resultado prático alcançado seria equivalente ao resultado da ampliação das deduções, tendo em vista que a alíquota diferenciada seria aplicada a contribuintes que possuem dependentes. Além disso, poderia ser reduzido o custo fiscalizatório adicional que seria necessário para a averiguação do cumprimento das condições para a utilização das deduções, especialmente da dedução de despesas com educação, partindo-se do pressuposto de que a alíquota aplicada para contribuintes com dependentes já englobaria a presunção de uma média geral de todos os gastos com dependentes, incluindo os educacionais.

Ambas as medidas poderiam ser neutras sob o viés fiscal, pois tanto a alíquota nominal diferenciada quanto a dedução seriam aplicáveis a ambos os gêneros, embora certamente ambas beneficiariam muito mais as mulheres na prática, pois sabe-se que as mulheres são as maiores responsáveis pelo cuidado com dependentes.

Por outro lado, a solução da ampliação das deduções na declaração de ajuste anual parece ser a saída politicamente mais acessível, pois certamente haverá uma resistência grande em relação à aplicação de alíquotas diferenciadas para pessoas físicas, ainda que o resultado prático almejado seja o mesmo.

De toda forma, seja pela via da ampliação das deduções do IRPF ou da redução das alíquotas nominais, as medidas atuariam para equalizar as distorções existentes entre ambos os gêneros no que tange principalmente à capacidade contributiva subjetiva, mas não seriam suficientes para corrigir as distorções existentes na tributação, devendo ser conjugadas com outras medidas, sejam fiscais ou extrafiscais.

Por fim, uma outra possível medida para a redução das desigualdades de gênero seria a tributação do trabalho não remunerado, que afeta diretamente a capacidade contributiva subjetiva das mulheres, por demandar a alocação de tempo e energia nessa atividade. Essa tributação, que poderia ser feita por meio de contribuição específica, poderia garantir que as mulheres tenham acesso aos benefícios da seguridade social, devido ao trabalho não remunerado exercido. Conforme defendido por Staudt (1996), essa tributação deveria ser acompanhada da implementação de medidas compensatórias com créditos fiscais para as mulheres de baixa renda, a fim de que estas não sejam prejudicadas pelo aumento da carga fiscal. Evidentemente, neste caso seria necessário que essa nova imposição tributária fosse incluída no ordenamento jurídico por alguma Emenda Constitucional. Atualmente, é possível que donas de casa tenham direito à aposentadoria, desde que estejam contribuindo regularmente para o INSS na categoria de segurado facultativo. Contudo, a tributação do trabalho não remunerado para a concessão de benefício previdenciário específico para donas de casa certamente é um reconhecimento formal da importância deste trabalho e de sua tradução econômica.

Assim, a capacidade contributiva que norteia a tributação sobre a renda deveria ser aplicada sob a ótica de gênero, considerando-se a necessidade constitucional de uma tributação que concretize – ou ao menos que chegue o mais próximo possível de concretizar – a isonomia material. Esse novo olhar que deve ser lançado sobre a capacidade contributiva não a tornaria incompatível com o princípio da eficiência ou praticidade tributária.

2.4. CONCLUSÃO DESTE CAPÍTULO

Como pôde ser verificado ao longo deste capítulo, a atual sistemática de tributação da renda de forma neutra, sem qualquer cuidado com particularidades de gênero, acirra as desigualdades atualmente existentes. Algumas normas, inclusive, transpassam a neutralidade e acabam favorecendo o gênero masculino em detrimento do feminino, ainda que de forma implícita, como é o caso do incentivo fiscal de dedução da pensão alimentícia pelo alimentante pagador (que na maioria das vezes é homem), cumulado com as ínfimas deduções com dependentes permitidas pela legislação (que na maioria das vezes é aproveitada pelas mulheres). Assim, pode-se dizer que a dinâmica atual de tributação da renda da pessoa física é um viés implícito de gênero na tributação.

O objetivo deste capítulo evidentemente não foi exaurir todas as medidas tributárias possíveis para a redução das desigualdades existentes entre os gêneros sob a ótica do princípio da capacidade contributiva, mas apenas provocar algumas reflexões sobre a possibilidade da tributação sobre a renda levando-se em consideração todos os ônus diretos e indiretos decorrentes da condição de ser mulher. Ou seja, a possibilidade de que a tributação da renda não mais seja disciplinada considerando-se apenas a renda propriamente dita e as ínfimas deduções legais gerais que desconsideram as realidades específicas desse grupo que representa aproximadamente metade da população, mas também os fatores mencionados anteriormente, os quais, inevitavelmente, repercutem na renda líquida disponível para que as mulheres arquem com os custos que são atribuídos a elas por questões sociais e culturais. Foi proposta também a possibilidade de tributação do trabalho não remunerado por meio de contribuição específica que gerará como contrapartida o usufruto de benefícios da seguridade social pelas mulheres.

Em resumo, a tributação genérica sobre a renda perpetua as desigualdades de gênero existentes na sociedade, prezando apenas por uma igualdade do ponto de vista formal, que está longe de promover a igualdade material entre gêneros, o que afronta um dos principais objetivos da República e valores primados pela Constituição, que é justamente a igualdade material entre homens e mulheres.

3. SELETIVIDADE

Este capítulo abordará a seletividade, especificamente o conceito que será adotado na pesquisa (3.1), o tratamento da seletividade no caso do IPI e do ICMS (3.2) e a interpretação da seletividade a partir das desigualdades de gênero (3.3).

3.1. CONCEITO DE SELETIVIDADE ADOTADO NESTA PESQUISA

De acordo com a seletividade, o ônus do imposto deve ser diferente em razão da essencialidade do produto. Ou seja, para os produtos mais essenciais a alíquota deve ser menor, podendo chegar até zero, enquanto para os menos essenciais a alíquota deve ser maior, podendo ir até o limite fixado em lei para cada produto.

Assim, segundo a seletividade, os bens de primeira necessidade terão alíquotas menores, enquanto os bens de consumo supérfluos ou nocivos, como por exemplo bebidas alcoólicas e cigarros[42], terão alíquotas estabelecidas em elevado patamar. Essa seletividade em função da essencialidade significa que "a tributação deverá ser inversamente

---

[42] A alíquota geral de IPI dos cigarros atualmente é 300% e a de algumas bebidas alcoólicas (como por exemplo uísque, gim e vodca) é 19,5%, conforme NCM's 24.2 e 22.08 do Decreto nº 11.158/2022 (Tabela de Incidência do Imposto sobre Produtos Industrializados).

proporcional à essencialidade, afastando-se ou estabelecendo-se uma carga tributária menos onerosa para os produtos e serviços essenciais e mais gravosa para os supérfluos" (VELLOSO, 2012, p. 472).

No caso do IPI, o artigo 153, §3°, inciso I, da Constituição[43], estabelece que o imposto será seletivo em função da essencialidade do produto, o que significa que o IPI obrigatoriamente deve ter alíquotas diferenciadas em razão da essencialidade do produto sobre o qual incide. A fim de atingir esse objetivo, o Poder Executivo adotou uma tabela de classificação dos produtos, denominada oficialmente "Tabela de Incidência do Imposto sobre Produtos Industrializados", também conhecida pela sigla "TIPI". As alíquotas do IPI variam, de uma forma geral, de zero a trinta por cento, com ressalva dos casos em que se adotou alíquotas maiores para produtos considerados supérfluos, que podem chegar até trezentos por cento, como é o caso dos cigarros.

No caso do ICMS, o artigo 155, §2°, inciso III[44], da Constituição, estabelece como faculdade do legislador estadual a adoção da seletividade. Assim, a lei estadual poderá aplicar alíquotas seletivas em função da essencialidade da mercadoria. Contudo, uma vez adotada a faculdade de fixação de alíquotas seletivas pelo legislador, com o consequente afastamento da proporcionalidade, deve ser adotado o critério da essencialidade do bem, de forma que não sejam estabelecidas alíquotas maiores do que as alíquotas ordinárias para bens de primeira necessidade (LODI, 2013, p. 259).

---

[43] "Art. 153. Compete à União instituir impostos sobre: [...]

IV - produtos industrializados; [...]

§ 3° O imposto previsto no inciso IV: [...]

I - será seletivo, em função da essencialidade do produto;" (BRASIL, 1988).

[44] "Art. 155. Compete aos Estados e ao Distrito Federal instituir impostos sobre: [...]

II - operações relativas à circulação de mercadorias e sobre prestações de serviços de transporte interestadual e intermunicipal e de comunicação, ainda que as operações e as prestações se iniciem no exterior; [...]

§ 2° O imposto previsto no inciso II atenderá ao seguinte: [...]

III - poderá ser seletivo, em função da essencialidade das mercadorias e dos serviços;" (BRASIL, 1988).

Quanto às alíquotas de ICMS, o artigo 155, § 2º, incisos IV e V[45], da Constituição, estabelece que o Senado Federal poderá utilizar-se de resolução para estabelecer, nas operações internas, alíquotas mínimas e máximas, estas unicamente quando necessárias para resolver conflito específico que envolva interesse de Estados, além das alíquotas aplicáveis às operações e prestações interestaduais e de exportação. Portanto, o estabelecimento da seletividade encontra limite nas alíquotas máximas e mínimas fixadas pelo Senado Federal, na forma do inciso V do referido dispositivo constitucional.

Feitos esses esclarecimentos iniciais quanto às disposições constitucionais que versam sobre a seletividade, convém investigar a sua natureza jurídica. Há diferentes posições sobre esse ponto. Segundo Mileo Filho (2021, p. 52), a seletividade é uma norma ou técnica. Confira-se:

> [...] é possível definir a seletividade como sendo uma norma ou técnica, fundamentada na igualdade, que se presta a promover um tratamento tributário diferenciado, quantitativamente tanto atenuante quanto agravante, guiado por um(uns) critério(s) de discriminação, voltado à realização de uma(as) finalidade(s) fiscal(is) e/ou extrafiscal(is), cujos efeitos econômicos podem ser progressivos, proporcionais ou regressivos.

No mesmo sentido, Bomfim entende que a seletividade seria "uma técnica tributária que permite a seleção de alíquotas diferenciadas na cobrança de impostos sobre determinados produtos, bens ou serviços, em clara contraposição, portanto, à generalidade da tributação, quando a proporcionalidade deve ser entendida como regra geral" (BOMFIM, 2014, p. 203).

---

45 "IV - resolução do Senado Federal, de iniciativa do Presidente da República ou de um terço dos Senadores, aprovada pela maioria absoluta de seus membros, estabelecerá as alíquotas aplicáveis às operações e prestações, interestaduais e de exportação;

V - é facultado ao Senado Federal:

a) estabelecer alíquotas mínimas nas operações internas, mediante resolução de iniciativa de um terço e aprovada pela maioria absoluta de seus membros;

b) fixar alíquotas máximas nas mesmas operações para resolver conflito específico que envolva interesse de Estados, mediante resolução de iniciativa da maioria absoluta e aprovada por dois terços de seus membros;

VI - salvo deliberação em contrário dos Estados e do Distrito Federal, nos termos do disposto no inciso XII, "g", as alíquotas internas, nas operações relativas à circulação de mercadorias e nas prestações de serviços, não poderão ser inferiores às previstas para as operações interestaduais;" (BRASIL, 1988).

O referido autor fundamenta o seu posicionamento no entendimento de Moura, segundo o qual "enquadramos a seletividade como regra: ela tem a pretensão de gerar uma solução específica, determinando que o legislador do IPI aja de determinada maneira no tocante às alíquotas" (MOURA, 2006, p. 93-119 apud BOMFIM, 2014, p. 205). De acordo com Bomfim, a seletividade seria "encarada como um critério necessário para a realização da igualdade quando do emprego de normas tributárias fiscais, no que, na notação de Humberto Ávila, poderia ser chamada de uma igualdade-regra" (BOMFIM, 2014, p. 205).

Por outro lado, Torres (2014, p. 337) trata a seletividade como um princípio, mais especificamente como um subprincípio vinculado ao princípio maior da capacidade contributiva. Bottallo (2009, p. 53) e Tavares (2016, p. 134)[46] também se referem à seletividade como princípio, apesar de não aprofundarem os motivos para tal entendimento.

Para os fins desta pesquisa, será adotado o entendimento da seletividade como princípio e cláusula pétrea, por se tratar de um direito e garantia fundamental dos contribuintes, nos termos do artigo 60, § 4º, inciso IV da Constituição[47], não podendo ser revogada por emenda constitucional. Esse entendimento pode ser corroborado pelo fato de que, recentemente, foi divulgado o relatório do grupo de trabalho da reforma tributária, que analisou a PEC 45/2019, emitindo diretrizes para o substitutivo a ser apresentado. Ainda que o referido relatório confirme a diretriz inicial de criação de um imposto único sobre o consumo (IBS), consta a recomendação de alíquotas diferenciadas para determinados casos, como os bens e serviços relacionados à saúde, educação, transporte público e produção rural e os produtos da cesta básica.

Além disso, há autores que vinculam a seletividade à capacidade contributiva, à extrafiscalidade, à progressividade ou, ainda, à igualdade e à justiça fiscal (de forma direta ou indireta).

---

46 "Dentre os princípios expressos insculpidos no texto da Constituição da República, o da seletividade, previsto tanto no art. 153, §3º, inciso I para o Imposto sobre Produtos Industrializados (IPI) quanto no art. 155, §2º, inciso III para o Imposto sobre Circulação de Mercadorias e Serviços (ICMS), assume papel de destaque no cenário econômico atual." (TAVARES 2016. p. 134).

47 "Art. 60. A Constituição poderá ser emendada mediante proposta: [...]

§ 4º Não será objeto de deliberação a proposta de emenda tendente a abolir: [...]

IV - os direitos e garantias individuais." (BRASIL, 1988)

Costa, por exemplo, entende que a seletividade é um instrumento empregado para imprimir caráter extrafiscal a determinado tributo (COSTA, 2017, p. 76)[48]. Machado (2015, p. 335 e 371-372) também atrela a seletividade à função extrafiscal do IPI[49] e do ICMS[50], destacando, contudo, que a função fiscal seria predominante em ambos os impostos. Embora entenda que a redução de alíquotas a zero, a não incidência e a isenção tenham função extrafiscal, apenas as duas primeiras poderiam ser utilizadas para a concretização do princípio da seletividade, enquanto a isenção nada teria a ver com a seletividade, devendo ser utilizada para alcançar outros objetivos (MACHADO, 2015, p. 341)[51].

---

48 "Outrossim, vários instrumentos podem ser empregados para imprimir caráter extrafiscal a determinado tributo, tais como as técnicas da progressividade e da regressividade, a seletividade de alíquotas e a concessão de isenção e de outros incentivos fiscais" (COSTA, 2017, p. 76).

49 "Embora utilizado como instrumento de função extrafiscal, sendo, como é, por força de dispositivo constitucional, um imposto seletivo em função da essencialidade do produto (CF, art. 153, § 2°, IV), o IPI tem papel da maior relevância no orçamento da União Federal, dos Estados, do Distrito Federal e dos Municípios. Foi, até há pouco tempo, o tributo de maior expressão como fonte de receita, posição que vem sendo ocupada atualmente pelo imposto de renda, provavelmente em razão de substanciais reduções operadas nas alíquotas do IPI, muitas das quais foram reduzidas a zero. [...] Parece, assim, incontestável a predominância, no IPI, da função fiscal, não obstante deva ser ele um imposto seletivo, em função da essencialidade dos produtos. Aliás, também aqui se pode notar que o legislador não tem levado em conta o preceito constitucional. A diversificação das alíquotas do IPI está, na prática, muito longe de fazer dele um imposto seletivo em função da essencialidade do produto" (MACHADO, 2015, p. 335)

50 "O ICMS é tributo de função predominantemente fiscal. É fonte de receita bastante expressiva para os Estados e para o Distrito Federal. [...] A Constituição e 1988 estabeleceu que o ICMS poderá ser seletivo em função da essencialidade das mercadorias e dos serviços (art. 155, § 2°, III), facultando, assim, seu uso com função extrafiscal. Todavia, consciente dos problemas que daí podem decorrer, cuidou de estabelecer fortes limitações a essa faculdade, atribuindo ao Senado Federal competência para estabelecer as alíquotas aplicáveis às operações e prestações, interestaduais e de exportação, e a este facultando o estabelecimento de alíquotas mínimas e máximas nas operações internas (art. 155, §2°, IV e V)" (MACHADO, 2015, p. 371-372).

51 "[...] Nessa tarefa, há de valer-se da distinção que existe entre isenção, de um lado, e não incidência e alíquota zero, do outro. E utilizar as alíquotas para realizar o princípio da seletividade, reduzindo-as até zero, em razão da essencialidade do produto. Ou colocando o produto na TIPI com a indicação 'NT' – isto é 'Não Tributado'. Já, a isenção deve ser utilizada para alcançar outros objetivos, como é o caso

É oportuno destacar a crítica de Machado (2015, p. 384-385) sobre a ausência de eficácia da função extrafiscal do IPI, pois, em sua visão, o legislador não tem levado em consideração o preceito constitucional que determina a necessidade de diversificação das alíquotas em função da essencialidade dos tributos. Da mesma forma, o autor alerta para o fato de que a seletividade do ICMS tem sido constantemente violada em prol da comodidade da arrecadação, mencionando os exemplos dos combustíveis, da energia elétrica e dos serviços de comunicação. A mesma crítica também foi feita por Torres (2014, p. 322).

Já Lodi (2013, p. 122 e 131)[52] entende que a seletividade é o mecanismo utilizado não somente para atingir a extrafiscalidade, mas para mensurar a capacidade contributiva nos tributos indiretos, pois considera a riqueza do consumidor final do produto ou mercadoria.

De outra parte, na visão de Moreira e Motta (2015, p. 40), o princípio da seletividade não consegue realizar plenamente a capacidade contributiva, ou seja, não consegue fazer com que pessoas com maior disponibilidade financeira contribuam mais para o custeio do Estado, sobretudo em razão da regressividade fiscal típica dos tributos sobre o consumo e da inexistência de uma relação direta entre redução/aumento de alíquota e redução/aumento do preço ao consumidor final.

Em relação ao primeiro argumento pelo qual os autores defendem que a seletividade não concretiza a capacidade contributiva (regressividade fiscal), a justificativa funda-se no fato de que indivíduos com disponibilidades financeiras diversas arcam com a mesma carga fiscal em suas aquisições:

> De fato, a regressividade é inerente à tributação sobre o consumo, categoria na qual o IPI se enquadra. Nesse tipo de exação, indivíduos com disponibilidades financeiras diversas arcam com a mesma carga fiscal em suas

---

do incentivo ao desenvolvimento regional. Sem qualquer pertinência com a seletividade" (MACHADO, 2015, p. 341).

52 "O imposto sobre produtos industrializados é um tributo indireto, extrafiscal, real, seletivo e instantâneo. [...] Sua função hoje é predominantemente extrafiscal, como imposto seletivo, tributando mais pesadamente os produtos supérfluos como perfumes e carros, bem como os de consumo desaconselhável, como bebidas e cigarros. [...] É seletivo, pois suas alíquotas são graduadas de acordo com a essencialidade do produto, com que se atinge a capacidade contributiva do consumidor final e a extrafiscalidade. [...] A seletividade também é o mecanismo utilizado para mensurar a capacidade contributiva nos tributos indiretos, uma vez que considera a riqueza do consumidor final do produto ou mercadoria" (LODI, 2013, p. 122 e 131).

aquisições. Na compra de um determinado bem, é irrelevante – do ponto de vista da incidência fiscal – se os consumidores possuem muita ou pouca disponibilidade financeira, já que todos suportam idêntica carga tributária. Aliás, ainda que fosse relevante, a verificação dessa circunstância em cada compra seria bastante difícil ou, no mínimo, dispendiosa. A regressividade, desse modo, se faz presente pois uma cobrança de R$ 20,00 de IPI, por exemplo, atinge de maneira mais grave quem ganha R$ 1.000,00 mensais do que quem ganha R$ 10.000,00 mensais, conquanto se contribua, em termos nominais, com o mesmo valor. (MOREIRA; MOTTA, 2015, p. 40).

Já em relação ao segundo argumento (inexistência de uma relação direta entre a variação das alíquotas e a variação de preço dos bens), os autores frisam que a seletividade não realiza plenamente a capacidade contributiva, pois a redução no preço final do bem não necessariamente ocorre com a redução da alíquota:

> Outrossim – e como segundo óbice para que a seletividade alcance os fins almejados – a concretização da capacidade contributiva depende do nível de competição entre os agentes de mercado. No cenário de competição imperfeita, como os tributos são custo empresarial, a sua redução culmina em um produto com preço mais baixo. Entretanto, no cenário de competição imperfeita, mesmo sendo abrandada a carga tributária, a redução no preço final não necessariamente ocorre – em tese, qualquer dos integrantes da cadeia econômica pode ser beneficiado pela minoração. Em última análise, é o próprio mercado que, de maneira instável, define os reais beneficiados com a redução dos tributos sobre os bens objeto de consumo, através da lei da oferta e da procura. (MOREIRA; MOTTA, 2015, p. 40).

Assim, os autores concluem que, apesar dos óbices existentes, mencionados anteriormente, "a seletividade é importante princípio de justiça fiscal, que busca distribuir a carga tributária sobre bens de modo a gravar mais fortemente as vendas de supérfluos do que as de produtos necessários à vida em sociedade" (MOREIRA; MOTTA, 2015, p. 41). Portanto, atrelam a seletividade à concretização da justiça fiscal.

Torres (2014, v. 2, p. 337) trata a seletividade como um subprincípio vinculado ao princípio maior da capacidade contributiva que, por seu turno, se subordinaria à ideia de justiça distributiva. Além disso, a seletividade constituiria especial manifestação do princípio da progressividade. Isso porque o tributo deve incidir progressivamente na razão inversa da essencialidade dos produtos: quanto menor a essencialidade do produto tanto maior deverá ser a alíquota, e vice-versa (TORRES, 2014, v. 4, p.178-181).

Segundo Piscitelli (2022, p. 131), a seletividade é comumente relacionada à proporcionalidade, uma vez que nos tributos tipicamente proporcionais o valor da imposição tributária é estabelecido a partir do valor do bem consumido. Assim, a seletividade funcionaria como medida que agregaria maior justiça à tributação proporcional e garantiria maior igualdade.

A autora também destaca a importância da seletividade para a mitigação da regressividade inerente à tributação do consumo e para a garantia do mínimo existencial, mencionando recente publicação conjunta do Fundo Monetário Internacional, da OCDE, da ONU e do Banco Mundial, na qual se destaca que as isenções ou alíquotas favorecidas para bens e serviços essenciais são elementos centrais para atingir maior igualdade, inclusive sob a perspectiva de gênero (ESTEVÃO *et al.* 2021, apud PISCITELLI, 2022, p. 132):

> Para a maioria dos países em desenvolvimento, a maior parcela da receita total do governo é derivada de impostos de consumo de base ampla, como o imposto sobre o valor agregado (IVA), que também pode conter vieses implícitos. A natureza ampla do IVA pode aumentar o preço dos serviços, incluindo os que substituem os serviços domésticos. Isto pode criar um desestímulo para que as mulheres trabalhem. Como o IVA de base ampla tem muitas vantagens teóricas e práticas, tais desincentivos são melhor abordados através de subsídios ou do imposto de renda pessoal. Entretanto, muitos VATs também oferecem isenções ou taxas mais baixas de impostos para necessidades como alimentação, educação, assistência médica e cuidados infantis para reduzir a carga sobre os pobres, que também foram consideradas importantes para a igualdade de gênero.

Como se vê, há alguma divergência na doutrina sobre a compreensão da natureza da seletividade. Entretanto, para os fins desta pesquisa, será adotado o entendimento de que o princípio da seletividade concretiza, em última análise, a justiça fiscal e a isonomia tributária.

Isso porque a aplicação da seletividade a determinados bens ou serviços não necessariamente concretiza a capacidade contributiva, já que indivíduos com diferentes capacidades contributivas arcarão com o mesmo ônus fiscal sobre os mesmos bens ou serviços. De fato, eles serão mais acessíveis àqueles mais vulneráveis economicamente, porém isso não significa que a capacidade contributiva esteja sendo atendida com a seletividade.

Além disso, a seletividade é aplicada na função fiscal típica dos tributos, que serão cobrados com a finalidade principal de arrecadação de receitas públicas, porém com uma preocupação na graduação do ônus impositivo de acordo com o grau de essencialidade de cada bem ou serviço, como forma de concretizar a isonomia na tributação. Ou seja, a seletividade não é empregada na função extrafiscal dos tributos, apesar de estar concretizando a isonomia, mas na função fiscal típica dos tributos, qual seja, a arrecadação de receitas tributárias de forma justa e isonômica.

De toda forma, o entendimento adotado nesta pesquisa se coaduna com a maior parte da doutrina, uma vez que, seja compreendida como um subprincípio da capacidade contributiva ou como regra de aplicação da função extrafiscal do tributo, é de razoável consenso que em ambos os casos a seletividade estaria concretizando a isonomia e tornando a tributação sobre o consumo mais justa.

3.2. O TRATAMENTO DA SELETIVIDADE NO CASO DO IPI E DO ICMS

Como visto anteriormente, a seletividade é pautada na essencialidade, o que significa que produtos (no caso do IPI) e mercadorias e serviços (no caso do ICMS, quando o legislador opta pela seletividade) devem ter as suas alíquotas variadas inversamente à essencialidade, ou seja, quanto maior for esta, menores deverão ser aquelas e vice-versa.

Nesse contexto, geralmente os bens que são submetidos à alíquota zero ou não são tributáveis pelo IPI são aqueles considerados como de primeira necessidade alimentar, tais como leite, cereais, ovo, carne, pão e alguns produtos higiênicos, tais como papel higiênico, sabão, absorventes, tampões higiênicos e fraldas.

No caso do ICMS, as alíquotas variam em cada um dos Estados da federação, mas o mais comum é que os bens de primeira necessidade alimentar (como por exemplo arroz, feijão, açúcar e leite) e higiênica (como por exemplo papel higiênico, sabonete, escova e creme dental) tenham a tributação reduzida, embora não cheguem a ter as suas alíquotas zeradas, pelo menos na maioria dos entes federativos.

O Convênio ICMS nº 128/1994 autorizou os Estados e o Distrito Federal a estabelecerem a carga tributária mínima de 7% de ICMS nas operações internas de mercadorias que compõem a cesta básica:

> **Cláusula primeira**
> Ficam os Estados e o Distrito Federal autorizados a estabelecer carga tributária mínima de 7% (sete por cento) do ICMS nas saídas internas de mercadorias que compõem a cesta básica.

Mais recentemente, o Convênio ICMS nº 224/2017 autorizou que alguns Estados concedam isenção de ICMS nas operações internas com produtos essenciais ao consumo popular e que compõem a cesta básica:

Cláusula primeira

Ficam os Estados do Acre, Amapá, Amazonas, Bahia, Ceará, Espírito Santo, Maranhão, Paraná, Rio de Janeiro, Roraima, São Paulo e Sergipe autorizados, na forma e condições definidas em sua legislação, a conceder isenção do ICMS nas operações internas com produtos essenciais ao consumo popular, que compõem a cesta básica.

Como se vê, há um Convênio que autoriza a fixação da carga tributária mínima de 7% de ICMS nas operações internas de mercadorias que compõem a cesta básica, aplicável a todos os Estados, e outro que permite a isenção de ICMS nas operações internas com produtos que compõem a cesta básica, aplicável apenas a alguns Estados. Uma primeira discussão que poderia surgir em relação aos referidos Convênios seria se eles realmente seriam necessários para a aplicação da seletividade pelos Estados.

É certo que o artigo 155, § 2º, inciso XII, alínea "g", da Constituição[53] demanda que as isenções, os incentivos e os benefícios fiscais sejam concedidos mediante deliberação dos Estados e do Distrito Federal e aprovados pelo Conselho Nacional de Política Fazendária (CONFAZ). No entanto, considerando que a seletividade do ICMS decorre da própria Constituição, mesmo que de forma optativa, conforme previsto no artigo 155, § 2º, inciso III[54], é possível que os Estados apliquem a seletividade de acordo com o critério de essencialidade dos bens e serviços para reduzir ou majorar alíquotas, desde que exista um fundamento válido e razoável para a aferição de determinado grau de essencialidade e desde que a alíquota interna aplicada não seja inferior à alíquota

---

53 "Art. 155. Compete aos Estados e ao Distrito Federal instituir impostos sobre: [...]

§ 2º O imposto previsto no inciso II atenderá ao seguinte: [...]

XII - cabe à lei complementar: [...]

g) regular a forma como, mediante deliberação dos Estados e do Distrito Federal, isenções, incentivos e benefícios fiscais serão concedidos e revogados" (BRASIL, 1988)

54 Art. 155. Compete aos Estados e ao Distrito Federal instituir impostos sobre: [...]

§ 2º O imposto previsto no inciso II atenderá ao seguinte: [...]

III - poderá ser seletivo, em função da essencialidade das mercadorias e dos serviços; (BRASIL, 1988).

interestadual mínima geral, correspondente a 12%, conforme disposto no inciso VI do referido dispositivo[55].

A alíquota mínima aplicável em operações interestaduais e que serve de limite para a alíquota mínima das operações internas corresponde a 12%, e não a 7%, pois aquela alíquota é a regra geral aplicável às operações interestaduais, enquanto a alíquota de 7% é aplicável apenas excepcionalmente às operações nas regiões sul e sudeste, quando destinadas às regiões norte, nordeste e centro-oeste e ao Estado do Espírito Santo. Esse, inclusive, é o entendimento adotado pelo Supremo Tribunal Federal na ocasião do julgamento da Ação Direta de Inconstitucionalidade nº 4.565[56] e da Medida Cautelar na Ação Direta de Inconstitucionalidade nº 2.021[57].

Isso significa que os Estados e o Distrito Federal podem aplicar a essencialidade diretamente, reduzindo as alíquotas até 12%, sem que haja a necessidade de um Convênio para tal redução. Por outro lado,

---

[55] VI - salvo deliberação em contrário dos Estados e do Distrito Federal, nos termos do disposto no inciso XII, "g", as alíquotas internas, nas operações relativas à circulação de mercadorias e nas prestações de serviços, não poderão ser inferiores às previstas para as operações interestaduais; (BRASIL, 1988).

[56] "[...] 9. É competência do Senado Federal definir as alíquotas mínimas e máximas das operações internas (art. 155, § 2º, VI, da Constituição), sendo que tais alíquotas, normalmente, não podem ser inferiores às interestaduais (art. 155, § 2º, VII, da Constituição). Considerando que a alíquota geral nas operações interestaduais é de 12%, nos termos da Resolução nº 22/1989, do Senado Federal, é vedado aos Estados-membros estabelecer alíquotas internas inferiores a esse patamar, salvo deliberação em contrário no âmbito do CONFAZ [...]" (BRASIL, 2021c).

[57] "[...] 1. As alíquotas mínimas internas do ICMS, fixadas pelos Estados e pelo Distrito Federal, não podem ser inferiores às previstas para as operações interestaduais, salvo deliberação de todos eles em sentido contrário (CF, artigo 155, § 2º, VI). 2. A alíquota do ICMS para operações interestaduais deve ser fixada por resolução do Senado Federal (CF, artigo 155, § 2º, IV). A Resolução nº 22, de 19.05.89, do Senado Federal fixou a alíquota de 12% para as operações interestaduais sujeitas ao ICMS (artigo 1º, caput); ressalvou, entretanto, a aplicação da alíquota de 7% para as operações nas Regiões Sul e Sudeste, destinadas às Regiões Norte, Nordeste e Centro-Oeste e ao Estado do Espírito Santo (artigo 1º, parágrafo único). 3. Existindo duas alíquotas para operações interestaduais deve prevalecer, para efeito de limite mínimo nas operações internas, a mais geral (12%), e não a especial (7%), tendo em vista os seus fins e a inexistência de deliberação em sentido contrário. 4. Presença da relevância da arguição de inconstitucionalidade e da conveniência da suspensão cautelar da Lei impugnada. 5. Medida cautelar deferida, com efeito ex-nunc, para suspender a eficácia da Lei impugnada, até final julgamento da ação" (BRASIL, 1999).

se a essencialidade for tão elevada a ponto de ser necessário uma alíquota mais reduzida, inferior a 12%, será necessário a aprovação de Convênio pelo CONFAZ.

No caso dos bens integrantes da cesta básica, que indiscutivelmente possuem um grau de essencialidade extremamente elevado, pois garantem a sobrevivência biológica dos indivíduos e a garantia do mínimo existencial, seria prescindível um Convênio para que os Estados estabelecessem as alíquotas de tais bens de acordo com a seletividade, desde que a alíquota mínima seja fixada em 12%. No entanto, a alíquota de 12%, apesar de representar uma redução substancial, ainda não corresponde ao elevado grau de essencialidade desses bens. Por esse motivo, os referidos Convênios são bastante relevantes para que sejam autorizadas isenções ou reduções de alíquota abaixo de 12%. No caso da cesta básica, o Convênio ICMS nº 224/2017 autoriza a isenção dos produtos (em alguns Estados) e o Convênio ICMS nº 128/1994 autoriza a redução da carga tributária para 7% sobre as operações internas com os referidos bens.

Apesar da existência dos referidos Convênios, cada Estado internaliza e regulamenta as autorizações do CONFAZ de uma forma diferente, inclusive selecionando bens diferentes para integrarem a cesta básica.

Como no caso do ICMS a legislação pode variar muito em cada um dos entes federativos, fugiria ao escopo da pesquisa analisar cada um deles. O intuito neste capítulo é apenas demonstrar, por amostragem, como a seletividade vem sendo aplicada pelos Estados. Assim, além do Estado do Rio de Janeiro, onde está sendo desenvolvida esta pesquisa, optou-se por analisar o tratamento da seletividade em cinco Estados diferentes, cada um representando uma das cinco regiões do Brasil, sendo estes: São Paulo, Pernambuco, Goiás, Amazonas e Rio Grande do Sul.

No caso do Rio de Janeiro, o Decreto Estadual nº 32.161/2002 reduziu a base de cálculo do ICMS nas operações internas com as mercadorias que compõem a cesta básica, definidas pela Lei Estadual nº 4.892/2006, de tal forma que a incidência do imposto resulte no percentual de 7% sobre o valor da operação. Além disso, o Estado do Rio de Janeiro também concedeu isenção a alguns bens que já integravam a cesta básica, como por exemplo arroz e feijão, conforme estipulado na Lei Estadual nº 9.391/2021, que internalizou o Convênio ICMS nº 224/2017.

O Estado de São Paulo também aplicou o Convênio ICMS nº 128/1994, reduzindo a base de cálculo do imposto incidente nas operações internas com os produtos integrantes da cesta básica para que a carga tributária resulte no percentual de 7%, nos termos do Anexo II, artigo 3º, do Regulamento de ICMS do Estado de São Paulo[58], aprovado pelo Decreto Estadual nº 45.490/2000. Os alimentos que compõem a cesta básica em São Paulo são aqueles considerados mais básicos, tais como leite, café, farinha, arroz e feijão (nesses últimos dois casos, a saída interna com destino a consumidor final também é isenta, assim como ocorre no Rio de Janeiro). Convém destacar que não há na cesta básica de São Paulo qualquer item de primeira necessidade higiênica, mas apenas itens alimentares e alguns medicamentos.

Já no caso de produtos considerados supérfluos, como por exemplo o fumo e seus sucedâneos manufaturados, a alíquota de ICMS é mais elevada, chegando ao patamar de 30%[59]. A alíquota nas operações internas com bebidas alcoólicas pode chegar 20% ou 25%, a depender de sua classificação[60]. Há também um adicional de 2%[61] nessas

---

58 Artigo 3º - (CESTA BÁSICA) - Fica reduzida a base de cálculo do imposto incidente nas operações internas com os produtos a seguir indicados, de forma que a carga tributária resulte no percentual de 7% (sete por cento) (Convênio ICMS-128/94, cláusula primeira): [...]

59 Artigo 55-A - Aplica-se a alíquota de 30% (trinta por cento) nas operações internas com fumo e seus sucedâneos manufaturados, classificados no capítulo 24 da Nomenclatura Comum do Mercosul - NCM, ainda que se tiverem iniciado no exterior (Lei 6.374/89, art. 34, § 1º, item 26, acrescentado pela Lei 16.005, de 24-11-2015).

60 Artigo 54-A - Aplica-se a alíquota de 20% (vinte por cento) nas operações internas com bebidas alcoólicas classificadas na posição 2203 da Nomenclatura Comum do Mercosul - NCM, ainda que se tiverem iniciado no exterior.

Artigo 55 - Aplica-se a alíquota de 25% (vinte e cinco por cento) nas operações ou prestações internas com os produtos e serviços adiante indicados, ainda que se tiverem iniciado no exterior, observada a classificação segundo a Nomenclatura Brasileira de Mercadorias - Sistema Harmonizado - NBM/SH vigente em 31 de dezembro de 1996: [...] II - bebidas alcoólicas, classificadas nas posições 2204, 2205 e 2208, exceto os códigos 2208.40.0200 e 2208.40.0300;

61 Artigo 56-C - Haverá um adicional de 2% (dois por cento) na alíquota aplicável às operações destinadas a consumidor final localizado neste Estado, ainda que originadas em outra unidade federada, com os seguintes bens e mercadorias: [...]

I - bebidas alcoólicas classificadas na posição 2203 da Nomenclatura Comum do Mercosul - NCM;

operações quando destinadas a consumidor final localizado no Estado de São Paulo.

No caso de São Paulo, apesar de inexistir os produtos mais básicos de higiene na cesta básica, o Estado ao menos concede um regime diferenciado de redução da base de cálculo para operações internas com determinados bens, quando realizadas por estabelecimento fabricante ou atacadista, de forma que a carga tributária corresponda a 12%[62], o que inclui absorventes higiênicos, fraldas, produtos de beleza e preparações capilares.

No caso de Pernambuco, os alimentos de primeira necessidade também compõem a cesta básica, tais como feijão, farinha de mandioca (cujas saídas internas foram isentas), leite em pó e sal. Para esses itens, há um regime diferenciado de tributação que permite a redução da base de cálculo do imposto de tal forma que a carga tributária efetiva corresponda ao valor resultante da aplicação de determinados percentuais sobre o valor da respectiva operação, a depender da procedência da mercadoria, conforme estipulado pelo Decreto Estadual nº 26.145/2003. No entanto, não há qualquer item de primeira necessidade higiênica na cesta básica, salvo o sabão em tabletes (Anexo Único, inciso XII, do Decreto Estadual nº 26.145/2003). Nas demais operações, a regra é que a alíquota seja fixada em 18%, conforme artigo 15, inciso VII, alínea "a", da Lei Estadual nº 15.730/2016[63]. A alíquota majorada de 25% geralmente é aplicada para produtos supérfluos

---

II - fumo e seus sucedâneos manufaturados, classificados no capítulo 24 da Nomenclatura Comum do Mercosul - NCM.

62 Artigo 34 - (PERFUMES, COSMETICOS E PRODUTOS DE HIGIENE PESSOAL) - Fica reduzida a base de cálculo do imposto incidente na saída interna dos produtos adiante indicados, observada a classificação segundo a Nomenclatura Brasileira de Mercadorias do Sistema Harmonizado - NBM/SH, realizada por estabelecimento fabricante ou atacadista, de forma que a carga tributária corresponda ao percentual de 12% (doze por cento) (Lei 6.374/89, art. 112): I - papel higiênico, 4818.10.00; II - fraldas descartáveis, 4818.40.10; III - tampões higiênicos, 4818.40.20; IV - absorventes higiênicos, 4818.40.90; V - absorventes e tampões higiênicos e fraldas de fibras têxteis, 5601.10.00; VI - perfumes e águas-de-colônia, 3303.00; VII - produtos de beleza ou de maquilagem preparados e preparações para conservação ou cuidados da pele (exceto medicamentos), incluídas as preparações anti-solares e os bronzeadores; preparações para manicuros e pedicuros, 3304; VIII - preparações capilares, 3305; [...]

63 Art. 15. Nas operações e prestações internas ou de importação, não sujeitas ao adicional previsto na Lei nº 12.523, de 30 de dezembro de 2003, que institui o

como tabaco, perfumes, cosméticos e armas, conforme Anexo II da referida norma.

É interessante notar que a alíquota de 25% se aplica tanto para armas de guerra, querosene de aviação, tabaco, cachimbos e consoles e máquinas de jogos de vídeo games quanto para produtos de beleza ou maquiagem, preparações para conservação ou cuidados com a pele, perfumes, águas de colônia e preparações para manicuros e pedicuros. Ou seja, para o legislador os referidos bens são equiparados em grau de superfluidade, pois a alíquota aplicável é a mesma alíquota elevada de 25%.

No caso de Goiás, a alíquota geral nas operações internas corresponde a 17%, nos termos do artigo 20 do Decreto Estadual n° 4.852/1997 (Regulamento do Código Tributário do Estado de Goiás), com algumas exceções[64]. Entre elas, constam no Anexo I do Regulamento as bebidas alcoólicas e o fumo, que receberam a elevada alíquota de 25%.

Fundo Estadual de Combate e Erradicação da Pobreza - FECEP, as alíquotas do imposto são: [...]

VII - nas demais hipóteses não relacionadas nos incisos I a VI e VIII ou no art. 18-A:

a) até 31 de dezembro de 2023, 18% (dezoito por cento);

b) a partir de 1° de janeiro de 2024, 17% (dezessete por cento).

64 Art. 20. As alíquotas do imposto são (Lei n° 11.651/91, art. 27): [...]

I - 17% (dezessete por cento), na operação e prestação internas, observado o disposto no § 1°; [...]

§ 1° Nas seguintes situações específicas, as alíquotas do imposto são:

I - 25% (vinte e cinco por cento) na operação interna com: [...]

c) os produtos relacionados no Anexo I deste Regulamento, ressalvada a operação com cerveja que contenha, no mínimo, 16% (dezesseis por cento) de fécula de mandioca em sua composição;

II - 12% (doze por cento):

a) na operação interna com os seguintes produtos:

1. açúcar; arroz; café; farinhas de mandioca, de milho e de trigo; feijão; fubá; iogurte; macarrão; margarina vegetal; manteiga de leite; milho; óleo vegetal comestível, exceto de oliva; queijo, inclusive requeijão; rapadura; sal iodado e vinagre; 2. hortifrutícola em estado natural; 3. pão francês; 4. ovo; 5. leite em estado natural, pasteurizado ou esterilizado (UHT); 6. ave, peixe e gado vivos, bem como carne fresca, resfriada, congelada, salgada, temperada ou salmourada, e miúdo comestível resultantes do abate desses animais; 7. energia elétrica, para o consumo em estabelecimento de produtor rural regularmente inscrito no Cadastro de Contribuintes do Estado; 8. gás natural ou liquefeito de petróleo para uso doméstico; 9. absorvente higiênico, água sanitária, fósforo, papel higiênico, pasta dental,

Já as mercadorias que foram consideradas mais essenciais e receberam a aplicação da alíquota de 12% correspondem a bens de primeira necessidade alimentar e higiênica, tais como arroz, feijão, açúcar, café, absorventes higiênicos, papel higiênico e sabonete.

Além da alíquota reduzida, as referidas mercadorias também compõem a cesta básica, sendo aplicável, nesse caso, o benefício fiscal de redução da base de cálculo do ICMS, autorizado pelo Convênio ICMS n° 128/1994 e regulamentado pela legislação estadual no Anexo IX, artigo 8°, inciso XXXIII, do Regulamento do Código Tributário do Estado de Goiás, o que faz com que as operações internas com os referidos bens resultem na aplicação do percentual de 7% sobre o valor da operação.

No Amazonas, a alíquota geral nas operações internas corresponde a 18%, nos termos do artigo 12 do Decreto Estadual n° 20.686/1999 (Regulamento do ICMS), com algumas exceções[65]. Entre elas, automóveis de luxo, armas, munições, joias, iates e outras embarcações ou aeronaves de esporte, recreação e lazer, todos tributados à alíquota de 25%. As bebidas alcoólicas e o fumo, por serem considerados ainda mais supérfluos, são tributados à alíquota de 30%. Já os produtos agrícolas comestíveis, produzidos e/ou beneficiados no Estado, por serem considerados bens mais essenciais, receberam a aplicação da alíquota de 12%.

Em relação aos itens que compõem a cesta básica, o governo do Amazonas aplicava, desde 2017, a alíquota de 4% sobre as operações com produtos básicos, nos termos do Decreto Estadual n° 37.788/2017

---

sabão em barra e sabonete; 10. revogado; 11. cerveja que contenha, no mínimo, 16% (dezesseis por cento) de fécula de mandioca em sua composição;

65 Art. 12. As alíquotas, seletivas em função da essencialidade dos produtos ou serviços, são as seguintes:

I - nas operações e prestações internas:

a) vinte e cinco por cento para automóveis de luxo; iates e outras embarcações ou aeronaves de esporte, recreação e lazer; armas e munições; joias e outros artigos de joalheria; álcoois carburantes, gasolinas e gás natural em qualquer estado ou fase de industrialização, exceto o GLGN; querosene de aviação e energia elétrica;

b) doze por cento para as operações com produtos agrícolas comestíveis, se produzidos e/ou beneficiados no Estado;

c) dezoito por cento para as demais mercadorias, inclusive para o gás liquefeito de petróleo - GLP e para o gás liquefeito derivado de gás natural - GLGN, e serviços;

e) trinta por cento para fumo e seus derivados; bebidas alcoólicas, inclusive cervejas e chopes, e serviços de comunicação;

e da Resolução SEFAZ n° 11/2017. No entanto, as referidas normas foram revogadas e a alíquota incidente sobre os produtos integrantes da cesta básica voltou ao patamar de 18%. Apenas recentemente, com a edição da Lei Estadual n° 6.107/2022, foi concedida a isenção das operações internas com os produtos essenciais ao consumo popular, elencados no anexo único da referida norma, entre os quais figuram os absorventes higiênicos[66].

Por fim, no Rio Grande do Sul a alíquota geral nas operações internas corresponde a 17%, nos termos do artigo 27 do Decreto Estadual n° 37.699/1997 (Regulamento do ICMS), com algumas exceções[67]. Entre elas, armas, munições, fumo, determinadas bebidas, perfumaria e cosméticos, os quais são tributados à alíquota de 25%. Além disso, alguns desses itens ainda sofrem um adicional de 2% na alíquota nas saídas internas a consumidores finais, como é o caso de bebidas alcoólicas, cigarros, perfumaria e cosméticos.

Da mesma forma que ocorre na maioria dos Estados, o Rio Grande do Sul também concede a redução da base de cálculo nas operações internas com itens da cesta básica, de maneira que a carga tributária nessas operações corresponda a 7%, nos termos do artigo 23, inciso

---

66 Art. 1º Ficam isentas, na forma do Convênio ICMS 224/17, de 15 de dezembro de 2017, com redação dada pelo Convênio ICMS 70/21, de 8 de abril de 2021, as operações internas com os produtos essenciais ao consumo popular, elencados no Anexo Único desta Lei.

67 Art. 27 - As alíquotas do imposto nas operações internas são: [...]

I - 25% (vinte e cinco por cento), quando se tratar de mercadorias relacionadas no Apêndice I, Seção I; [...]

X - 18% (dezoito por cento) no período de 1º de janeiro de 2016 a 31 de dezembro de 2020, 17,5% (dezessete inteiros e cinco décimos por cento) no período de 1º de janeiro a 31 de dezembro de 2021 e 17% (dezessete por cento) a partir de 1º de janeiro de 2022, quando se tratar das demais mercadorias.

Parágrafo único - No período de 1º de janeiro de 2016 a 31 de dezembro de 2025, as alíquotas previstas nos incisos I e X serão adicionadas de 2 (dois) pontos percentuais, nas saídas internas a consumidor final das seguintes mercadorias:

a) bebidas alcóolicas e cerveja sem álcool;

b) cigarros, cigarrilhas, charutos, cachimbos, cigarreiras, fumos desfiados e encarteirados, fumos para cachimbos e fumos tipo crespo;

c) perfumaria e cosméticos, das posições 3303, 3304, 3305 e 3307, da NBM/SH-NCM.

II, do referido Regulamento[68]. No entanto, a cesta básica do Estado é composta apenas por itens alimentares de primeira necessidade, inexistindo qualquer item de necessidade higiênica básica.

O interessante é que o Estado do Rio Grande do Sul também possui uma cesta básica específica de medicamentos, que também é objeto da mesma redução da base de cálculo mencionada anteriormente, porém os medicamentos que a integram são gerais, inexistindo qualquer medicamento voltado especificamente para uma necessidade de determinado gênero.

Como pôde ser verificado a partir da análise das legislações dos seis Estados, a seletividade geralmente é aplicada, tanto no ICMS quanto no IPI, para produtos alimentares e higiênicos de primeira necessidade, sendo que estes são genéricos e neutros, isto é, se aplicam para todas as pessoas independentemente de gênero.

Há casos, inclusive, em que os produtos higiênicos mais essenciais sequer são incluídos na cesta básica (como ocorre no Rio Grande do Sul, Pernambuco e São Paulo), de modo que são considerados como essenciais apenas os itens alimentares de primeira necessidade, como se a sobrevivência dos seres humanos dependesse apenas de alimentos, e não de outros bens que garantam uma qualidade de vida saudável e digna, como papel higiênico, creme e escova dental, sabonete, loções capilares básicas, absorventes higiênicos e fraldas (geriátricas e infantis).

Nesse contexto, deve-se ressaltar que não somente as necessidades mais básicas, como também as necessidades secundárias que são ligadas ao bem-estar dos indivíduos, devem ser consideradas pela seletividade, respeitando-se os diferentes graus e nuances de essencialidade existentes. Esse é o entendimento de Moreira e Motta (2015, p. 39):

> [...] tanto as necessidades básicas (relacionadas à própria sobrevivência humana) quanto as necessidades secundárias (ligadas ao bem-estar dos indivíduos) estão incluídas no conceito de essencialidade para fins da seletividade do IPI, pois ambas compõem um padrão mínimo de vida abaixo

---

68 Art. 23 - A base de cálculo do imposto nas operações com mercadorias, apurada conforme previsto no Capítulo anterior, terá seu valor reduzido para: [...]

II - valor que resulte em carga tributária equivalente a 7% (sete por cento), a partir de 1º de janeiro de 2021, nas saídas internas das mercadorias relacionadas no Apêndice IV, que compõem a cesta básica de alimentos do Estado do Rio Grande do Sul, cuja definição levou em conta a essencialidade das mercadorias na alimentação básica do trabalhador; [...]

do qual nenhuma pessoa deve permanecer. Vale dizer, são essenciais não somente os bens e serviços necessários para a existência biológica, mas também os bens e serviços que, de acordo com o padrão de vida digno, não devem faltar à pessoa mais desprovida.

Convém destacar também o entendimento de Torres, no sentido de que não há justificativa racional para a tributação de bens necessários à sobrevivência biológica e social do cidadão em condições mínimas de dignidade humana. De acordo com o autor, "não obstante seja omissa a CF, é caso de imunidade tributária, a garantir o mínimo existencial, posto que é um predicado dos direitos de liberdade e tem fundamento pré-constitucional" (TORRES, 2014, p. 179). Cita, como exemplo, o artigo 15, § 1º, da Constituição de 1946[69], que garantia a imunidade ao mínimo indispensável à habitação, vestuário, alimentação e tratamento médico das pessoas de restrita capacidade econômica. Portanto, para o autor, os bens necessários à sobrevivência biológica e social do cidadão em condições mínimas de dignidade humana seriam imunes.

A despeito desses posicionamentos doutrinários, é raro que exista uma aplicação mais criteriosa da seletividade que leve em consideração os diversos graus de essencialidade existentes. Normalmente a seletividade é aplicada apenas para os bens extremamente necessários à sobrevivência biológica, não alcançando aqueles que são muito necessários para condições mínimas de dignidade humana. Esse cenário se agrava ainda mais quando são analisados os bens que atendem necessidades específicas de gênero.

Não se pode ignorar que cada vez mais essa questão está sendo objeto de debates na sociedade, principalmente nos últimos anos, em que o tema de tributação e gênero ganhou importante espaço nas pautas dos debates tributários. Contudo, o que ainda ocorre na maioria dos casos é que a seletividade é aplicada de uma forma genérica e neutra, focando em produtos alimentares de primeira necessidade e contemplando, de uma forma muito suave, alguns produtos de higiene.

Essa visão deve ser superada. A seletividade não pode ser tratada de forma bivalente (essencial e não essencial). A realidade é muito mais complexa do que isso e não pode ser traduzida apenas nessas duas possibilidades. As discussões de gênero, que vem ganhando cada vez

---

69 "Art. 15 - Compete à União decretar impostos sobre: [...]

§ 1º - São isentos do imposto de consumo os artigos que a lei classificar como o mínimo indispensável à habitação, vestuário, alimentação e tratamento médico das pessoas de restrita capacidade econômica". (BRASIL, 1988).

mais importância na atualidade, demandam que o legislador se adeque às novas mudanças de perspectiva e comportamento social para refleti-las nas normas. Com a inserção de questões importantes para a perspectiva de gênero no debate da seletividade, é necessário que o critério da essencialidade seja adaptado para captar os diferentes graus de essencialidade existentes na atualidade. É o que será explorado adiante.

3.3. SELETIVIDADE INTERPRETADA A PARTIR DAS DESIGUALDADES DE GÊNERO

Os debates que relacionam a seletividade e gênero são relativamente recentes no Brasil. Especificamente em relação à tributação de absorventes, alguns países estão bem à frente nas discussões[70]. Entre os países que já eliminaram a tributação sobre os produtos menstruais, podem ser mencionados: Canadá, Estados Unidos (alguns estados[71]), Austrália, Índia, Malásia, Irlanda, Jamaica, Nigéria e Tanzânia (GIOKARIS; POULIASI, 2021). No Brasil, esse movimento começou a ocupar os debates públicos apenas recentemente e algumas pequenas vitórias foram alcançadas, porém ainda há um longo caminho a ser percorrido em termos de medidas concretas a serem implementadas para a adequação do princípio da seletividade às particularidades de gênero.

A seguir, serão analisados alguns dos principais bens de consumo voltados para o público feminino e as suas respectivas cargas tributárias no Brasil, a fim de demonstrar que a seletividade não está sendo devidamente aplicada sob a perspectiva de gênero.

3.3.1. A TRIBUTAÇÃO DE ABSORVENTES

A tributação dos absorventes é um dos casos clássicos que evidenciam a não aplicação da seletividade para bens que possuem elevado grau de essencialidade para o gênero feminino. A excessiva carga tributária incidente sobre absorventes é um dos vieses implícitos de gê-

---

[70] Não se pretende investigar os princípios ou institutos tributários que fundamentaram a eliminação da tributação sobre os produtos menstruais em cada um dos países mencionados, mas apenas utilizá-los como exemplos para demonstrar que a discussão que relaciona gênero e tributação sobre o consumo está bastante avançada nesses países.

[71] Connecticut, Florida, Maryland, Massachusetts, Pennsylvania, Minnesota, New Jersey, Illinois e New York.

nero identificados no âmbito do sistema tributário. Isso porque não há uma discriminação explícita da legislação contra as mulheres. Não há, por exemplo, uma norma que disponha expressamente que os absorventes são supérfluos e devem ser tributados com alíquotas majoradas.

No entanto, os absorventes muitas vezes sequer passam pelo filtro da seletividade dos legisladores estaduais e acabam se enquadrando nas alíquotas gerais dos Estados (17% ou 18%), daí porque a sua tributação é considerada um viés implícito de gênero. A exceção normalmente ocorre quando os absorventes integram a cesta básica. Nesse caso, eles geralmente são incluídos no regime de redução da base de cálculo disposto no Convênio ICMS nº 128/1994, de forma que a carga tributária total resulte em 7% sobre o valor da operação.

De acordo com dados levantados pela Associação Comercial de São Paulo (SÃO PAULO, 2023), a venda de absorventes higiênicos submete-se a uma carga tributária que pode chegar a aproximadamente 34%, sendo que dentro desse percentual estão incluídas as alíquotas de PIS (1,65%), COFINS (7,6%) e ICMS (25%).

Outro levantamento de dados feito pela Receita Federal do Brasil, mencionado pelo grupo de pesquisas de Tributação e Gênero da FGV de São Paulo em estudo recente sobre a reforma tributária e desigualdade de gênero (PISCITELLI *et al.*, 2022), apontou que a carga tributária média incidente sobre absorventes higiênicos corresponde a 27,5%.

Seja como for, considerando que a carga tributária total incidente sobre absorventes pode variar de 27,5% a 34%, fica claro que os referidos produtos recebem o mesmo tratamento de bens que são considerados como menos essenciais ou supérfluos pela legislação, mesmo sendo itens extremamente essenciais para a manutenção da dignidade das mulheres.

Recentemente, o combate à pobreza menstrual ganhou uma enorme dimensão[72], o que consequentemente produziu reflexos nas discussões sobre a tributação incidente na venda de absorventes íntimos. Nesse contexto de grandes debates em torno da elevada carga tributária incidente sobre bens de elevadíssimo grau de essencialidade para as pessoas que menstruam, alguns Estados adequaram as suas legisla-

---

[72] Nesse sentido, vale conferir importante estudo realizado pela UNICEF contendo dados estatísticos a respeito do tema, que apontam que a falta de absorventes higiênicos contribui para impactar negativamente a formação educacional de crianças, por ocasionar absenteísmo escolar em período menstrual (UNICEF, 2021).

ções e passaram a reduzir a alíquota ou isentar as operações com os referidos bens.

No âmbito do CONFAZ, foi firmado o Convênio ICMS nº 187/2021, por meio do qual foi estabelecido que os Estados e o Distrito Federal estão autorizados a isentar do ICMS as operações realizadas com absorventes íntimos femininos, internos e externos, tampões higiênicos, coletores e discos menstruais, calcinhas absorventes e panos absorventes íntimos destinados a órgãos da Administração Pública direta e indireta federal, estadual e municipal e a suas fundações públicas.

Na sequência, alguns Estados publicaram leis internalizando o Convênio ICMS nº 187/2021 e prevendo a isenção de ICMS nas operações com absorventes íntimos femininos destinados a órgãos da Administração Pública direta e indireta. Foi o caso do Estado do Rio de Janeiro que, através da Lei Estadual nº 9.508/2021[73], autorizou o Poder Executivo a utilizar recursos do Fundo Estadual de Combate à Pobreza para implementação de tal medida. O Estado de São Paulo também internalizou o referido Convênio, acrescentando ao Anexo I do Regulamento de ICMS, que trata das hipóteses de isenção, o artigo 176[74].

---

73 Art. 1º Fica internalizado o Convênio ICMS nº 187/2021, de 20 de outubro de 2021.

Art. 2º Fica concedida, com fundamento no disposto no art. 1º, a isenção do imposto sobre Circulação de Mercadorias e Prestação de Serviços de Transporte Estadual e de Comunicação - ICMS - nas operações internas realizadas com absorventes íntimos femininos, internos e externos, tampões higiênicos, coletores e discos menstruais, calcinhas absorventes e panos absorventes íntimos, destinados a órgãos da Administração Pública.

Parágrafo único. Fica o Poder Executivo autorizado a usar recursos no Fundo Estadual de Combate à Pobreza para implementação de tal medida.

Art. 3º O Poder Executivo regulamentará a presente Lei.

74 ANEXO I - ISENÇÕES

(isenções a que se refere o artigo 8º deste regulamento)

Artigo 176 (ABSORVENTES) - Operações realizadas com absorventes íntimos femininos, internos e externos, tampões higiênicos, coletores e discos menstruais, calcinhas absorventes e panos absorventes íntimos, classificados no código 9619.00.00 da Nomenclatura Comum do Mercosul - NCM, destinados a órgãos da Administração Pública Direta e Indireta Federal, Estadual e Municipal e a suas fundações públicas (Convênio ICMS 187/21).

§ 1º - Não se exigirá o estorno do crédito do imposto relativo à mercadoria beneficiada com a isenção prevista neste artigo.

§ 2º - Este benefício vigorará até 31 de dezembro de 2024.

Em Goiás, além da alíquota aplicável aos absorventes corresponder a 12%, o item também foi incluído na cesta básica e, consequentemente, no regime de redução da base de cálculo do imposto incidente na operação. É um dos poucos Estados em que foi aplicada a seletividade aos absorventes de forma mais ampla – não somente mediante a inclusão na cesta básica, mas através de redução direta da alíquota incidente na operação – equiparando-os a outros itens de necessidade biológica, como os produtos alimentares e higiênicos básicos. Aliás, não se pode deixar de mencionar que essa alteração no Regulamento de ICMS do Estado de Goiás foi promovida desde 1999 pelo artigo 2º do Decreto Estadual nº 5.067/1999. Ou seja, é um dos poucos Estados que se adiantou na aplicação da seletividade para os absorventes.

O Estado do Rio de Janeiro recentemente promoveu a inclusão dos absorventes e das fraldas geriátricas e infantis na cesta básica, através da publicação da Lei Estadual nº 8.924/2020[75]. Com isso, alterou-se a tributação do ICMS sobre o item, tendo sido diminuída a alíquota básica incidente sobre as operações internas com o produto de 18% para 7%, uma vez que, em função do Decreto Estadual nº 32.161/2002[76], amparado pelo Convênio ICMS nº 128/1994, a alíquota interna incidente sobre todos os produtos que compõem a cesta básica no Estado é reduzida (DOMINGUES JUNIOR, 2020).

O Estado do Amazonas recentemente isentou as operações com produtos da cesta básica, conforme Lei Estadual nº 6.107/2022, o que incluiu os absorventes higiênicos, e o Estado de São Paulo, apesar de não ter incluído os absorventes na cesta básica, concedeu regime diferenciado de redução da base de cálculo para determinadas operações com o produto, conforme descrito anteriormente.

Além dos Estados analisados nesta pesquisa, também merecem ser mencionados o Estado do Ceará que, através do Decreto Estadual nº

---

75 Art. 1º Modifica-se o artigo 1º da Lei Estadual nº 4.892, de 1º de novembro de 2006, incluindo o item 29 ao texto: "Art. 1º Ficam definidos no âmbito do Estado do Rio de Janeiro, os produtos que compõem a Cesta Básica. [...] 29 - Absorvente higiênico feminino; 30 - Absorvente higiênico feminino; 31 - Fraldas geriátricas; 32 - Fraldas descartáveis infantis".

76 Art. 1º Fica reduzida a base de cálculo do ICMS nas operações internas com as mercadorias constantes do Anexo Único, de tal forma que a incidência do imposto resulte no percentual de 7% (sete por cento), sobre o valor da operação.

34.178/2021[77], isentou do ICMS absorventes íntimos, coletores, discos menstruais, calcinhas absorventes e panos absorventes íntimos, após aderir ao Convênio ICMS n° 70/2021, o qual autorizou a isenção do tributo nas operações internas com produtos essenciais ao consumo popular que compõem a cesta básica[78], e o Estado do Maranhão, que reduziu para 12% a tributação do ICMS na comercialização de absorventes higiênicos ao incluí-los na lista de produtos que compõe a cesta básica do Estado[79], por meio da Lei Estadual n° 11.527/2021[80].

No caso do Estado do Maranhão, a carga tributária das operações internas com cestas básicas (que incluem os absorventes) poderia ter sido reduzida para 7%, em razão do Convênio ICMS n° 128/1994. De toda forma, a simples redução da alíquota para a mesma utilizada para os demais produtos considerados muito essenciais já pode ser considerado um avanço.

---

77 Art. 1° O Decreto n° 33.327, de 30 de outubro de 2019, passa a vigorar com acréscimo do item 170.0 ao Anexo I:

170.0 As operações internas com produtos essenciais ao consumo popular abaixo relacionados, que compõem a cesta básica (Convênio ICMS 224/20 (Convênio ICMS 224/2017):

170.0.1 Absorventes íntimos femininos, internos (tampões) e externos (pensos), inclusive coletores e discos menstruais, calcinhas absorventes e panos absorventes íntimos.

78 O Estado do Ceará também instituiu políticas públicas de distribuição de absorventes, por meio da Lei Estadual n° 17.574/2021, que criou a Política de Atenção à Higiene Íntima de Estudantes da Rede Pública Estadual de Ensino e autorizou ao Poder Público adquirir e distribuir absorventes higiênicos, buscando garantir-lhes condições básicas para a adequada higiene íntima e o pleno acesso à educação, reduzindo as desigualdades sociais, minimizando os riscos de doenças e atenuando a infrequência e o abandono escolar.

79 Resolução Administrativa do Secretário de Estado da Fazenda n° 02/16:

Art. 1° Alterar o inciso VII do art. 1° do Anexo 1.4 (REDUÇÃO DE BASE DE CÁLCULO) do Regulamento do ICMS, aprovado pelo Decreto n° 19.714, de 10 de julho de 2003, que passa a vigorar com a redação a seguir:

"VII - nas operações internas com mercadorias que compõem a cesta básica maranhense, a seguir indicadas, de forma que a carga tributária seja de 12 % (doze por cento), condicionada a que o estabelecimento vendedor deduza do preço da mercadoria o valor correspondente ao imposto dispensado: (Convênio ICMS 128/94)"

80 Art. 1° Fica incluído o inciso XXVII ao art. 2° da Lei n° 10.467, de 7 de junho de 2016, com a seguinte redação: "Art. 2° [...] XXVII - absorvente higiênico feminino."

Esses são alguns exemplos de tentativas dos entes federativos de adequar a tributação dos absorventes à seletividade. Contudo, esta ainda não é a realidade nacional, segundo dados recentes da Receita Federal do Brasil mencionados anteriormente, sendo necessário que os demais entes federativos igualmente adequem as suas políticas fiscais.

O ideal, portanto, seria que os Estados e Distrito Federal se reunissem para editar um Convênio permitindo a isenção ou redução substancial da carga tributária incidente sobre quaisquer operações com absorventes. Ainda que esse cenário ideal não seja uma realidade iminente, os Estados poderiam, ao menos como medida paliativa para mitigar o alto impacto da carga tributária para as mulheres, reduzir as alíquotas para o percentual mínimo permitido pela Constituição de 12%, caso ainda não tenham incluído os itens no regime mais benéfico da cesta básica.

Quanto ao IPI, atualmente a alíquota incidente sobre absorventes se encontra zerada na TIPI, aprovada pelo Decreto n° 11.158/2022. Contudo, há iniciativas para que a referida desoneração conste em lei, na forma de isenção. Dessa forma, o Poder Executivo não poderia futuramente aumentar a alíquota do tributo, já que existiria uma lei estabelecendo a isenção, o que garantiria maior segurança na manutenção da desoneração. Nesse sentido, o Projeto de Lei n° 3.085/2019 prevê a isenção de IPI para os absorventes femininos. Destaca-se que a apresentação do Projeto de Lei n° 3.085/2019 não altera o cenário atual, uma vez que a tributação via IPI já se dá à alíquota zero. No entanto, a iniciativa significa importante avanço no campo da redução das desigualdades de gênero.

Nesse contexto, vale mencionar o entendimento de Machado no sentido de que "a alíquota zero representa uma solução encontrada pelas autoridades fazendárias no sentido de excluir o ônus do tributo sobre certos produtos, temporariamente, sem os isentar", funcionando como uma espécie de "burla à lei". Entretanto, ressalta que as alíquotas podem ser elevadas a qualquer tempo, independentemente de lei (MACHADO, 2015, p. 338).

Da mesma forma, o ideal seria que fosse estabelecida isenção de PÌS e COFINS sobre as receitas decorrentes da venda dos absorventes (PISCITELLI, 2019). Atualmente não há qualquer desoneração de PIS e COFINS nessas operações. Entretanto, a tentativa que existiu nesse sentido foi barrada, em 2013, por ocasião da conversão da Medida Provisória n° 609 na Lei Federal n° 12.839/2013.

Outras políticas públicas sobre absorventes que merecem ser mencionadas, apesar de não serem medidas fiscais, são as normas que determinam a oferta de absorventes de forma gratuita para algumas mulheres em situação mais vulnerável. Por exemplo, a Lei Federal nº 14.214/2021[81] criou o Programa de Proteção e Promoção da Saúde Menstrual e alterou a Lei Federal n° 11.346/2006[82] para determinar que as cestas básicas entregues no âmbito do Sistema Nacional de Segurança Alimentar e Nutricional (SISAN) contenham como item essencial o absorvente higiênico feminino. Além disso, a referida norma também garantiu a oferta gratuita de absorventes para estudantes de baixa renda matriculadas em escolas da rede pública, mulheres em situação de rua ou em situação de vulnerabilidade social extrema, mulheres apreendidas e presidiárias, recolhidas em unidades do sistema penal e mulheres internadas em unidades para cumprimento de medida socioeducativa.

O Estado do Rio de Janeiro também publicou recentemente a Lei Estadual nº 9.404/2021[83], que autorizou ao Poder Executivo instituir

---

[81] "Art. 1º Esta Lei institui o Programa de Proteção e Promoção da Saúde Menstrual para assegurar a oferta gratuita de absorventes higiênicos femininos e outros cuidados básicos de saúde menstrual.

Art. 2º É instituído o Programa de Proteção e Promoção da Saúde Menstrual, que constitui estratégia para promoção da saúde e atenção à higiene e possui os seguintes objetivos:

I - combater a precariedade menstrual, identificada como a falta de acesso a produtos de higiene e a outros itens necessários ao período da menstruação feminina, ou a falta de recursos que possibilitem a sua aquisição;

II - oferecer garantia de cuidados básicos de saúde e desenvolver meios para a inclusão das mulheres em ações e programas de proteção à saúde menstrual.

Art. 3º São beneficiárias do Programa instituído por esta Lei:

I - estudantes de baixa renda matriculadas em escolas da rede pública de ensino;

II - mulheres em situação de rua ou em situação de vulnerabilidade social extrema;

III - mulheres apreendidas e presidiárias, recolhidas em unidades do sistema penal; e

IV - mulheres internadas em unidades para cumprimento de medida socioeducativa.

[82] Art. 4º A segurança alimentar e nutricional abrange: [...]" (BRASIL, 2021d).

Parágrafo único. As cestas básicas entregues no âmbito do Sisan deverão conter como item essencial o absorvente higiênico feminino, conforme as determinações previstas na lei que institui o Programa de Proteção e Promoção da Saúde Menstrual (BRASIL, 2006).

[83] Art. 1º Fica o Poder Executivo autorizado a instituir a distribuição gratuita de absorventes higiênicos femininos nas escolas públicas do Estado do Rio de Janeiro,

a distribuição gratuita de absorventes higiênicos femininos nas escolas públicas do Estado, reconhecendo-os como item de necessidade básica para a saúde e higiene feminina. Na mesma direção do Estado, o Município do Rio de Janeiro também instituiu, por meio da Lei Municipal nº 6.603/2019[84], o Programa de Fornecimento de Absorventes Higiênicos nas escolas públicas municipais. Ou seja, além da implementação da desoneração tributária de produto essencial para a saúde e higiene feminina, com a sua inserção na cesta básica, também foi adotada uma medida social indispensável à garantia de acesso ao produto, tanto em âmbito estadual quanto em âmbito municipal, maximizando, assim, a promoção de direitos fundamentais (ANDRADE; KINGSTON, 2022).

Assim, verifica-se que, no âmbito da tributação sobre absorventes, os entes federativos vêm tentando adotar medidas que objetivam a desoneração fiscal desses itens por diferentes mecanismos, seja através da redução da carga tributária (alíquota ou base de cálculo), da isenção ou da alíquota zero.

3.3.2. A TRIBUTAÇÃO DE ITENS VOLTADOS PARA O CUIDADO E DE MÉTODOS CONTRACEPTIVOS

Os absorventes não são os únicos produtos cuja essencialidade não é atendida pela maioria dos entes federativos. O padrão de elevada carga tributária também vem sendo adotado em outros bens de consumo de elevado grau de essencialidade para o público feminino. Apenas a título exemplificativo, um levantamento realizado pela Associação Brasileira da Indústria de Higiene Pessoal, Perfumaria e Cosméticos (ABIHPEC, 2018), em 2018, demonstrou que o padrão nacional de ICMS de mamadeiras, chupetas e fraldas corresponde à alíquota de 18%. Conforme dados apontados nesta pesquisa, as maiores

---

reconhecendo-os como item de necessidade básica para a saúde e higiene feminina.

Parágrafo único. Por meio da presente lei reconhece-se que os absorventes higiênicos femininos são considerados itens de necessidade básica para a saúde e higiene feminina, devendo, portanto, serem incorporados aos itens de higiene disponibilizados gratuitamente nos banheiros das escolas públicas estaduais.

84 Art. 1º Fica instituído o Programa de Fornecimento de Absorventes Higiênicos nas escolas públicas do Município do Rio de Janeiro.

Parágrafo único. O programa a que se refere esta Lei consiste no fornecimento de absorventes higiênicos para estudantes do sexo feminino, visando à prevenção e riscos de doenças, bem como a evasão escolar.

consumidoras dos referidos itens acabam sendo as mulheres, ao menos atualmente.

Outros bens que são extremamente essenciais para a manutenção da dignidade das mulheres são os métodos contraceptivos, como por exemplo anticoncepcionais e pílulas do dia seguinte. Somente as operações com preservativos são isentas de ICMS, nos termos do Convênio n° 116/1998[85], além de terem a alíquota zerada na TIPI. É interessante notar que justamente os preservativos, que normalmente são utilizados por homens, são isentos, enquanto os contraceptivos, que são utilizados por mulheres, não são objeto de nenhuma desoneração fiscal de ICMS (as alíquotas de IPI atualmente se encontram zeradas[86]).

O elevado grau de essencialidade de contraceptivos se justifica no fato de que são extremamente necessários para a garantia da liberdade sexual da mulher, pois o consumo desses métodos permite que as mulheres possam ter relações sexuais sem necessariamente se tornarem mães. Ocorre que a importância da utilização dos referidos métodos não é levada a sério pelo legislador, normalmente em razão da existência de um certo conservadorismo em discutir esse assunto.

A pesquisa elaborada por Machado (2023) identifica que as mulheres pagam quase três vezes mais impostos quando compram anticoncepcionais do que os homens quando compram preservativos. Isso porque os preservativos chegam nas farmácias com tributação reduzida de 9,25%, enquanto o preço dos anticoncepcionais pode ter até 30% de tributos embutidos. Machado (2023) ressalta ainda que, apesar de existir a mesma carga tributária para a versão feminina da camisinha, esse item ainda é pouco difundido, seja pela falta de conhecimento ou pela dificuldade de utilizá-lo corretamente e sem o comprometimento de sua eficácia.

Com base na legislação dos Estados analisados na pesquisa, uma evidência desse fenômeno pode ser facilmente percebida na cesta básica de medicamentos existente no Rio Grande do Sul. A cesta básica de medicamentos também é objeto da mesma redução da carga tributá-

---

85 Cláusula primeira - Ficam isentas do ICMS as operações com preservativos, classificados no código 4014.10.00 da Nomenclatura Brasileira de Mercadorias - Sistema Harmonizado - NBM/SH.

86 NCM 2937.23.21 – Descrição: L-Norgestrel (levonorgestrel) – Alíquota: 0% [...]
NCM: 3006.60.00 – Descrição: Preparações químicas contraceptivas à base de hormônios, de outros produtos da posição 29.37 ou de espermicidas – Alíquota: 0%.

ria da cesta básica de alimentos (7%), porém todos os medicamentos que a integram são voltados para tratamentos gerais e se aplicam para todos os indivíduos[87], inexistindo qualquer medicamento voltado especificamente para uma necessidade de determinado gênero.

Já no caso de São Paulo, o levonorgestrel – substância utilizada em contraceptivos popularmente chamados de pílula do dia seguinte – foi incluído na cesta básica, no artigo 3º, inciso XXIV, alínea "e", do Anexo II do Regulamento do ICMS[88]. Esse medicamento é destinado à prevenção de gravidez, após uma relação sexual sem proteção por método contraceptivo, quando há suspeita de falha do método anticoncepcional rotineiramente utilizado ou, ainda, em casos de agressão sexual por meio de força física.

A inclusão do medicamento na cesta básica de São Paulo mostra um indício de que a liberdade e a dignidade das mulheres vêm sendo promovidas pelo Estado. A despeito disso, a maioria dos Estados ainda não promoveu desonerações fiscais sobre os referidos bens, como ocorre no caso do Rio Grande do Sul. De toda forma, ainda há um longo caminho a ser percorrido, tendo em vista que os métodos contraceptivos utilizados por mulheres, de uma forma geral, não são desonerados.

---

[87] Art. 23 - A base de cálculo do imposto nas operações com mercadorias, apurada conforme previsto no Capítulo anterior, terá seu valor reduzido para: [...]

VIII - valor que resulte em carga tributária equivalente a 7% (sete por cento), a partir de 1º de janeiro de 2019, nas saídas internas das mercadorias que compõem a cesta básica de medicamentos do Estado do Rio Grande do Sul, relacionadas no Apêndice V, cuja ação terapêutica é indicada;

[88] Artigo 3º - (CESTA BÁSICA) - Fica reduzida a base de cálculo do imposto incidente nas operações internas com os produtos a seguir indicados, de forma que a carga tributária resulte no percentual de 7% (sete por cento) (Convênio ICMS-128/94, cláusula primeira): [...]

XXIV – medicamentos com ação terapêutica e respectivos princípios ativos indicados a seguir: [...]

e) Anticontraceptivo: Levonorgestrel isolado ou em associação;

3.3.3. A TRIBUTAÇÃO DE COSMÉTICOS

Outros exemplos de bens com razoável grau de essencialidade para o gênero feminino e que são tratados pelo legislador infralegal como supérfluos são os cosméticos. O padrão nacional da tributação dos cosméticos pelo ICMS é a alíquota de 25%, conforme levantamento disponibilizado pela Associação Brasileira da Indústria de Higiene Pessoal, Perfumaria e Cosméticos, em 2018 (ABIHPEC, 2018).

Entre os Estados analisados nesta pesquisa também é possível perceber esse padrão. Em Pernambuco, por exemplo, a alíquota de 25% se aplica tanto para armas de guerra, querosene de aviação, tabaco, cachimbos, consoles e máquinas de jogos de vídeo games quanto para produtos de beleza ou maquiagem, preparações para conservação ou cuidados com a pele e preparações para manicuros e pedicuros. Ou seja, os referidos bens são equiparados em grau de superfluidade, pois a alíquota aplicável é a mesma alíquota elevada de 25%. O mesmo ocorre no Rio Grande do Sul: armas, munições, fumo, determinadas bebidas e cosméticos são tributados à alíquota de 25%. Além disso, alguns desses itens ainda sofrem um adicional de 2% na alíquota nas saídas internas a consumidores finais, como é o caso de bebidas alcoólicas, cigarros e cosméticos.

Já a alíquota padrão de IPI incidente sobre cosméticos corresponde a 14,3%, conforme item 33.04 e subitens seguintes da Tabela de Incidência do Imposto sobre Produtos Industrializados (TIPI). Essa alíquota, apesar de não ser a mais alta da TIPI, também é razoavelmente elevada em comparação com outros bens considerados muito mais supérfluos ou nocivos, como por exemplo explosivos e detonadores (13%) e cigarros eletrônicos (6,5%). Ou seja, é atribuído aos cosméticos um elevado grau de superfluidade.

É interessante notar que o Projeto de Lei nº 10.804/2018 propôs a fixação em 12% da alíquota de IPI sobre os cosméticos, que incidiria nas saídas do estabelecimento industrial e no desembaraço aduaneiro. Constava na justificativa do referido projeto que a adoção da medida proposta "tornará esses produtos mais acessíveis aos consumidores, especialmente os de baixa renda, fortalecendo o setor e, ao mesmo tempo, contribuindo para elevar a autoestima dos brasileiros". No entanto, o projeto acabou sendo arquivado em 2019, nos termos do art. 105 do Regimento Interno da Câmara dos Deputados[89].

Alguns Estados tiveram iniciativas para a redução da carga tributária incidente sobre os cosméticos. Entre aqueles que foram analisados, São Paulo reduziu a base de cálculo do ICMS incidente na saída interna de cosméticos e produtos de higiene pessoal (como por exemplo absorventes e fraldas) quando realizada por estabelecimento fabricante ou atacadista, de forma que a carga tributária corresponda a 12%[90].

Pernambuco também incluiu cosméticos, produtos de limpeza pessoal, preparações capilares, absorventes higiênicos e fraldas entre as mercadorias beneficiadas com redução da base de cálculo do imposto na saída interna promovida por central de distribuição ou estabelecimento industrial e com destino a central de distribuição de supermercados ou de drogarias, nos termos do artigo 13[91] c/c artigo 25 do

---

89 Art. 105. Finda a legislatura, arquivar-se-ão todas as proposições que no seu decurso tenham sido submetidas à deliberação da Câmara e ainda se encontrem em tramitação, bem como as que abram crédito suplementar, com pareceres ou sem eles, salvo as: [...]

90 ANEXO II - REDUÇÕES DE BASE DE CÁLCULO

(Relação a que se refere o artigo 51 deste regulamento)

Artigo 34 - (PERFUMES, COSMETICOS E PRODUTOS DE HIGIENE PESSOAL) - Fica reduzida a base de cálculo do imposto incidente na saída interna dos produtos adiante indicados, observada a classificação segundo a Nomenclatura Brasileira de Mercadorias do Sistema Harmonizado - NBM/SH, realizada por estabelecimento fabricante ou atacadista, de forma que a carga tributária corresponda ao percentual de 12% (doze por cento) (Lei 6.374/89, art. 112): [...]

91 Art. 13. Para efeito do disposto no artigo 14 da Lei nº 15.730, de 2016, a base de cálculo fica reduzida, nos termos do Anexo 3, para o valor equivalente ao montante ali previsto, sem prejuízo das demais hipóteses estabelecidas neste Decreto e na legislação tributária estadual.

Anexo 3[92] e Anexo 18[93], todos do Decreto Estadual n° 44.650/2017 (Regulamento de ICMS). No entanto, existem algumas restrições estabelecidas no regulamento para o usufruto do benefício de redução da base de cálculo, tais como a necessidade de credenciamento do remetente e do destinatário pelo órgão da SEFAZ responsável pelo planejamento da ação fiscal.

Salvo algumas exceções de tentativas de redução da carga tributária, os cosméticos claramente são tratados como itens supérfluos pelos en-

---

92 ANEXO 3

OPERAÇÕES E PRESTAÇÕES BENEFICIADAS COM BASE DE CÁLCULO REDUZIDA – SISTEMA NORMAL DE APURAÇÃO DO IMPOSTO NOS TERMOS DO ART. 13

Art. 25. O montante resultante da aplicação dos seguintes percentuais sobre o valor estabelecido originalmente como base de cálculo na saída interna das mercadorias relacionadas no Anexo 18, promovida por central de distribuição ou estabelecimento industrial, com destino a central de distribuição de supermercados ou de drogarias (Convênio ICMS 190/2017):

I - 70,59% (setenta vírgula cinquenta e nove por cento), quando a alíquota aplicável à operação for 17% (dezessete por cento) ou 18% (dezoito por cento); ou

II - 48% (quarenta e oito por cento), quando a alíquota aplicável à operação for 25% (vinte e cinco por cento).

§ 1º O disposto no caput somente se aplica:

I - se o remetente e o destinatário estiverem credenciados pelo órgão da Sefaz responsável pelo planejamento da ação fiscal, nos termos dos arts. 272 e 273 e da Portaria SF n° 194, de 2017; e

II - quando o valor total das saídas interestaduais das referidas mercadorias no semestre civil anterior à utilização do benefício, promovidas pelos referidos destinatários, for superior a 60% (sessenta por cento) do valor total das saídas.

§ 2º O benefício de que trata este artigo somente se aplica:

I - até 31 de dezembro de 2032, à saída da correspondente industrialização promovida pelo estabelecimento industrial; e (Dec. 53.483/2022)

II - até 31 de dezembro de 2032, à saída de mercadoria adquirida de terceiros, promovida por estabelecimento produtor, industrial ou comercial, desde que sejam os reais remetentes da mercadoria, observado, a partir de 1º de janeiro de 2029, o disposto no § 5º da cláusula décima do Convênio ICMS 190/2017. (Dec. 53.483/2022)

93 ANEXO 18

(Dec. 44.773/2017)

MERCADORIA BENEFICIADA COM REDUÇÃO DA BASE DE CÁLCULO

(art. 25 do Anexo 3)

perfumes e águas de colônia; produtos de limpeza pessoal e maquiagem; preparações capilares; (...) absorventes higiênicos e fraldas.

tes federativos, devido às elevadas alíquotas de ICMS e IPI. As mulheres, por sua vez, são cobradas constantemente por sua beleza na sua vida pessoal e, principalmente, na vida profissional. Embora a carga tributária elevadíssima decorra da consideração desses produtos como supérfluos, os cosméticos são uma exigência socialmente imposta às mulheres e estão relacionados também ao empoderamento feminino, impulsionando o seu crescimento profissional (ZAGARI *et al.*, 2021). Inclusive, há precedentes reconhecendo que o empregador deve suportar o ônus decorrente do uso de maquiagem e manicure quando a sua utilização é imposta para o exercício de determinada função[94].

Mulheres que lidam diretamente com o público em seu trabalho, como recepcionistas, secretárias, garçonetes, vendedoras, aeromoças, ou mesmo as que assumem altos cargos em empresas, como diretoras, gerentes e gestoras, são compelidas, por motivos culturais e/ou por códigos sociais ou corporativos, a se apresentarem maquiadas (ZAGARI *et al.*, 2021).

Diversas pesquisas indicam que as mulheres que utilizam cosméticos são mais bem avaliadas profissionalmente. Na França, por exemplo, um experimento (JACOB *et al.*, 2010) constatou que os clientes deram

---

[94] Confiram-se alguns exemplos:

"INDENIZAÇÃO. DESPESAS COM MAQUIAGEM E MANICURE. Comprovada obrigatoriedade de a reclamante trabalhar maquiada e com unhas pintadas, é devido o pagamento de indenização pelos gastos com produtos de maquiagem e manicure, conforme os preços-médio de mercado."

BRASIL. Tribunal Regional do Trabalho da 4° Região. Primeira Turma. Recurso Ordinário Trabalhista n° 0020359-41.2019.5.04.0301. Recorrente: Adriana Fagundes, ZZAB Comércio de Calçados Ltda. Recorrido: Adriana Fagundes, ZZAB Comércio de Calçados Ltda. Relator Fabiano Holz Beserra. Porto Alegre/RS. Julgamento em 8 abr. 2021, divulgado em 10 abr. 2021.

"COMISSÁRIA DE BORDO. MAQUIAGEM. Os procedimentos realizados pela comissária de bordo para a apresentação pessoal esperada pela empregadora eram superiores, qualitativamente e quantitativamente, aos executados por uma pessoa normal, gerando gastos específicos. É irrelevante, nesse aspecto, que houvesse ou não aplicação de penalidades pela empresa em decorrência da apresentação eventual das comissárias sem maquiagem, mormente porque tal informação era anotada nos registros pessoais da empregada. Como os riscos da atividade econômica devem ser suportados pelo empregador, nos termos do artigo 2° da CLT, deve a ré arcar com as despesas de embelezamento que a trabalhadora suportou em benefício do empreendimento" (BRASIL, 2020c).

uma gorjeta mais favorável para as garçonetes que usavam maquiagem, em comparação com as demais que não a utilizavam[95].

Outro estudo (NASH *et al.*, 2006) constatou que as mulheres apresentadas com maquiagem foram consideradas mais saudáveis, mais confiantes, com maior potencial salarial e com empregos de maior prestígio do que quando apresentadas sem maquiagem. Para chegar a essa conclusão, os participantes avaliaram as fotografias faciais de quatro mulheres de forma diferente, com ou sem cosméticos.

Outro estudo americano avaliou rostos femininos com ou sem cosméticos, variando o estilo de maquiagem entre o mínimo, moderado e excessivo. Os participantes tiveram que avaliar os rostos por segundos, para testar uma primeira impressão, e por tempo de inspeção ilimitado, devendo classificá-las quanto à atratividade, competência, simpatia e confiabilidade. Em curto período, verificou-se que os cosméticos tiveram efeitos positivos significativos em todos os cenários, mas a duração do tempo de inspeção também não alterou o efeito da competência e atratividade (ETCOF *et al.*, 2011).

Além da importância dos cosméticos para as mulheres cisgêneros, não se pode deixar de destacar a sua relevância para criar um senso de identidade e pertencimento em indivíduos que nasceram com outro sexo, mas que se identificam com o gênero feminino, como é o caso de transgêneros. Nesse caso, os cosméticos são fundamentais para que consigam construir uma identidade através da aparência que mais lhes agrada.

---

95 Participaram do experimento 284 clientes do restaurante (186 homens e 98 mulheres) que foram divididos aleatoriamente em dois grupos. Todos eles estavam sentados sozinhos à mesa de um restaurante de uma cidade de porte médio (mais de 70.000 habitantes). Duas garçonetes (19 e 20 anos, respectivamente), regularmente empregadas, foram utilizadas como participantes desse experimento. No entanto, elas não estavam cientes dos objetivos do experimento e não receberam nenhuma informação sobre estudos anteriores relacionados ao efeito dos cosméticos na percepção ou comportamento das pessoas. As condições experimentais foram obtidas de acordo com uma seleção aleatória de 10 almoços com maquiagem e 10 almoços sem maquiagem. Outra voluntária foi uma jovem esteticista que "maquiou" as duas garçonetes durante o experimento. Na oportunidade sem maquiagem, a esteticista limpou e hidratou os rostos das duas garçonetes. Na oportunidade com maquiagem, a esteticista aplicou maquiagem nos olhos, bochechas e lábios de forma a realçar a atratividade de cada garçonete, que foram instruídas a agir de maneira habitual (JACOB *et al.*, 2010).

No entanto, apesar da evidente relação dos cosméticos com o sucesso pessoal e profissional das mulheres, não se pode deixar de ponderar o seu lado negativo, descrito por Wolf (2020, p. 39-40) como o fenômeno da qualificação da beleza profissional. Esse fenômeno significa, de uma forma sucinta, a discriminação das mulheres pela beleza no mercado de trabalho, como uma forma de impedir a sua ascensão nas hierarquias profissionais, através da institucionalização de um "mito da beleza", que é inalcançável.

Além de ser utilizado como um obstáculo para o amplo acesso das mulheres ao mercado de trabalho, a qualificação da beleza profissional também as empobrece sob o ponto de vista material e psicológico, porque é responsável por gastos que representam parte considerável de sua renda, ao passo em que as deixa exaustas por demandar o direcionamento de grande parte de seu tempo, energia e concentração a assuntos relacionados à aparência que se acumulam com o tempo gasto com as tarefas domésticas (WOLF, 2020, p. 84). Assim, a qualificação da beleza profissional impõe uma terceira jornada de trabalho às mulheres, pois além do trabalho a ser desempenhado e das tarefas domésticas que comumente recaem sobre elas, grande parte de seu tempo é consumido com assuntos relacionados à aparência para atender a um padrão inatingível.

Esse pode ser definido, então, como o grande paradoxo dos cosméticos: apesar do ônus da qualificação da beleza profissional e da imposição de uma terceira jornada de trabalho, a sua utilização tem se mostrado relevante para a ascensão profissional das mulheres e para o empoderamento feminino, fazendo com que as mulheres se sintam confiantes e seguras para o desempenho de suas atividades profissionais e para o desenvolvimento de suas relações sociais.

Em um mundo ideal, espera-se que os cosméticos não exerçam o poder que exercem atualmente sobre as mulheres. No futuro, espera-se que as pessoas julguem as outras cada vez menos pela aparência e não atribuam tanto valor a ela. No entanto, a imposição de um certo padrão de beleza e comportamento para as mulheres é uma realidade e o seu não cumprimento é visto como sinal de descuido e inadequação, ainda que o uso de tais produtos esteja dentro de sua esfera de autonomia, como não poderia ser diferente (PISCITELLI *et al.*, 2019). Portanto, não se pode ignorar a essencialidade dos cosméticos considerando somente o fato de que o seu uso está associado a algumas consequências negativas.

Mesmo que o grau de essencialidade dos cosméticos seja objeto de muitos questionamentos, não se pode continuar tratando-os de forma equiparada a armas, fumo e bebidas alcoólicas, como é feito por alguns entes federativos. É nítido que os cosméticos são mais essenciais do que os referidos bens. A visão já ultrapassada de que a maquiagem está associada à futilidade ou superficialidade não mais se adequa a um mundo em que as mulheres estão cada vez mais migrando da vida doméstica para o ambiente de trabalho e em que a utilização de cosméticos tem se mostrado extremamente valiosa para o sucesso profissional feminino e para a potencialização do acesso de mulheres aos cargos de liderança, ainda tão masculinizados (GUERRA; TIBURCIO, 2022, p. 44).

3.4. CONCLUSÃO DESTE CAPÍTULO

Partindo desses pressupostos e reiterando a conclusão alcançada anteriormente, não se pode mais aplicar a seletividade apenas com base em uma dicotomia simplificada de essencial *versus* não essencial (GUERRA; TIBURCIO, 2022, p. 45), pois a realidade não pode ser enquadrada somente nessas duas possibilidades. Existem diversos graus de essencialidade dentro da escala que se inicia com o que é essencial e termina com o que é supérfluo.

Os bens mais essenciais e que estão no início da escala são aqueles fundamentais para a existência biológica do ser humano e para uma vida com o mínimo de dignidade. Estão incluídos nesse mesmo patamar de essencialidade tanto os bens relacionados às necessidades básicas quanto aqueles relacionados à garantia de um mínimo de bem-estar e saúde, também denominado mínimo existencial. Especificamente em relação aos bens que são consumidos exclusiva ou majoritariamente pelo público feminino, pode-se considerar como incluídos nesse patamar da escala os seguintes exemplos: absorventes higiênicos, fraldas, mamadeiras, chupetas e pílulas contraceptivas.

Mais à frente na escala da essencialidade estão situados os bens que melhoram substancialmente a qualidade de vida, mas que não chegam a ser fundamentais para a existência. Aqui podem ser mencionados os cosméticos, que trazem importantes benefícios para as mulheres na vida pessoal e profissional. Isso não quer dizer que esses bens não tenham algum grau de essencialidade, mas apenas que são menos essenciais do que aqueles que são imprescindíveis para a existência biológica e para a manutenção do mínimo existencial. É importante destacar que essa escala pode variar de acordo com os indivíduos que estão sendo analisados. Para transgêneros, por exemplo, talvez os cosméticos se enquadrem no início da escala da essencialidade.

Chegando ao final da escala, estão situados aqueles bens que realmente são considerados supérfluos ou nocivos à saúde e ao meio ambiente. Nesse patamar se enquadram, por exemplo, o fumo, as armas de fogo e as bebidas alcoólicas, que de forma alguma podem ser equiparados aos cosméticos.

Em relação aos bens que se encontram no início da escala da essencialidade, como é o caso dos absorventes higiênicos, mamadeiras, chupetas, fraldas e contraceptivos, é urgente que os Estados e o Distrito Federal se mobilizem para a aprovação de Convênio que preferencialmente permita a isenção sobre as operações com os referidos bens ou, ao menos, que possibilite a redução da carga tributária. Sem prejuízo, enquanto não houver a aprovação de algum Convênio nesse sentido pelo CONFAZ, os Estados devem aplicar a seletividade prevista na Constituição para garantir que, ao menos por ora, os referidos bens tenham alíquotas mínimas de 12%, caso ainda não tenham sido beneficiados pelo regime de desoneração da cesta básica. Em relação aos bens que se encontram no meio da escala da essencialidade, como é o caso dos cosméticos, a alíquota também pode ser reduzida diretamente pelos Estados, de forma que corresponda a um percentual razoável e que não se assemelhe ao percentual de bens que são verdadeiramente supérfluos.

No entanto, não se pode desconsiderar o fato de que a aplicação da seletividade sobre determinados bens e produtos consumidos exclusiva ou majoritariamente pelo público feminino não necessariamente produziria efeitos nos preços praticados no mercado e, por conseguinte, no "bolso" das consumidoras finais, como muito bem ressaltado pelo grupo de estudos de Tributação e Gênero da FGV de São Paulo (PISCITELLI *et al.*, 2020).

Isso porque o comerciante, que será o beneficiário da desoneração fiscal, pode optar por não repassar o valor correspondente à redução da carga tributária no preço que será pago pelos consumidores. A princípio, a redução do preço seria uma decorrência lógica e natural de mercado, pois a partir da redução do ônus financeiro de determinado bem para todos os comerciantes do mesmo segmento, espera-se que todos ajustem o preço para torná-lo mais competitivo, já que tiveram um custo menor para a sua produção/comercialização. No entanto, isso não é uma regra, sendo plenamente possível que o preço do bem não venha a sofrer qualquer alteração, mesmo com a redução da carga tributária usufruída pelo vendedor.

É por esse motivo que a questão se torna muito mais complexa e de difícil controle quando se trata da utilização de desonerações, fiscais ou extrafiscais, na tributação indireta, pois o resultado visado (pagamento de um preço menor em bens consumidos exclusiva ou majoritariamente pelo público feminino) não depende somente da redução da carga tributária, mas de questões econômicas, que envolvem a reação do mercado em relação à referida redução do ônus fiscal. Agostini (apud NEITZKE, 2022), ao tratar da redução da alíquota de IPI objetivando o estímulo ao consumo e à produção, também destaca o risco de as indústrias se apropriarem de toda a redução tributária, não repassando ao consumidor a redução de impostos, o que, de acordo com a economista, reduziria a competitividade e não destravaria o consumo.

Ainda que a desoneração seja concedida mediante a demonstração na nota fiscal da efetiva redução da carga tributária, poder-se-ia argumentar, por exemplo, que o preço total final não foi modificado porque outros gastos inerentes à atividade comercial/industrial tiveram que ser majorados ou implementados. Assim, não se pode desconsiderar que há uma dificuldade de fiscalização do cumprimento do objetivo pretendido pela desoneração tributária. Essa dificuldade reside na verificação de que a redução da carga tributária de fato estaria sendo repassada aos consumidores.

Andrade e Kingston (2022) também problematizam os riscos de ineficácia da desoneração na tributação indireta para a redução das desigualdades de gênero:

> A ação social se faz indispensável pois, ao contrário do que se possa imaginar, não necessariamente a desoneração do ICMS na saída do produto representa redução efetiva de custos/despesas pelo vendedor, uma vez que tal tributo é não-cumulativo. Isso porque, a redução/isenção do ICMS na saída pode não representar redução do preço do produto vendido à consumidora.

Especificamente em relação à desoneração dos produtos que compõem a cesta básica, há muito debate em torno da sua eficiência em relação a outras medidas que também poderiam combater a regressividade do sistema tributário, deixando-o mais isonômico. Um exemplo dessa divergência pode ser verificado na Proposta de Emenda à Constituição (PEC) nº 45, atualmente em trâmite no Congresso Nacional, que propõe a inclusão do artigo 152-A na Constituição, o qual prevê, em seu § 1º, inciso IV[96], a impossibilidade de concessão de isenções, incentivos ou benefícios tributários ao imposto sobre bens e serviços (IBS). O § 9º do referido dispositivo[97], por sua vez, propõe como medida de compensação a criação de um mecanismo de devolução de parte do IBS pago nas aquisições de bens e serviços aos consumidores de baixa renda. Essas disposições foram recentemente reavaliadas pelo grupo de trabalho da reforma tributária, que apresentou relatório contendo diretrizes para o substitutivo da PEC, no sentido da inclusão de alíquotas diferenciadas para os produtos da cesta básica.

Ainda que o grupo de trabalho da reforma tenha recentemente reavaliado a disposição que vedava quaisquer benefícios e incentivos fiscais, é interessante notar que a justificativa que constou no relatório inicial da PEC nº 45/2019[98] era no sentido de que o IBS deve ter "como função essencial a arrecadação, visando o financiamento adequado de

---

96 "Art. 152-A. Lei complementar instituirá imposto sobre bens e serviços, que será uniforme em todo o território nacional, cabendo à União, aos Estados, ao Distrito Federal e aos Municípios exercer sua competência exclusivamente por meio da alteração de suas alíquotas.

§1º. O imposto sobre bens e serviços: [...]

IV –não será objeto de concessão de isenções, incentivos ou benefícios tributários ou financeiros, inclusive de redução de base de cálculo ou de crédito presumido ou outorgado, ou sob qualquer outra forma que resulte, direta ou indiretamente, em carga tributária menor que a decorrente da aplicação das alíquotas nominais;" (BRASIL, 1988).

97 "§ 9º Excetua-se do disposto no inciso IV do § 1º a devolução parcial, através de mecanismos de transferência de renda, do imposto recolhido pelos contribuintes de baixa renda, nos termos da lei complementar referida no caput" (BRASIL, 1988).

98 "Tributos sobre o consumo – como o IBS e os IVAs em geral – devem ter como função essencial a arrecadação, visando o financiamento adequado de políticas públicas, não sendo adequados para o alcance de outros objetivos de políticas públicas. De fato, em praticamente nenhum país do mundo os IVAs são utilizados para fins de política setorial ou regional. Mesmo como instrumento de política social, os IVAs não são eficientes. Isto não significa que o modelo não deva contemplar medidas que mitiguem o efeito regressivo da tributação do consumo. Para tanto, propõe-se um modelo em que grande parte do imposto pago pelas famílias mais pobres seja devolvido através de mecanismos de transferência de renda. Este modelo seria viabilizado pelo cruzamento do sistema em que os consumidores informam seu CPF na aquisição de bens e ser- viços (já adotado por vários Estados brasileiros) com o cadastro único dos programas sociais. Trata-se de um mecanismo muito

políticas públicas, não sendo adequado para o alcance de outros objetivos de políticas públicas". O modelo proposto, em que grande parte do imposto pago pelas famílias mais pobres seria devolvido através de mecanismos de transferência de renda, compensaria a vedação de isenções, benefícios e incentivos fiscais, pois mitigaria o efeito regressivo da tributação do consumo. Esse mecanismo, segundo o relatório, seria "muito mais eficiente que a desoneração da cesta básica".

Sobre esse aspecto, o grupo de estudos de Tributação e Gênero da FGV de São Paulo (PISCITELLI *et al.*, 2020) ressaltou a importância da manutenção da desoneração de produtos da cesta básica, devido ao seu elevado grau de essencialidade[99].

---

menos custoso e muito mais eficiente do ponto de vista distributivo que o modelo tradicional de desoneração da cesta básica de alimentos. [...]

Por fim, o § 9º do art. 152-A excetua da vedação à concessão de isenções e benefícios fiscais a criação de um mecanismo voltado a devolver aos consumidores de baixa renda, através de instrumentos de transferência de renda, parcela do IBS pago em suas aquisições de bens e serviços. Na medida em que se propõe a adoção de uma alíquota uniforme para todos os bens e serviços, esse dispositivo visa melhorar o impacto distributivo da tributação do consumo, através de um mecanismo muito mais eficiente que a desoneração da cesta básica" (BRASIL, 2019b).

[99] "Um rápido olhar para as propostas de reforma tributária em andamento no Congresso Nacional evidencia que elas apresentam um cenário preocupante: o centro do debate está voltado para a tributação do consumo, sem qualquer consideração relativa à redistribuição mais equânime da carga tributária. Ao contrário. A PEC nº 45/2019 reforça a regressividade do sistema atual pela eliminação absoluta de todo e qualquer incentivo fiscal, inclusive aqueles relacionados aos bens da cesta básica. O PL nº 3887/2020, ao aumentar a carga tributária sobre o setor de serviços, dificulta o acesso a bens essenciais, como saúde e educação, reforçando também a regressividade do sistema. No que se refere à PEC nº 110/2019, suas disposições estão mais alinhadas com a mitigação da regressividade, ao menos na previsão da possibilidade de atribuição de benefícios fiscais a bens e serviços de primeira necessidade. [...]

Tramitam no Congresso Nacional propostas de emenda constitucional que eliminam benefícios tributários à cesta básica. Além disso, cogita-se, no âmbito da CBS, suprimir os favores tributários existentes a esses mesmos bens. Nossa posição é a de que os bens da cesta básica devem seguir desonerados. Para evitar distorções, como a inclusão de itens que não sejam de primeira necessidade, propomos que lei federal de caráter nacional disponha sobre a relação de produtos que compõem a cesta básica, sem prejuízo de posterior incremento pelos Estados da Federação, conforme suas particularidades regionais. [...]

A supressão do benefício, ao contrário, poderá resultar em agravamento da desigualdade de gênero. Por tais razões, na perspectiva da igualdade entre homens e mulheres, entendemos fundamental a manutenção da desoneração dos itens da cesta básica."

Também há divergência doutrinária sobre a melhor forma de obtenção de um sistema tributário mais justo e igualitário, se por meio da tributação direta ou indireta. Ives Gandra (MARTINS, 2007, p. 109), por exemplo, entende que a justiça fiscal reside na tributação direta, entendida como a incidente sobre o patrimônio e a renda, e não na indireta, entendida como a incidente sobre o consumo. Ao analisar o artigo 145, §1º da Constituição, o autor defende o seguinte:

> A utilização pelo legislador da expressão "sempre que possível", à nitidez, só pode estar relacionada à espécie "imposto", sendo que nos indiretos a graduação não tem como ser pessoal. A progressividade perderia sentido e razão de ser, no máximo permanecendo o princípio da seletividade, que nem por isso transformaria um tributo indireto em pessoal. Esta é a razão pela qual o constituinte fez uma opção. O ideal seria a tributação direta – a experiência tem demonstrado que na prática o ideal é pobre de resultados – e não a indireta, tida por regressiva, em posições ideológicas. Se não for possível, contudo, admitir-se-á a tributação indireta e, portanto, não pessoal. O fundamento ideológico de tal postura é que o tributo indireto é regressivo e injusto socialmente, e o direto é justo e distributivo. A tendência dos países em reverter tal concepção ideológica e idealística, ao utilizar-se da tributação indireta, prevalecendo sobre a direta, reside em constatações práticas. É que a tributação direta desestimula a poupança, o investimento, gerando menor desenvolvimento, menos emprego e, portanto, menor arrecadação. Por ser a tributação indireta neutra, a maior disponibilidade que a reduzida tributação direta produz gera maiores estímulos aos investimentos e poupanças. Por decorrência, há progresso econômico e nível de volume arrecadatório superiores.

Assim, não se pode desconsiderar as dificuldades inerentes à desoneração de bens essenciais sob a perspectiva de gênero, em conformidade com o princípio da seletividade. Contudo, essa desoneração possui um grande potencial de facilitar o acesso de mulheres a bens de consumo que possuem elevado grau de essencialidade, de modo que não se pode renunciar a sua utilização. Mesmo porque a previsão expressa na Constituição de aplicação da seletividade é um direito fundamental do contribuinte, não podendo ser revogada por emenda.

Em síntese, a forma como a legislação tributária está disposta atualmente incentiva as discriminações entre os gêneros, ainda que de forma implícita, uma vez que bens de consumo que possuem um elevado grau de essencialidade ou algum grau, ainda que não seja elevado, muitas vezes são tratados como se fossem mais supérfluos do que essenciais. A partir do momento em que a seletividade é analisada sob uma perspectiva de gênero, percebe-se que ela está sendo aplicada de forma equivocada e distanciada da realidade social atual, criando vieses implícitos de gênero.

Ainda que a seletividade gere desafios em relação à eficiência de sua implementação, já que não necessariamente a redução da carga tributária é repassada no preço final pago pelas consumidoras, não se pode deixar de considerá-la como um instrumento que possui um grande potencial para a garantia de uma maior isonomia na tributação. Isso porque a redução do ônus fiscal incidente sobre determinados bens essenciais para o público feminino potencialmente amplia o seu consumo, principalmente entre as mulheres de baixa renda, que sentem mais de perto qualquer redução de preço.

Portanto, o princípio da seletividade não pode ser aplicado somente de forma neutra, devendo ser aplicado considerando as nuances de essencialidade sob uma perspectiva de gênero, a fim de garantir uma maior isonomia entre homens e mulheres na tributação.

4. EXTRAFISCALIDADE

Neste capítulo será analisada a extrafiscalidade, especificamente o conceito que será adotado na pesquisa (4.1), a questão da renúncia de receita e gasto tributário no ordenamento jurídico brasileiro (4.2) e a utilização da extrafiscalidade para a redução das desigualdades de gênero, por meio de benefícios e incentivos fiscais (4.3).

4.1. O CONCEITO DE EXTRAFISCALIDADE ADOTADO NESTA PESQUISA

Para que se possa compreender o conceito de extrafiscalidade, deve-se analisar primeiramente a função do tributo. De acordo com Rocha (2020, p. 94-95), a tributação não é um fim em si mesmo, apresentando um caráter instrumental para a consecução de outros objetivos, sendo que o principal deles é a arrecadação de receitas para o financiamento da atividade estatal. Portanto, a tributação é sempre um instrumento para atingir algum objetivo.

Além da função fiscal típica da tributação (financiamento da atividade estatal), há também a possibilidade de que os tributos sejam utilizados como instrumento para a concretização de outras finalidades constitucionais. Essa seria justamente a função extrafiscal do tributo ("extra" porque a tributação será instrumentalizada para a consecução de outros fins além da arrecadação fiscal).

Portanto, a extrafiscalidade se revela quando o objetivo da tributação não é a arrecadação de recursos, mas o estímulo ou o desestímulo à determinada conduta do contribuinte. A extrafiscalidade positiva ocorre quando uma tributação mais baixa induz o contribuinte a praticar o fato gerador, enquanto a extrafiscalidade negativa ocorre quando a tributação elevada desestimula a realização do fato gerador (LODI, 2015, p. 147).

Segundo Rocha (2020, p. 95-96), a manifestação mais comum da extrafiscalidade ocorre nas regras desonerativas, com as quais se criam exceções ao princípio da generalidade da tributação, reconhecendo, ainda, que entre os possíveis efeitos buscados pela norma desonerativa, encontra-se a produção de efeitos sociais[100].

Costa entende que a compreensão do Direito Tributário está cada vez mais voltada à preocupação com a adequação da tributação ao exercício de direitos fundamentais. Em suas palavras:

> De fato, universalmente vem se afirmando uma visão humanista da tributação, a destacar que essa atividade estatal não busca apenas gerar recursos

---

[100] "Nada obstante, a esta altura não há mais dúvidas que juntamente com esta função arrecadatória, os tributos também se tornaram instrumentos para que sejam alcançadas outras finalidades constitucionalmente relevantes. Entra em cena, então, a figura da extrafiscalidade [...] Embora a extrafiscalidade esteja presente, em alguns casos, nas regras de incidência tributária, fato é que a mesma é muito mais comum em regras desonerativas, com as quais se criam exceções ao princípio da generalidade da tributação. [...]

Assim como se passa com as regras de incidência, também no caso das desonerações vimos sustentando uma divisão entre desonerações fiscais e extrafiscais. Seguindo esta posição, uma desoneração fiscal seria uma renúncia de receita fundada em um ajuste de capacidade contributiva, ou uma decorrência da aplicação do princípio da seletividade. Em outras palavras, a finalidade da desoneração, neste caso, não leva em consideração qualquer finalidade que não a de assegurar que somente contribuam para o financiamento dos gastos públicos aqueles que possuem condições econômicas de fazê-lo — ou que produtos, mercadorias e serviços mais essenciais tenham uma tributação mais baixa.

A seu turno, é possível que tenhamos, e esta é a situação mais comum, regras desonerativas extrafiscais, as quais têm por finalidade a produção de efeitos, econômicos, administrativos, sociais, etc. Enquanto no caso descrito no parágrafo anterior, a discriminação entre contribuintes tem como critério a capacidade contributiva — ou a seletividade — nas desonerações extrafiscais, o tratamento diferenciado se dá em função do atingimento de alguma outra finalidade prevista na Constituição Federal" (ROCHA, 2020, p. 95-96) para o custeio de serviços públicos mas, igualmente, o asseguramento do exercício de direitos públicos subjetivos.

Assim é que a tributação constitui instrumento para atingir os objetivos fundamentais da República Federativa do Brasil, consubstanciados na construção de uma sociedade livre, justa e solidária; na garantia do desenvolvimento nacional; na erradicação da podreza e da marginalização e na redução das desigualdades sociais e regionais; bem como na promoção do bem de todos, sem preconceitos de origem, raça, sexo, cor, idade e quaisquer outras formas de discriminação (art. 3°, I a IV, CR). (COSTA, 2017, p. 34).

No mesmo sentido, Carvalho (2010, apud BARRETO, 2017) e Ataliba (1968, apud BARRETO, 2017) adotam o entendimento de que a extrafiscalidade é a utilização da tributação para o atingimento de outras finalidades além da meramente arrecadatória, que podem ser de ordem social, econômica ou política.

Valcárcel (2001, p. 225) esclarece que a identificação da capacidade contributiva como único critério para se alcançar a justiça tributária somente foi possível enquanto o tributo era concebido como um instrumento cuja única finalidade era arrecadar recursos para o financiamento de gastos públicos, uma vez que, nesse contexto, a capacidade contributiva poderia funcionar como justo critério de medida das diferentes obrigações tributárias. Contudo, quando a atividade tributária extrafiscal se tornou inquestionável, inevitavelmente ocorreu uma crise do princípio da capacidade contributiva, que evidenciou ainda mais as suas inconsistências.

O princípio da capacidade contributiva, então, apenas manteria as situações de igualdade preexistentes, uma vez que tributar somente de acordo com a capacidade econômica significaria produzir efeitos equivalentes na renda e patrimônio dos contribuintes, porém não seria suficiente para corrigir situações de discriminações. Para atingir esse objetivo, o imposto deveria incidir sobre os contribuintes de forma desigual com o objetivo de trazer aqueles que se encontram em uma situação de discriminação para uma situação de igualdade relativa em relação aos demais (VALCÁRCEL, 1980, p. 145)[101].

---

[101] "Colocar el principio de igualdad em el lugar de primacía que hasta ahora ocupaba el principio de capacidad contributiva, no significa que éste deba ser arrinconado, ni mucho menos eliminado del campo tributario [...] Em efecto, del doble mandato del principio de igualdad – mantener las situaciones de igualdad preexistentes y corregir las situaciones de discriminación –, el principio de capacidade económica sólo tiene respuesta para el primeiro de ellos. Y ello porque tributar

Essa mudança de percepção resultou no entendimento de que o princípio da isonomia é mais amplo do que o princípio da capacidade contributiva, já que existem outros valores protegidos pela Constituição que também podem justificar desequiparações legislativas tributárias, inclusive objetivando, por exemplo, a redução de desigualdades sociais (como as de gênero) ou regionais, a construção de uma sociedade mais livre, justa e solidária, o desenvolvimento da nação e a promoção do bem estar geral sem qualquer preconceito ou discriminação, que são os objetivos fundamentais da República, conforme disposto no art. 3º da Constituição.

Essa também é a orientação de Derzi (1991, p. 169) que, não obstante aceite que "no Direito Tributário, o critério básico que mensura a igualdade ou a desigualdade é a capacidade econômica do contribuinte", assevera que o objetivo de atenuar as desigualdades econômico-materiais (valor da igualdade fática ou igualdade equitativa de oportunidades) e ainda a promoção de outros valores constitucionais podem, numa "derrogação parcial ou total ao princípio da capacidade contributiva", fundamentar outras discriminações efetuadas pelo legislador, conferindo legitimidade a "progressividade, regressividade, isenções e benefícios, na busca de um melhor padrão de vida para todos, dentro dos planos de desenvolvimento nacional integrado e harmonioso" (DERZI, 1991, p. 169).

É importante destacar que a extrafiscalidade não significa o afastamento total da capacidade contributiva. De acordo com Lodi, a extrafiscalidade quase sempre vai entrar em conflito com o princípio da capacidade contributiva. No entanto, não é suficiente a simples alusão a um objetivo extrafiscal para afastar a aplicação da capacidade contributiva. A contradição entre a capacidade contributiva e a extrafiscalidade deve ser resolvida mediante a ponderação e a aplicação do princípio da razoabilidade (LODI, 2015, p. 147).

---

com arreglo o em proporción a la capacidade económica significa producir efectos iguales en la renta y patrimonio de los sujetos sometidos as impuesto [...] Pero el principio evidentemente no es aplicable respecto de situaciones de discriminación que se pretenden corregir, ya que entonces el impuesto há de incidir sobre los sujetos de forma desigual, a efectos de traer a quienes se encuentram em uma situación de discriminación a uma situación de igualdad relativa respecto de otros, lo que no se produciria de tributarse en estos casos com arreglo el principio de capacidade económica" (VALCÁREL, 1980, p. 145).

Segundo Leão, conforme o critério da capacidade econômica perde o seu protagonismo no campo da extrafiscalidade, o princípio da igualdade passa a utilizar um critério de diferenciação vinculado à finalidade extrafiscal, pois "a diferença de carga tributária levará em conta não apenas (ou melhor, não como critério geral) a capacidade contributiva, e sim o cumprimento ou não da finalidade extrafiscal perseguida" (LEÃO, 2014, p. 71). Assim, nas palavras da autora, "quando a finalidade for principalmente extrafiscal [...] e com isso visar a atingir um fim concreto, econômico ou social, o critério da repartição não mais será a capacidade de contribuir, mas a adequação, a necessidade e a correspondência do meio relativamente àquela finalidade" (LEÃO, 2014, p. 74).

No entanto, a autora esclarece que a tributação extrafiscal não significa o afastamento por completo da capacidade contributiva. Em sua visão, a despeito de as normas tributárias indutoras se afastarem da capacidade contributiva enquanto critério geral, não seria defensável a inexistência de qualquer relação entre extrafiscalidade e capacidade contributiva. Isso porque, em suas palavras, "mesmo que se justifique a utilização de outro critério para diferenciar os contribuintes, a capacidade contributiva não poderá ser simplesmente afastada pelo legislador, em nenhum de seus dois aspectos". Primeiro, porque ela ainda deverá ser usada como critério para determinar o que é ou não manifestação de riqueza passível de ser atingida pela tributação, pois onde não há manifestação de riqueza, não há poder de tributar e, segundo, porque ela ainda deverá ser usada como critério para determinar em que medida a cobrança poderá ser feita, sem afetar o mínimo existencial necessário para a sobrevivência digna, nem se tornar confiscatória (LEÃO, 2014, p. 86-87).

Como se pode perceber, parece ser relativamente pacífico na doutrina a possibilidade de utilização da tributação em sua função extrafiscal, consubstanciada na utilização do tributo para o alcance de outras finalidades que não sejam primariamente arrecadatórias. No entanto, o uso da extrafiscalidade não é irrestrito, pois as normas devem passar no juízo de razoabilidade e os fins extrafiscais almejados devem ser buscados na Constituição. Isso porque a quebra do tratamento igualitário conferido pelo legislador aos que revelam a mesma capacidade contributiva só pode se legitimar em função da finalidade extrafiscal que cumpra os mencionados requisitos (LODI, 2015, p. 148).

Os fins que embasarão a utilização da extrafiscalidade em determinada norma tributária serão escolhidos pelo próprio legislador, desde que sejam compatíveis com a Constituição, e poderão estimular ou desestimular determinados comportamentos sociais, econômicos ou políticos.

O aspecto da fundamentação na Constituição é extremamente necessário, pois, caso o benefício ou incentivo fiscal seja instituído de forma exclusivamente subjetiva e sem fundamento em algum propósito constitucional, será considerado como um privilégio odioso, conforme leciona Torres (2005, p. 357):

> Do ponto de vista fiscal, odioso é o privilégio que consiste em pagar tributo menor que o previsto para os outros contribuintes, não pagá-lo (isenção) ou obter subvenções ou incentivos, tudo em razão de diferenças subjetivas, afastadas dos princípios da justiça ou da segurança jurídica. A concessão do privilégio odioso ofende a liberdade relativa de terceiros, que ficam obrigados ao desembolso do tributo de que o detentor do privilégio foi dispensado: alguém sempre paga pelos benefícios concedidos a outrem.

É possível que os fins almejados pelo legislador estejam previstos na Constituição de forma explícita ou implícita, o que, no último caso, aumenta a necessidade de transparência do objetivo constitucional almejado. Ainda assim, poderá haver discussão sobre a legitimidade da norma. Essa preocupação foi externada por Rocha (2020, p. 107):

> De fato, há situações em que a Constituição Federal estabelece um objetivo explícito, que legitima tratamentos tributários diferenciados. É o que se passa, por exemplo, com a superação das desigualdades regionais, que além de ser um dos objetivos fundamentais do Estado brasileiro (artigo 3º, III), aparece também em outros dispositivos constitucionais, como os artigos 43, 165, § 7º e 170, VII. Em outros casos, contudo, a construção da justificativa constitucional para a concessão de um benefício fiscal passa por uma interpretação complexa, como ocorre, por exemplo, com aquelas desonerações relacionadas à realização de grandes eventos esportivos. Aqui, teríamos um objetivo implícito.
> A dificuldade de justificação constitucional da concessão de um benefício fiscal aumenta a importância do princípio da transparência. Afinal, se a desoneração somente será legítima se materializar algum objetivo constitucional, naturalmente que será relevantíssimo que a lei que a institua seja clara sobre o objetivo constitucional que a fundamente.

Por outro lado, quando os fins que estiverem sendo utilizados para justificar a criação da norma tributária extrafiscal pelo legislador constarem expressamente no texto constitucional, torna-se muito mais fácil demonstrar a sua legitimidade perante o ordenamento jurídico, como ocorre no caso da garantia de igualdade entre gêneros.

A extrafiscalidade pode se manifestar através de benefícios ou incentivos fiscais. No entanto, não há no direito positivo uma definição legal para o conceito de benefícios fiscais e incentivos fiscais. As expressões aparecem em alguns regramentos ao longo do texto constitucional e de leis infraconstitucionais, porém sem qualquer esclarecimento acerca da diferenciação conceitual entre ambas.

É oportuno esclarecer que parte da doutrina considera as expressões como sinônimos, enquanto outra parte defende a sua diferenciação, por diferentes critérios[102]. Não se pretende aprofundar as particularidades de cada uma das posições sobre o tema, mesmo porque essa investigação fugiria ao escopo da pesquisa. Nada obstante, optou-se por utilizar as expressões de forma independente, ou seja, como se fossem distintas, ainda que ambas representem para o sujeito passivo uma desoneração da carga tributária.

Dessa forma, adota-se o mesmo posicionamento de Grupenmacher (2012, p. 14-18), para quem os incentivos fiscais são instituídos para estimular determinadas atividades mediante alguma contrapartida do contribuinte, geralmente atrelada ao cumprimento de determinadas condições ou à realização de certos investimentos. Já os benefícios fiscais se diferem dos incentivos fiscais ao não exigirem qualquer contraprestação do beneficiário para que haja a desoneração total ou parcial do tributo, ainda que ambos possuam propósitos extrafiscais.

Assim, o conceito de extrafiscalidade que será adotado na pesquisa será o que se refere à utilização da tributação com finalidades que vão além da função tipicamente arrecadatória, em especial a finalidade de redução das desigualdades de gênero através de desonerações extrafiscais concedidas na forma de benefícios ou incentivos fiscais.

---

102 Sobre o tema, confira-se o estudo elaborado por Stéfano Vieira Machado Ferreira em sua dissertação de mestrado apresentada à banca examinadora do Programa da Pós-Graduação em Direito Tributário da Pontifícia Universidade Católica de São Paulo (FERREIRA, 2018, p. 66-110).

4.2. RENÚNCIA DE RECEITA E GASTO TRIBUTÁRIO NO ORDENAMENTO JURÍDICO BRASILEIRO

Todas as normas desonerativas extrafiscais que estabelecem tratamentos mais vantajosos a determinados contribuintes resultam em renúncia de receita.

A Lei Complementar nº 101/2000 (Lei de Responsabilidade Fiscal) estabeleceu requisitos formais para que os benefícios ou incentivos fiscais sejam considerados válidos, a fim de garantir principalmente a concretização dos princípios do equilíbrio orçamentário e da transparência.

Entre os requisitos da referida lei constam a demonstração da estimativa do impacto orçamentário-financeiro no exercício em que deva iniciar a vigência da norma desonerativa e nos dois seguintes, o atendimento ao disposto na lei de diretrizes orçamentárias e o cumprimento de pelo menos uma das seguintes condições: demonstração de que a renúncia foi considerada na estimativa de receita da lei orçamentária e de que não afetará as metas de resultados fiscais previstas na lei de diretrizes orçamentárias e/ou estar acompanhada de medidas de compensação por meio do aumento de receita tributária. Nesse sentido, confira-se a redação do artigo 14:

> Art. 14. A concessão ou ampliação de incentivo ou benefício de natureza tributária da qual decorra renúncia de receita deverá estar acompanhada de estimativa do impacto orçamentário-financeiro no exercício em que deva iniciar sua vigência e nos dois seguintes, atender ao disposto na lei de diretrizes orçamentárias e a pelo menos uma das seguintes condições:
>
> I - demonstração pelo proponente de que a renúncia foi considerada na estimativa de receita da lei orçamentária, na forma do art. 12, e de que não afetará as metas de resultados fiscais previstas no anexo próprio da lei de diretrizes orçamentárias;
>
> II - estar acompanhada de medidas de compensação, no período mencionado no caput, por meio do aumento de receita, proveniente da elevação de alíquotas, ampliação da base de cálculo, majoração ou criação de tributo ou contribuição.
>
> § 1º A renúncia compreende anistia, remissão, subsídio, crédito presumido, concessão de isenção em caráter não geral, alteração de alíquota ou modificação de base de cálculo que implique redução discriminada de tributos ou contribuições, e outros benefícios que correspondam a tratamento diferenciado.
>
> § 2º Se o ato de concessão ou ampliação do incentivo ou benefício de que trata o caput deste artigo decorrer da condição contida no inciso II, o

benefício só entrará em vigor quando implementadas as medidas referidas no mencionado inciso.

§ 3º O disposto neste artigo não se aplica:

I - às alterações das alíquotas dos impostos previstos nos incisos I, II, IV e V do art. 153 da Constituição, na forma do seu § 1º;

II - ao cancelamento de débito cujo montante seja inferior ao dos respectivos custos de cobrança. (BRASIL, 2000).

Como se vê, o § 3º, inciso I, determina que os requisitos estipulados no artigo 14 não são aplicáveis aos impostos incidentes sobre importação de produtos estrangeiros, exportação de produtos nacionais ou nacionalizados, produtos industrializados e operações de crédito, câmbio e seguro, ou relativas a títulos ou valores mobiliários, considerando a prerrogativa constitucional de alteração das alíquotas dos referidos impostos pelo Poder Executivo, dentro dos limites e condições estabelecidos em lei.

A necessidade de estimativa do impacto orçamentário e financeiro da proposição legislativa que instituir renúncia de receita consta também no artigo 113 do Ato das Disposições Constitucionais Transitórias, após a edição da Emenda Constitucional nº 95/2016: "Art. 113. A proposição legislativa que crie ou altere despesa obrigatória ou renúncia de receita deverá ser acompanhada da estimativa do seu impacto orçamentário e financeiro" (BRASIL, 2016).

Na mesma linha, os requisitos para a instituição de políticas fiscais que resultem em renúncia de receita constam também na Lei nº 14.436/2022 (Lei de Diretrizes Orçamentárias de 2023), incluindo o prazo máximo de cinco anos para a vigência de benefícios e incentivos fiscais. Confira-se os principais dispositivos da norma mencionada:

Art. 131. As proposições legislativas e as suas emendas, observado o disposto no art. 59 da Constituição, que, direta ou indiretamente, importem ou autorizem redução de receita ou aumento de despesa da União deverão ser instruídas com demonstrativo do impacto orçamentário-financeiro no exercício em que devam entrar em vigor e nos dois exercícios subsequentes. [...]

§ 3º O demonstrativo a que se refere o caput deverá conter memória de cálculo com grau de detalhamento suficiente para evidenciar a verossimilhança das premissas e a pertinência das estimativas.

§ 4º A estimativa do impacto orçamentário-financeiro, elaborada com fundamento no demonstrativo de que trata o caput , deverá, sem prejuízo do disposto no § 2º do art. 16 e nos §§ 1º a § 3º do art. 17 da Lei Complementar nº 101, de 2000 - Lei de Responsabilidade Fiscal, constar da exposição de motivos, caso a proposição seja de autoria do Poder Executivo federal, ou do documento que acompanhe a proposição legislativa, caso tenha origem nos Poderes Legislativo e Judiciário, no Ministério Público da União ou na Defensoria Pública da União, assim como no documento que fundamente a versão final da proposição legislativa aprovada.

§ 5º Os projetos de lei e as medidas provisórias que acarretem renúncia de receita e resultem em redução das transferências, relativas à repartição de receitas arrecadadas pela União, aos Estados, ao Distrito Federal ou aos Municípios serão acompanhados de estimativa de impacto orçamentário-financeiro sobre as transferências previstas aos entes federativos.

Art. 132. Caso o demonstrativo a que se refere o art. 131 apresente redução de receita ou aumento de despesas, a proposição deverá:

I - na hipótese de redução de receita, cumprir, no mínimo, um dos seguintes requisitos:

a) ser demonstrado pelo proponente que a redução foi considerada na estimativa de receita da Lei Orçamentária, na forma do disposto no art. 12 da Lei Complementar nº 101, de 2000 - Lei de Responsabilidade Fiscal;

b) estar acompanhada de medida compensatória que anule o efeito da redução de receita no resultado primário, por meio de aumento de receita corrente ou redução de despesa; ou

c) comprovar que os efeitos financeiros líquidos da medida são positivos e não prejudicam o alcance da meta de resultado fiscal, quando decorrentes de:

1. extinção, transformação, redução de serviço público ou do exercício de poder de polícia; ou

2. instrumentos de transação ou acordo, conforme disposto em lei; e [...]

Art. 143. As proposições legislativas que concedam, renovem ou ampliem benefícios tributários deverão:

I - conter cláusula de vigência de, no máximo, cinco anos;

II - estar acompanhadas de metas e objetivos, preferencialmente quantitativos; e

III - designar órgão gestor responsável pelo acompanhamento e pela avaliação do benefício tributário quanto à consecução das metas e dos objetivos estabelecidos.

§ 1º O órgão gestor definirá indicadores para acompanhamento das metas e dos objetivos estabelecidos no programa e dará publicidade a suas avaliações. (BRASIL, 2022).

As duas últimas Leis de Diretrizes Orçamentárias também possuem dispositivos com redações semelhantes. No entanto, tanto a Lei nº 14.194/2021 (Lei de Diretrizes Orçamentárias de 2022)[103] quanto a

---

[103] Art. 124. As proposições legislativas e as suas emendas, observado o disposto no art. 59 da Constituição, que, direta ou indiretamente, importem ou autorizem redução de receita ou aumento de despesa da União deverão ser instruídas com demonstrativo do impacto orçamentário-financeiro no exercício em que devam entrar em vigor e nos dois exercícios subsequentes. [...]

Lei nº 14.116/2020 (Lei de Diretrizes Orçamentárias de 2021)[104] não contemplam o dispositivo correspondente ao §5º do artigo 131 da Lei nº 14.436/2022.

---

§ 3º O demonstrativo a que se refere o caput deverá conter memória de cálculo com grau de detalhamento suficiente para evidenciar a verossimilhança das premissas e a pertinência das estimativas.

§ 4º A estimativa do impacto orçamentário-financeiro deverá constar da exposição de motivos, caso a proposição seja de autoria do Poder Executivo federal, ou da justificativa, caso a proposição tenha origem no Poder Legislativo. [...]

Art. 125. Caso o demonstrativo a que se refere o art. 124 apresente redução de receita ou aumento de despesas, a proposta deverá demonstrar a ausência de prejuízo ao alcance das metas fiscais e cumprir, para esse fim:

I - no caso de redução de receita, no mínimo, um dos seguintes requisitos:

a) ser demonstrado pelo proponente que a redução da receita foi considerada na estimativa da Lei Orçamentária, na forma prevista no art. 12 da Lei Complementar nº 101, de 2000 - Lei de Responsabilidade Fiscal;

b) estar acompanhada de medida compensatória que anule o efeito da redução da receita no resultado primário, por meio do aumento de receita corrente ou da redução de despesa; ou

c) comprovar que os efeitos financeiros líquidos das proposições decorrentes de extinção, transformação, redução de serviço público ou do exercício de poder de polícia, ou de instrumentos de transação resolutiva de litígio, este último conforme disposto em lei, são positivos e não prejudicam o alcance da meta de resultado fiscal;

Art. 136. As proposições legislativas que concedam, renovem ou ampliem benefícios tributários deverão:

I - conter cláusula de vigência de, no máximo, cinco anos;

II - estar acompanhadas de metas e objetivos, preferencialmente quantitativos; e

III - designar órgão gestor responsável pelo acompanhamento e pela avaliação do benefício tributário quanto à consecução das metas e dos objetivos estabelecidos.

§ 1º O órgão gestor definirá indicadores para acompanhamento das metas e dos objetivos estabelecidos no programa e dará publicidade a suas avaliações.

104 Art. 125. As proposições legislativas e as suas emendas, observado o disposto no art. 59 da Constituição, que, direta ou indiretamente, importem ou autorizem redução de receita ou aumento de despesa da União deverão ser instruídas com demonstrativo do impacto orçamentário- financeiro no exercício em que devam entrar em vigor e nos dois exercícios subsequentes. [...]

§ 3º O demonstrativo a que se refere o caput deverá conter memória de cálculo com grau de detalhamento suficiente para evidenciar a verossimilhança das premissas e a pertinência das estimativas.

§ 4º A estimativa do impacto orçamentário-financeiro deverá constar da exposição de motivos, caso a proposição seja de autoria do Poder Executivo federal, ou da justificativa, caso a proposição tenha origem no Poder Legislativo. [...]

Como se pode observar no artigo 143 da Lei n° 14.436/2022, há uma preocupação com a designação de órgão gestor responsável pelo acompanhamento e pela avaliação do benefício ou incentivo quanto à consecução das metas e dos objetivos estabelecidos na norma desonerativa extrafiscal, cujos resultados deverão ser publicizados. De toda forma, o mecanismo de controle exercido por órgão gestor, designado em conformidade com as proposições legislativas, não deve ser o único mecanismo para averiguação da legitimidade dos benefícios fiscais, devendo esse controle ser exercido também pelos demais poderes.

Dotoli destaca a necessidade de verificação regular da eficiência da norma desonerativa para avaliação do resultado pretendido na sociedade, ressaltando ainda o papel dos três poderes nesse controle:

> Não basta à sociedade, portanto, que a política fiscal tributária esteja revestida de todas as formalidades previstas no ordenamento jurídico para a sua concepção e execução, tampouco que os efeitos anunciados na proposta sejam reconduzíveis apenas formalmente a uma referência constitucional, é preciso, máxime, que tudo aquilo que foi proposto e planejado se verifique no cotidiano da sociedade. É preciso, em última análise, que a política fis-

---

Art. 126. Caso o demonstrativo a que se refere o art. 125 apresente redução de receita ou aumento de despesas, a proposta deverá demonstrar a ausência de prejuízo ao alcance das metas fiscais e cumprir, para esse fim:

I - no caso de redução de receita, no mínimo, um dos seguintes requisitos:

a) ser demonstrada pelo proponente que a renúncia foi considerada na estimativa de receita da Lei Orçamentária, na forma do disposto no art. 12 da Lei Complementar n° 101, de 2000 - Lei de Responsabilidade Fiscal;

b) estar acompanhada de medida compensatória que anule o efeito da renúncia no resultado primário, por meio de aumento de receita corrente ou redução de despesa; ou

c) comprovar que os efeitos líquidos da redução da receita ou do aumento de despesa, quando das proposições decorrentes de extinção, transformação, redução de serviço público ou do exercício de poder de polícia, ou de instrumentos de transação resolutiva de litígio, este último conforme disposto em lei, são positivos e não prejudicam o alcance da meta de resultado fiscal; [...]

Art. 137. As proposições legislativas que concedam, renovem ou ampliem benefícios tributários deverão:

I - conter cláusula de vigência de, no máximo, cinco anos;

II - estar acompanhadas de metas e objetivos, preferencialmente quantitativos; e

III - designar órgão gestor responsável pelo acompanhamento e pela avaliação do benefício tributário quanto à consecução das metas e dos objetivos estabelecidos.

Parágrafo único. O órgão gestor definirá indicadores para acompanhamento das metas e dos objetivos estabelecidos no programa e dará publicidade a suas avaliações.

cal tributária encontre no campo das realizações socioeconômicas o quanto proposto pelo seu formulador.

Identifica-se, portanto, ser fundamental para um adequado escrutínio das políticas públicas, e com especial interesse àquelas que tratem da tributação, que a análise jurídica esteja acompanhada de uma análise econômica, numa conjugação indispensável para fins de controle da compatibilidade e conformidade da intervenção do Estado na economia com os princípios e valores indicados na Constituição. [...]

Importa dizer que uma política fiscal tributária somente será considerada efetiva se tudo quanto discutido e superado no debate democrático do poder legislativo, tudo quanto de promoção e controle pelo poder executivo, e tudo quanto de compatibilidade com o ordenamento jurídico, ocorrer de fato em benefício da sociedade, da forma mais abrangente possível. (DOTOLI, 2020, p. 141-200).

Especificamente em relação ao papel do Poder Judiciário no controle de eficiência, Dotoli ressalta que a ele compete não somente a verificação da compatibilidade legislativa da norma com o texto constitucional, mas também da efetividade dos resultados almejados pelo legislador na sociedade:

Do conjunto dessas considerações, relacionadas à efetividade no campo das políticas fiscais tributárias, extrai-se o fato de que ao poder judiciário é reservado um papel muito mais abrangente do que a simples verificação da compatibilidade legislativa da norma com o texto constitucional, cabe a ele averiguar, sobretudo, se os efeitos econômicos pretendidos pelo legislador, constantes do propósito da norma, cumprem no campo social os resultados almejados, e se os resultados dessa intervenção do Estado são reconduzíveis aos valores e princípios assinalados pela Constituição. (DOTOLI, 2020, p. 199).

Na visão de Rocha (2020, p. 109), a partir da análise da legislação vigente verifica-se que não há critérios para uma avaliação substantiva das renúncias, de modo que, atendendo-se aos requisitos formais ali estabelecidos, o benefício poderia ser considerado legítimo sob a perspectiva da responsabilidade fiscal. Segundo o Professor, os critérios formais de controle estabelecidos "são certamente insuficientes para a averiguação da juridicidade dos benefícios fiscais, devendo o controle substancial da sua legitimidade ser feito pelo Poder Legislativo, pelo Tribunal de Contas respectivo e, inevitavelmente, pelo Poder Judiciário", apesar de reconhecer que o controle efetuado por este último seria o mais polêmico.

Nesse cenário, o Professor manifesta o seu entendimento no sentido de que a dificuldade de controle da renúncia de receita fiscal deve fazer com que, via de regra, as intervenções estatais sejam realizadas por meio de políticas públicas, ao invés de renúncias de receita, porém ressalva desse entendimento "aquelas situações de renúncias que de alguma maneira atinjam as camadas mais necessitadas da população, as quais não têm acesso aos centros de decisão política para assegurar intervenções por meio de decisões orçamentárias" (ROCHA, 2020, p. 111). Esse entendimento poderia ser aplicável ao caso das mulheres, que se encontram em situação de minoria no parlamento[105] e, consequentemente, acabam não tendo acesso aos debates políticos para a defesa de seus direitos, os quais demandam decisões orçamentárias de gastos e alocação de receitas.

Outro aspecto positivo que tem sido incluído nas Leis de Diretrizes Orçamentárias e que merece ser mencionado nesta pesquisa refere-se ao orçamento voltado especificamente para a mulher, com o objetivo de combater as desigualdades de gênero. Sobre esse aspecto, a Lei nº 14.436/2022 (Lei de Diretrizes Orçamentárias de 2023) dispõe o seguinte:

> Art. 158. A elaboração e a aprovação dos Projetos de Lei Orçamentária de 2023 e dos créditos adicionais, e a execução das respectivas leis, deverão ser realizadas de acordo com os princípios da publicidade e da clareza, além de promover a transparência da gestão fiscal e permitir o amplo acesso da sociedade a todas as informações relativas a cada uma dessas etapas.
> § 1º Serão divulgados em sítios eletrônicos:
> I - pelo Poder Executivo federal:
> r) até 31 de março de cada exercício, relatório anual referente ao exercício anterior relativo à participação da mulher nas despesas do orçamento;
> [...]
> Art. 165. O Poder Executivo federal adotará medidas com vistas a:
> I – elaborar metodologia de acompanhamento e avaliação dos benefícios tributários, financeiros e creditícios, além de cronograma e periodicidade das avaliações, com base em indicadores de eficiência, eficácia e efetividade;
> II - designar os órgãos responsáveis pela supervisão, pelo acompanhamento e pela avaliação dos resultados alcançados pelos benefícios tributários, financeiros e creditícios; e
> III - elaborar metodologia de acompanhamento dos programas e das ações destinados às mulheres com vistas à apuração e à divulgação de relatório sobre a participação da mulher nas despesas do orçamento.

---

[105] As mulheres representam apenas 15% das cadeiras da Câmara dos Deputados e 12,4% do Senado Federal, o que coloca o Brasil na 142ª posição do ranking internacional que aponta participação de mulheres na política. (VIEIRA; JANONE, 2021)

Assim como na Lei de Diretrizes Orçamentárias de 2023, os dispositivos correspondentes aos mencionados acima nas Leis de Diretrizes Orçamentárias de 2022 (Lei nº 14.194/2021)[106] e 2021 (Lei nº 14.116/2020)[107] também dispunham que o Poder Executivo federal deveria divulgar em sítio eletrônico "até 31 de janeiro de cada exercício, o relatório anual, referente ao exercício anterior, da execução orçamentária do Orçamento Mulher" (redação do artigo 151, § 1º, inciso I, alínea "r") e adotar providências com vistas a "elaborar metodologia de acompanhamento dos programas e ações destinados às mulheres

---

[106] "Art. 151. A elaboração e a aprovação dos Projetos de Lei Orçamentária de 2022 e dos créditos adicionais, e a execução das respectivas leis, deverão ser realizadas de acordo com os princípios da publicidade e da clareza, além de promover a transparência da gestão fiscal e permitir o amplo acesso da sociedade a todas as informações relativas a cada uma dessas etapas.

§ 1º Serão divulgados nos respectivos sítios eletrônicos:

I - pelo Poder Executivo federal:

r) (VETADO)

Art. 158. O Poder Executivo federal adotará providências com vistas a:

I – elaborar metodologia de acompanhamento e avaliação dos benefícios tributários, financeiros e creditícios, e o cronograma e a periodicidade das avaliações, com base em indicadores de eficiência, eficácia e efetividade;

II - designar os órgãos responsáveis pela supervisão, pelo acompanhamento e pela avaliação dos resultados alcançados pelos benefícios tributários, financeiros e creditícios; e

III - (VETADO)."

[107] "Art. 151. A elaboração e a aprovação dos Projetos de Lei Orçamentária de 2021 e dos créditos adicionais, e a execução das respectivas leis, deverão ser realizadas de acordo com os princípios da publicidade e da clareza, além de promover a transparência da gestão fiscal e permitir o amplo acesso da sociedade a todas as informações relativas a cada uma dessas etapas.

§ 1º Serão divulgados nos respectivos sítios eletrônicos:

I - pelo Poder Executivo federal:

r) (VETADO); (...)

Art. 158. O Poder Executivo federal adotará providências com vistas a:

I - elaborar metodologia de acompanhamento e avaliação dos benefícios tributários, financeiros e creditícios, com o cronograma e a periodicidade das avaliações, com base em indicadores de eficiência, eficácia e efetividade;

II - designar os órgãos responsáveis pela supervisão, pelo acompanhamento e pela avaliação dos resultados alcançados pelos benefícios tributários, financeiros e creditícios; e

III - (VETADO)."

com vistas à apuração e divulgação do Orçamento Mulher" (redação do artigo 158, inciso III). No entanto, em um primeiro momento, esses dispositivos foram vetados pelo então Presidente da República.

A justificativa para os vetos foi de que não haveria uma autorização constitucional expressa para a criação de orçamento específico para o combate das desigualdades de gênero. Essa mesma justificativa foi utilizada tanto no caso da Lei nº 14.194/2021 quanto da Lei nº 14.116/2020, conforme pode ser verificado nos trechos a seguir, extraídos, respectivamente, das razões dos vetos de ambos os projetos:

> Razões dos vetos
>
> A proposição legislativa estabelece que a elaboração e a aprovação dos Projetos de Lei Orçamentária para 2022 e dos créditos adicionais, bem como a execução das respectivas leis, deveriam ser realizadas de acordo com os princípios da publicidade e da clareza, além de promover a transparência da gestão fiscal e permitir o amplo acesso da sociedade a todas as informações relativas a cada uma dessas etapas, devendo ser divulgadas nos sítios eletrônicos pelo Poder Executivo federal até 31 de janeiro de cada exercício, o relatório anual, referente ao exercício anterior, da execução orçamentária do Orçamento Mulher.
>
> Embora se reconheça a boa intenção do legislador, a proposição legislativa contraria o interesse público, tendo em vista que as políticas públicas de redução das desigualdades de gênero integram o Orçamento Fiscal e que não há previsão constitucional para a criação de outros orçamentos além daqueles previstos no § 5º do art. 165 da Constituição[108].
>
> (...)
>
> Razões dos vetos
>
> Os dispositivos revelam-se impróprios dado que as políticas públicas de redução das desigualdades de gênero fazem parte do orçamento fiscal, não havendo previsão constitucional para criação de outros orçamentos, além dos previstos no artigo 165, § 5º da Constituição da República.

---

[108] "Art. 165. Leis de iniciativa do Poder Executivo estabelecerão: [...]

§ 5º A lei orçamentária anual compreenderá:

I - o orçamento fiscal referente aos Poderes da União, seus fundos, órgãos e entidades da administração direta e indireta, inclusive fundações instituídas e mantidas pelo Poder Público;

II - o orçamento de investimento das empresas em que a União, direta ou indiretamente, detenha a maioria do capital social com direito a voto;

III - o orçamento da seguridade social, abrangendo todas as entidades e órgãos a ela vinculados, da administração direta ou indireta, bem como os fundos e fundações instituídos e mantidos pelo Poder Público".

No entanto, os referidos vetos presidenciais, tanto na Lei de Diretrizes Orçamentárias de 2022 quanto na de 2021, foram derrubados após articulações da bancada feminina no Congresso Nacional. Com isso, os dispositivos foram promulgados e os relatórios "A Mulher no Orçamento 2021" (BRASIL, 2021e) e "A Mulher no Orçamento 2022" (BRASIL, 2022d) foram publicados.

Especificamente em relação ao relatório de 2021, Oliveira (2022) tece algumas críticas, entendendo que "acaba por refletir um cenário insólito de tratamento às questões de gênero", pois "dele se depreende uma ausência substancial de políticas específicas dirigidas às mulheres e suas interseccionalidades demográficas". Em sua visão, "o documento, ao contrário, alia ações que beneficiam a população brasileira em geral a uma política, 'por tabela', destinada às mulheres". Convém destacar algumas críticas específicas da autora sobre o referido relatório:

> Há viés implícito e discriminatório de gênero nessa falsa premissa de um orçamento que se revela cada vez mais "insensível a gênero". Isso porque falsas premissas como essas estão a considerar a ausência de desigualdade a ser corrigida. E quando a desigualdade é negada, ela torna-se acentuada pela manutenção do *status quo* e pela rolagem ostensiva de um sistema excludente.
>
> Ainda que mulheres sejam a maioria da população brasileira, o mesmo não acontece na ocupação de espaços políticos, nem se verifica equidade de renda e trabalho. As condições são ainda mais difíceis quando se levamos em conta as interseccionalidades: a mulher trans, a mulher indígena e a mulher negra.
>
> Por óbvio, pode-se considerar que há gastos públicos indistintos em termos de gênero, que acabam por contribuir positivamente com a dignidade da mulher, sem que daí possa se dizer em redução da desigualdade. Portanto, a abordagem deve ser ampliada para ser condizente com a sociedade complexa em que vivemos.
>
> Eu diria que um orçamento-mulher deveria levar em conta o mapeamento qualitativo e quantitativo de políticas fiscais de gênero. Em termos qualitativos, entendo que uma análise em relatório deva considerar:
>
> 1. Políticas fiscais com distinção explícita de gênero, com vistas à inclusão e emancipação da mulher, como gastos diretos, como auxílio-emergencial diferenciado para as mulheres mães solos; gastos para combate à violência contra a mulher; incentivos fiscais para contratação de mulheres, com progressividade fiscal em suas interseccionalidades;
>
> 2. Gastos indistintos à condição de gênero, mas que ampliam possibilidade de autonomia e redução de desigualdade. Destaque para o Benefício de Prestação Continuada (BPC), que representa, sem dúvidas, auxílio para a mulher que preencha as devidas condições, percebendo uma renda que minimize sua condição de miserabilidade que o alijamento do mercado de trabalho ocasiona;

3. Gastos indistintos à condição de gênero e que sinalizam para o aumento da desigualdade de gênero. Esse viés está no campo das revisões de políticas adotadas. A Câmara dos Deputados, *ex vi*, através de sua Secretaria da Mulher, emitiu uma nota técnica, dispondo que a aplicação de algumas rubricas, como as oriundas do fundo de terras, voltadas para o homem e para a mulher do campo, "pode estar gerando mais desigualdade se os valores e as ações forem disponibilizados mais para homens do que para as mulheres".

4. O relatório, porém, fez opção explícita de apenas mencionar gastos que impactam *positivamente* a autonomia da mulher, mesmo que gerais e indistintos, e ainda que não se saiba exatamente se o objetivo foi alcançado, pois como se lê: "[...] a estrutura orçamentária da saúde não permite distinguir o quanto foi gasto com homens e o quanto foi gasto com mulheres". Inclusive, quando foi justificada a opção metodológica para a elaboração do relatório, lê-se que "a exclusão das despesas de pessoal e previdenciárias do presente documento alinha-se à estratégia de não abarcar ações orçamentárias que se chocam com os interesses das mulheres".

Ademais, há no documento o viés da economia do cuidado como inerente à mulher para a concepção de políticas públicas orçamentárias. Por exemplo, com o Programa Nacional de Alimentação Escolar (PNAE) para as escolas públicas, o governo considera que esta rubrica desonera as famílias da aquisição de parte das refeições diárias das crianças e, sabendo ser as mulheres na sua maioria responsáveis pela alimentação de toda a família no espaço doméstico, o programa atuaria positivamente na questão de gênero. Essa condição merece ser reconhecida, muito embora, como ocorre em grande parte nas questões estruturais de gênero, ela mesma seja denunciadora e mantenedora da divisão desigual do trabalho de cuidado.

Já no que diz respeito ao aspecto quantitativo do orçamento, é preciso considerar o numerário e o histórico de gastos, dentro do que propõe o projeto constitucional para aquelas ações. Houve gastos exclusivos para atenção às mulheres, é verdade, como a implementação da Casa da Mulher Brasileira e os centros de atendimento; além de políticas de enfrentamento à violência contra as mulheres; mas, sensivelmente aquém do quantitativo orçamentário e da correspondência com orçamentos e programas anteriores.

O relatório também não reservou uma fala sobre ações voltadas especificamente para a mulher vulnerável, o que acaba por apagar mais ainda essa mulher em meio ao mar populacional e às ações genéricas de proteção social básica e especial, sem qualquer visibilidade para essa minoria inviabilizada na sua maioria numérica. (OLIVEIRA, 2022).

De acordo com Delma e Gontijo (2022), através do orçamento voltado para a mulher, a política financeira do Estado passou a ser compreendida como um instrumento essencial para o combate à desigualdade de gênero. As autoras sugerem, ainda, alguns referenciais para o desenvolvimento da perspectiva de gênero no orçamento:

> Percebe-se que o compromisso com a publicidade e a transparência são observados pela obrigação na publicação do relatório sobre as medidas executadas do "Orçamento Mulher", contribuindo, decisivamente, para o direcionamento dos próximos investimentos públicos, a partir da percepção sobre a execução orçamentária e o sucesso ou insucesso das ações e políticas públicas. Isso, portanto, promove a *accountability* de um Estado democrático de Direito.
> [...]
> Na análise deste estudo, a perspectiva de gênero no orçamento pode ser desenvolvida a partir de alguns referenciais como: 1) o quanto a política contribui para a mitigação da desigualdade; 2) quais são as mulheres beneficiadas pela política pública; 3) qual será o custo individual da política pública, considerando mulheres, homens e crianças impactados; 4) a relação entre gasto e receita da política pública específica e 5) sobre como as relações entre mulheres e homens poderão ser impactadas. (DELMA; GONTIJO, 2022).

A despeito de todas as críticas e melhorias que poderiam ser implementadas, o orçamento direcionado para a pauta feminina no Brasil atualmente possui previsão expressa na Lei de Diretrizes Orçamentárias, o que representa um avanço. Além disso, há o compromisso de publicação de um relatório anual concernente ao exercício anterior sobre as ações e políticas públicas direcionadas às mulheres definidas nas leis orçamentárias.

Como se vê, é possível reduzir as desigualdades de gênero tanto pela via dos gastos orçamentários, como é o caso dos gastos previstos em orçamento voltado especificamente para essa pauta, quanto pela via da concessão de benefícios ou incentivos fiscais para atingir tal objetivo. Nesse caso, considerando que há renúncia de receita tributária, devem ser observados os critérios previstos na Lei de Responsabilidade Fiscal, na Lei de Diretrizes Orçamentárias e no Ato das Disposições Constitucionais Transitórias, além de ser necessário o controle regular da eficiência da norma desonerativa e dos resultados almejados.

4.3. A APLICAÇÃO DA EXTRAFISCALIDADE PARA A REDUÇÃO DAS DESIGUALDADES DE GÊNERO POR MEIO DE INCENTIVOS FISCAIS

Como visto no capítulo que tratou do princípio da isonomia, a igualdade material entre os gêneros é uma preocupação constitucional que pode ser extraída de diversas normas, seja de forma explícita ou implícita.

O artigo 1º da Constituição[109] consagra o Estado Democrático de Direito e os seus fundamentos, entre eles a dignidade da pessoa humana. O artigo 3º[110] disciplina os objetivos fundamentais da República Federativa do Brasil: construir uma sociedade livre, justa e solidária, garantir o desenvolvimento nacional, erradicar a pobreza e a marginalização, reduzir as desigualdades sociais e regionais e promover o bem de todos, sem preconceitos de origem, raça, sexo, cor, idade e quaisquer outras formas de discriminação. O artigo 5º, inciso I, afirma expressamente a igualdade entre os gêneros[111] e o artigo 7º, inciso XX[112], determina a proteção do mercado de trabalho da mulher, mediante incentivos específicos, concedidos por lei.

Diante da consagração expressa no texto constitucional da vedação de discriminações com base em sexo e da necessidade de redução de desigualdades sociais, dentre as quais encontram-se as desigualdades

---

109 "Art. 1º A República Federativa do Brasil, formada pela união indissolúvel dos Estados e Municípios e do Distrito Federal, constitui-se em Estado Democrático de Direito e tem como fundamentos:

I - a soberania;

II - a cidadania;

III - a dignidade da pessoa humana;

IV - os valores sociais do trabalho e da livre iniciativa;

V - o pluralismo político.

110 "Art. 3º Constituem objetivos fundamentais da República Federativa do Brasil:

I - construir uma sociedade livre, justa e solidária;

II - garantir o desenvolvimento nacional;

III - erradicar a pobreza e a marginalização e reduzir as desigualdades sociais e regionais;

IV - promover o bem de todos, sem preconceitos de origem, raça, sexo, cor, idade e quaisquer outras formas de discriminação" (BRASIL, 1988).

111 "Art. 5º Todos são iguais perante a lei, sem distinção de qualquer natureza, garantindo-se aos brasileiros e aos estrangeiros residentes no País a inviolabilidade do direito à vida, à liberdade, à igualdade, à segurança e à propriedade, nos termos seguintes:

I - homens e mulheres são iguais em direitos e obrigações, nos termos desta Constituição;" (BRASIL, 1988).

112 "Art. 7º São direitos dos trabalhadores urbanos e rurais, além de outros que visem à melhoria de sua condição social: [...]

XX – proteção do mercado de trabalho da mulher, mediante incentivos específicos, nos termos da lei;" (BRASIL, 1988).

de gênero existentes na sociedade, assim como da proteção do mercado de trabalho da mulher mediante incentivos, é possível que as normas tributárias extrafiscais tenham como objetivo a redução das desigualdades de gênero.

Dessa forma, a extrafiscalidade poderá ser aplicada para o alcance do fim mencionado, através da concessão de incentivos fiscais a contribuintes que se comprometam com o seu alcance.

É certo que a redução das desigualdades de gênero devem ser buscadas por meio do estabelecimento de políticas públicas pelo Estado que envolvam a implementação de programas sociais para a sua redução, como por exemplo subsídios governamentais[113], programas voltados paras as áreas de saúde e educação[114] ou voltados para práticas ESG[115] que promovam a inclusão da mulher no mercado de trabalho, porém o Direito Tributário também pode ser utilizado como instrumento para a concretização do objetivo constitucional de combate às desigualdades de gênero para garantir às mulheres condições de trabalhar, produzir e receber salários equivalentes àqueles que são pagos aos homens nas mesmas circunstâncias (CÂMARA, 2021).

Portanto, como adiantado na introdução, é importante esclarecer que não se pretende neste estudo realizar a análise do melhor caminho para a redução das desigualdades de gênero existentes na sociedade. O que se pretende é apenas demonstrar que tal objetivo pode ser implementado não somente por meio de políticas orçamentárias para a realização de direitos fundamentais, mas também por meio de políticas fiscais e extrafiscais, estas voltadas para o desincentivo de práticas discriminatórias na sociedade ou para facilitar o acesso das mulheres

---

113 No caso da Austrália, por exemplo, há diversas políticas voltadas para a redução de desigualdades de gênero, como por exemplo: um sistema geral de transferência de impostos que beneficia aqueles que auferem renda secundária nas famílias (em sua grande maioria mulheres) e famílias monoparentais de baixa renda; subsídios para cuidados infantis como forma de incentivar o trabalho de mulheres de baixa renda que acabam abandonando os seus trabalhos para focar nos cuidados com a criança, em razão dos elevados custos com creche que muitas vezes acabam tornando o trabalho proibitivo; benefícios relativos à licença parental, em forma de pagamentos e garantias no trabalho, entre outros (cf.: STEWART, 2017, p. 133-154).

114 Como é o caso das normas que instituem a distribuição gratuita de absorventes íntimos femininos em escolas públicas.

115 Sigla em inglês para environmental, social and corporate governance, que pode ser traduzida livremente para governança ambiental, social e corporativa.

a determinado direito. Aliás, esse objetivo pode ser buscado por todo o sistema jurídico, respaldado nos valores de igualdade material, solidariedade, liberdade e justiça, que fundamentam o Estado Democrático de Direito.

Os tributos são instrumentos importantes para a realização desses objetivos e valores plasmados na Constituição, pois não somente conferem recursos materiais para a sua realização, como também podem direcionar comportamentos sociais considerados relevantes pela Constituição, mediante incentivos ou desincentivos fiscais.

É certo também que devem ser observados os requisitos estabelecidos pela Lei de Responsabilidade Fiscal e pela Lei de Diretrizes Orçamentárias para a validade dos benefícios e incentivos fiscais, assim como não se pode deixar de ter o controle efetivo das renúncias de receitas e dos resultados almejados com a desoneração extrafiscal. No entanto, o cumprimento de tais requisitos não invalida a possibilidade de concessão de incentivos fiscais visando à redução das desigualdades de gênero.

Como bem ressaltado por Piscitelli (apud LUPION, 2020), deve-se atentar para o fato de que a existência de um alto número de benefícios fiscais e a necessidade de revisão não afasta o uso do instrumento em si. Piscitelli (2022, p. 122) pontua, ainda, o seguinte:

> Ignorar o papel que o direito tributário pode ter na redução das desigualdades e na realização da dignidade da pessoa humana é limitar o âmbito de sua atuação em nome de uma presumida eficiência econômica que, nesse caso, é utilizada apenas para perpetrar as desigualdades hoje existentes, pois não há o mesmo rigor para revisar outros benefícios que não atendem diretamente à dignidade de metade da população brasileira.

No mesmo sentido, confira-se o entendimento de Câmara (2021):

> Medidas fundamentadas em diferenciações positivas seriam parte da fórmula para a mitigação e redução das referidas diferenças patrimoniais. A tributação indutora pode configurar possível meio de acesso e de promoção da mulher no mercado de trabalho. Uma das perspectivas dessa sistemática de incentivos envolveria benefícios fiscais direcionados a empresas que se adequassem a programas de contratação de mulheres.
>
> Em tempos de crise, propor concessão de benefícios fiscais pode gerar questionamentos. No entanto, os incentivos tributários são realidade no país e, muitas vezes, criticados duramente pelos tributaristas, porque privilegiam empresas atuantes, por exemplo, em áreas nocivas à saúde, prejudiciais ao meio ambiente, sem cumprir com os mandamentos constitucio-

nais. É indiscutível que o sistema de entrega dessas vantagens, não raro, verdadeiras regalias, deve ser revisitado. O tema é urgente.

Todavia, é inegável que as definições políticas fiscais oferecem uma grande oportunidade de trazer para o máximo grau de prioridade o problema da efetivação de direitos, entre eles, os direitos das mulheres e aqui, mais especificamente, o direito à inserção no mercado de trabalho, dadas as dificuldades socioeconômicas vivenciadas por elas, nessa difícil inserção, bem como em sua manutenção no exercício de atividades remuneradas.

O grupo de pesquisas de Tributação e Gênero da FGV de São Paulo também se posicionou da mesma forma, ressaltando que as políticas extrafiscais para redução dessas desigualdades não podem ser abandonadas sob a justificativa de que existem diversos benefícios fiscais que necessitam de revisão:

> Não se justifica o abandono desse tipo de política tributária apenas porque diversos benefícios fiscais hoje vigentes necessitam de revisão e, eventualmente, de revogação, já que não revelam adequado custo-benefício ao Estado e, em muitos casos, fomentam os níveis de regressividade do sistema tributário atual. (PISCITELLI *et al.*, 2019)

Rocha (2020) confirma a possibilidade de previsão de incentivos fiscais para empresas que atinjam metas de igualdade, acesso e ascensão para mulheres no ambiente de trabalho, com fundamento no artigo 7º, inciso XX, da Constituição. Em suas palavras:

> A questão central é se a diferença de gênero pode ser utilizada como critério de discriminação entre contribuintes – ou para induzir o comportamento de contribuintes – e a resposta é dada pela própria Constituição que, no inciso XX de seu artigo 7º, estabelece que "são direitos dos trabalhadores urbanos e rurais, além de outros que visem à melhoria de sua condição social" a "proteção do mercado de trabalho da mulher, mediante incentivos específicos, nos termos da lei".
>
> Portanto, parece inquestionável que é possível a previsão de tratamentos diferenciados que tenham por fim a superação das diferenças de gênero no ambiente de trabalho. (ROCHA, 2020).

Portanto, a tributação, como instrumento que pode trazer consigo estímulos e desencadear os conhecidos "nudges", é uma das ferramentas cruciais para a redução dessas desigualdades e, consequentemente, para a concretização dos objetivos fundamentais do Estado Democrático de Direito (ANDRADE; KINGSTON, 2022).

4.3.1. INICIATIVAS DE INCENTIVOS FISCAIS

Nesse contexto, surgiram recentes iniciativas visando à concretização desses objetivos. Destaca-se os recentes Projetos de Lei nºs 1.740/2021 e 1741/2021 (BRASIL, 2021a), que criam, respectivamente, o Programa de Contratação de Mulheres Vítimas de Violência Doméstica e Financeiramente Dependentes (PCMVF) e o Programa de Contratação de Mulheres de Baixa Renda[116] Chefes de Família[117] (PCMF), com o objetivo de induzir comportamentos para a redução das desigualdades de gênero através da concessão de incentivo fiscal de Imposto de Renda da Pessoa Jurídica (IRPJ) às empresas tributadas com base no lucro real que tenham admitido, em seus quadros funcionais, mulheres nessas condições.

Destaca-se os principais dispositivos do Projeto de Lei nº 1.740/2021 (PCMVF):

> Art. 4º O Regulamento definirá os modos de comprovação da mulher vítima de violência doméstica a ser contratada, permitindo o incentivo fiscal previsto nesta lei.
>
> Art. 5º As empresas beneficiárias que contratarem as mulheres vítimas de violência doméstica e financeiramente dependentes de que trata esta Lei poderão deduzir, do imposto sobre a renda devido com base no lucro real, o montante relativo às respectivas remunerações, incluindo os tributos incidentes sobre estas, desde que tais contratações representem acréscimo líquido no número de empregos existente na empresa naquele exercício.
>
> § 1º O benefício de que trata o caput se aplica a remunerações individualmente consideradas no valor máximo de até 5 (cinco) salários mínimos.
>
> § 2º Caso não existam novas vagas a serem disponibilizadas no exercício atual, a empresa beneficiária deverá manter as vagas preenchidas pelas mulheres vítimas de violência doméstica no exercício anterior, para a continuidade da utilização do benefício, limitado às remunerações correspondentes a estas vagas.
>
> § 3º A empresa beneficiária poderá deduzir o valor pago a título de remuneração de mulheres vítimas de violência doméstica e financeiramente dependentes como despesa operacional, para fins de apuração do imposto sobre a renda.

---

116 A proposta remete as mulheres de baixa renda àquelas inscritas no Cadastro Único para Programas Sociais do Governo Federal, atualmente disciplinado pelo Decreto nº 6.135/2007, ou outro que venha a substituí-lo.

117 Como mulheres chefes de família, entenda-se aquelas que são provedoras, responsáveis pelo sustento da família, nesta englobadas não apenas as monoparentais.

§ 4º A empresa beneficiária deverá adicionar o valor deduzido como despesa operacional, de que trata o montante do § 1º, para fins de apuração da base de cálculo da Contribuição Social sobre o Lucro Líquido – CSLL.

Art. 6º A dedução prevista no art. 5º desta Lei, limita-se ao teto individual, relativo ao PCMVF, de 2,0% (dois por cento) do imposto sobre a renda devido e ao teto global de 8,0% (oito por cento), considerados todos os programas de redução das desigualdades de gênero.

Art. 7º Para fazer jus ao incentivo de que trata esta Lei, as empresas são obrigadas a cadastrar sua disponibilidade de vagas junto ao SINE ou em sistema de entidade equivalente, que faça a divulgação ampla e nacional de ofertas de empregos.

Art. 8º Para fins de cumprimento do previsto nesta Lei, a Secretaria Especial da Receita Federal do Brasil, criará no prazo máximo de 90 (noventa) dias após sua publicação, sistema de cadastramento das pessoas jurídicas que quiserem optar como participantes do PCMVF.

Art. 9º O disposto nesta lei terá vigência por cinco anos quanto aos benefícios fiscais que institui, atendendo os termos do art. 137, I, da Lei 14.116, de 31 de dezembro de 2020. […]

Justificação […]

Com relação ao atendimento do art. 113 do Ato das Disposições Constitucionais Transitórias, e do art. 14 da Lei Complementar nº 101, de 4 de maio de 2000 (Lei de Responsabilidade Fiscal), no que tange ao cálculo da renúncia fiscal, os valores estimados pela Receita Federal do Brasil, conforme Nota Técnica CETAD/COEST nº 049 de 22 de março de 2021, são de R$ 36,65 milhões, mensalmente, para o ano de 2021, de R$ 471,12 milhões para o ano de 2022 e de R$ 503,36 milhões para o ano de 2023. Quanto às medidas de compensação, os valores relativos à renúncia fiscal poderão ser compensados com a redução temporária em montante suficiente da dotação destinada à subvenção econômica em operações no âmbito do Programa de Financiamento às Exportações - PROEX (Lei 10.184/01). (BRASIL, 2021a).

Confira-se também os principais dispositivos do Projeto de Lei nº 1741/2021 (PCMF):

Art. 4º A mulher de baixa renda chefe de família a ser contratada, permitindo o incentivo fiscal previsto nesta lei, deverá estar cadastrada como postulante de emprego no Sistema Nacional de Emprego – SINE ou em sistema de entidade equivalente, que faça a divulgação ampla e nacional de demandas de empregos.

Art. 5º As empresas beneficiárias que contratarem as mulheres de baixa renda chefes de família de que trata esta Lei poderão deduzir, do imposto sobre a renda devido com base no lucro real, o montante relativo às respectivas remunerações, incluindo os tributos incidentes sobre estas, desde que tais contratações representem acréscimo líquido no número de empregos existente na empresa naquele exercício.

§ 1º O benefício de que trata o caput se aplica a remunerações individualmente consideradas no valor máximo de até 3 (três) salários mínimos.

§ 2º Para fazer jus ao benefício de que trata o caput, o acréscimo líquido no número de empregos deve corresponder a, no mínimo, 20% (vinte por cento) das vagas disponibilizadas pela empresa beneficiária no exercício.

§ 3º Caso não existam novas vagas a serem disponibilizadas no exercício atual, a empresa beneficiária deverá manter as vagas preenchidas pelas mulheres de baixa renda chefes de família no exercício anterior, para a continuidade da utilização do benefício, limitado às remunerações correspondentes a estas vagas.

Art. 6º A dedução prevista no art. 5º desta Lei, limita-se ao teto individual, relativo ao PCMF, de 2,0% (dois por cento) do imposto sobre a renda devido e ao teto global de 8,0% (oito por cento), considerados todos os programas de redução das desigualdades de gênero.

Art. 7º Para fazer jus ao incentivo de que trata esta Lei, as empresas são obrigadas a cadastrar sua disponibilidade de vagas junto ao SINE ou em sistema de entidade equivalente, que faça a divulgação ampla e nacional de ofertas de empregos.

Art. 8º Para fins de cumprimento do previsto nesta Lei, a Secretaria Especial da Receita Federal do Brasil, criará no prazo máximo de 90 (noventa) dias após sua publicação, sistema de cadastramento das pessoas jurídicas que quiserem optar como participantes do PCMF.

Art. 9º O disposto nesta lei terá vigência por cinco anos quanto aos benefícios fiscais que institui, atendendo os termos do art. 137, I, da Lei 14.116, de 31 de dezembro de 2020.

Justificação

Com relação ao atendimento do art. 113 do Ato das Disposições Constitucionais Transitórias, e do art. 14 da Lei Complementar nº 101, de 4 de maio de 2000 (Lei de Responsabilidade Fiscal), no que tange ao cálculo da renúncia fiscal, os valores estimados pela Receita Federal do Brasil, conforme Nota Técnica CETAD/COEST nº 057 de 30 de março de 2021, são de R$ 36,65 milhões, mensalmente, para o ano de 2021, de R$ 471,12 milhões para o ano de 2022 e de R$ 503,36 milhões para o ano de 2023. Quanto às medidas de compensação, os valores relativos à renúncia fiscal poderão ser compensados com a redução temporária em montante suficiente da dotação destinada à subvenção econômica em operações no âmbito do Programa de Financiamento às Exportações - PROEX (Lei 10.184/01). (BRASIL, 2021a)

Como se pode ver, a redação de ambos os Projetos de Lei é similar, com apenas algumas diferenças. Ambos possibilitam a dedução da base de cálculo do IRPJ das despesas com a remuneração de mulheres que se encontram em situação de vulnerabilidade (vítimas de violência doméstica e financeiramente dependentes ou que tenham baixa renda e sejam chefes de família), com a ressalva de que no caso do PCMVF o limite das remunerações individualmente consideradas que podem ser deduzidas vai até 5 salários-mínimos, enquanto no caso do PCMF esse limite vai até 3 salários-mínimos.

Outra diferença é que o PCMF estabelece o preenchimento de um percentual mínimo de 20% das vagas disponibilizadas no exercício por mulheres de baixa renda chefes de família para que a empresa possa ser beneficiária do incentivo. Além disso, o PCMF não menciona a dedução das remunerações da base de cálculo da Contribuição Social sobre o Lucro Líquido (CSLL), mas apenas do IRPJ. Já no caso do PCMVF, não foi estabelecido limite mínimo de vagas voltadas para mulheres vítimas de violência doméstica e financeiramente dependentes e há menção expressa de que a empresa beneficiária deverá adicionar o valor deduzido como despesa operacional para fins de apuração da base de cálculo da CSLL.

Cada um dos programas de incentivo preveem um limite individual de deduções correspondente a 2% do IRPJ devido e um limite global de deduções (considerando todos os programas de redução das desigualdades de gênero) correspondente a 8% do IRPJ devido.

Ressalta-se que ambos os programas de incentivo estipulam o prazo máximo de vigência de cinco anos, em cumprimento ao disposto no artigo 143, inciso I, da Lei nº 14.436/2022 (dispõe sobre as diretrizes para a elaboração e a execução da Lei Orçamentária de 2023[118]) e no artigo 14 da Lei nº 101/2000 (Lei de Responsabilidade Fiscal). Quanto aos montantes envolvidos, ambos os Projetos de Lei mencionam na justificativa a estimativa dos valores de renúncia fiscal e as medidas de compensação que serão adotadas: redução temporária em montante suficiente da dotação destinada à subvenção econômica em operações no âmbito do Programa de Financiamento às Exportações – PROEX, instituído pela Lei nº 10.184/2001.

Como se vê, os Projetos de Lei que visam instituir os incentivos fiscais mencionados cumprem os requisitos finalísticos previstos na Constituição. Isso porque promovem incentivos à inserção de mulheres que se encontram em situação de vulnerabilidade no mercado de trabalho, o que, consequentemente, concretiza a igualdade material entre os gêneros. Além disso, cumprem os requisitos formais para a

---

[118] "Art. 143. As proposições legislativas que concedam, renovem ou ampliem benefícios tributários deverão:

I - conter cláusula de vigência de, no máximo, cinco anos;" (BRASIL, 2022)

sua validade, estipulando os montantes de renúncia de receitas tributárias e a correspondente forma de compensação, bem como o prazo máximo de 5 anos de vigência dos incentivos.

Nesse cenário, seria possível realizar uma desequiparação de tratamento tributário com base em gênero para a garantia de uma maior igualdade material, considerando que estão presentes os quatro critérios (MELLO, 2015, p. 41) necessários para uma diferenciação de regime jurídico objetiva e razoável.

O primeiro critério seria cumprido, pois a diferenciação de tratamento não abrangeria somente um destinatário determinado, mas uma categoria de indivíduos que se encontram em determinada situação (que tenham sofrido violência doméstica e sejam financeiramente dependentes ou que tenham baixa renda e sejam chefes de família). Destaca-se que os incentivos em questão não se reportam a todas as mulheres – o que também poderia ser feito – mas apenas a determinados grupos de mulheres que se encontram em situação de vulnerabilidade ainda maior que as demais.

O segundo critério também seria cumprido, pois os indivíduos desigualados são efetivamente distintos entre si, conforme apontam os dados mencionados neste estudo.

O cumprimento do terceiro e quartos critérios deverá sempre ser analisado casuisticamente. Nos casos concretos dos Projetos de Leis que visam instituir incentivos fiscais para inserção de mulheres vulneráveis ao mercado de trabalho (PCMF e PCMVF), há uma clara correlação lógica entre as práticas discriminatórias adotadas pelo mercado de trabalho e a distinção de regime jurídico adotada pelo legislador em prol das mulheres. Além disso, também seria protegido interesse constitucional valioso, qual seja, a garantia da igualdade material entre os gêneros.

A norma desonerativa extrafiscal instituída em benefício das mulheres deve passar também nos testes de razoabilidade interna e externa (BARROSO, 2001, p. 162).

Em relação à razoabilidade interna, a medida seria adequada para a persecução do fim de redução das desigualdades entre os gêneros, na medida em que o incentivo fiscal estimularia a inclusão de mulheres vulneráveis no mercado de trabalho. Para a aferição da adequação entre a finalidade da discriminação e o critério de distinção escolhido pelo legislador, é fundamental a aferição da existência de harmonia entre os elementos estruturais de diferenciação enunciados por Ávila (2008, p. 42-73): sujeitos, medida de comparação, elemento indicativo da medida de comparação e finalidade da diferenciação.

No caso sob análise, os sujeitos comparados seriam homens e mulheres, a medida de comparação seria o mercado de trabalho, o elemento indicativo da medida de comparação seria a desvantagem das mulheres em relação aos homens no mercado de trabalho e a finalidade da diferenciação seria a diminuição das desigualdades de gênero no mercado de trabalho.

A medida também poderia ser considerada necessária ou menos gravosa para a persecução do fim desejado porque os incentivos fiscais são considerados como ótimos mecanismos para incentivar comportamentos sem interferir na esfera de liberdade dos indivíduos, ou seja, são instrumentos que, a princípio, não geram o custo de restrição de outros direitos fundamentais caso existam medidas compensatórias da renúncia de receita decorrentes do incentivo fiscal.

Em relação à necessidade, Lodi, utilizando como exemplo a extrafiscalidade aplicada para o objetivo de proteção do meio ambiente, defende que não é preciso exigir que a solução tributária seja a única capaz de alcançar o objetivo proposto. Basta que a medida seja relevante para a finalidade almejada. Confira-se:

> Nesse juízo de ponderação, onde o princípio da razoabilidade presta relevante serviço, há que perquirir se o afastamento da tributação de acordo com a capacidade contributiva é necessário para o atendimento da finalidade extrafiscal almejada pelo legislador. É claro que o atendimento à finalidade ambiental poderá ser perseguido por meios tributários e não tributários. Não há que exigir-se aqui, para reconhecimento do requisito da necessidade, que a solução tributária seja a única capaz de alcançar o objetivo proposto. Mas deve ela dar uma relevante contribuição à finalidade almejada, não sendo um mero pretexto. (LODI, 2015, p. 149).

Para verificar se a medida atenderá à proporcionalidade em sentido estrito, deve-se verificar se o incentivo fiscal foi instituído de forma razoável. Isso significa, a título exemplificativo, que o incentivo não poderá implicar no usufruto pelo beneficiário de forma irrestrita e sem um necessário controle por parte da Fiscalização do cumprimento dos requisitos para a sua concessão ou manutenção ou, ainda, que implique em uma redução desproporcional da carga tributária da empresa em detrimento do consequente aumento da carga tributária para os demais contribuintes.

No teste da proporcionalidade em sentido estrito, deve-se verificar se o não cumprimento da capacidade contributiva pode ser justificado pelo atendimento as outras finalidades da tributação. Nesse contexto, é fundamental a consideração do caráter ambivalente da lei tributária que, ao desonerar alguém alivia o sujeito passivo e aumenta a carga tributária a ser suportada pelos demais indivíduos. É nesse terceiro elemento da razoabilidade que o valor da igualdade terá especial importância, a partir de considerações mais gerais relativas ao conjunto da sociedade e ao princípio da livre concorrência (LODI, 2015, p. 151).

Nos casos concretos sob análise, os incentivos fiscais somente serão concedidos mediante o cumprimento de determinados requisitos. No caso do PCMF, é necessário o cadastro da mulher postulante da vaga e da empresa que pretende ser beneficiária do incentivo no Sistema Nacional de Emprego (SINE) ou em sistema de entidade equivalente, que faça a divulgação ampla e nacional de demandas de empregos. No caso do PCMVF, é necessário o cadastro da empresa que pretende ser beneficiária do incentivo no SINE e os meios de comprovação da mulher vítima de violência doméstica a ser contratada serão definidos por regulamento.

Ambos os incentivos serão objeto de regulamentação caso sejam aprovados pelo Congresso Nacional e a Secretaria Especial da Receita Federal do Brasil deverá criar sistema de cadastramento das pessoas jurídicas que quiserem optar como participantes do PCMF e do PCMV. Como se pode perceber, os Projetos de Lei criaram alguns contornos para a margem de controle que deverá ser exercida pelo Poder Executivo, de modo que os incentivos somente poderão ser concedidos mediante o cumprimento dos requisitos estabelecidos em lei e no regulamento. Além disso, os incentivos fiscais não implicam em redução desproporcional da carga tributária das empresas, já que a lei estabelece limites objetivos e razoáveis para as deduções.

Por fim, os incentivos também passariam no teste de razoabilidade externa, uma vez que, como já mencionado, a finalidade de sua implementação (redução das desigualdades de gênero) seria compatível com o princípio da isonomia.

Medida semelhante também vem sendo adotada em outros países. Recentemente, por exemplo, o parlamento da Argentina aprovou norma que amplia incentivos fiscais para empresas que possuam mulheres ou pessoas transgêneros em seus quadros diretores (ARGENTINA, 2023).

Sendo assim, uma vez atendidos todos os critérios e testes de razoabilidade, mostra-se possível a instituição de tratamentos tributários diferenciados e mais benéficos para determinado segmento social a fim de garantir a isonomia, como é o caso da concessão de incentivos fiscais com vistas à superação de desigualdades de gênero.

É oportuno ressaltar algumas outras medidas, defendidas por Rocha (2021, p. 266), para a redução das desigualdades de gênero sob a perspectiva extrafiscal, que também merecem menção, tais como o retorno da dedução do IRPF de empregadores da contribuição previdenciária patronal paga para empregado doméstico e a dedução do IRPF de empregadores das despesas gastas com instrução e saúde de empregadas domésticas e suas filhas e filhos[119].

4.3.2. A AÇÃO DIRETA DE INCONSTITUCIONALIDADE Nº 5.422 E O INCENTIVO FISCAL DE DEDUÇÃO DA PENSÃO ALIMENTÍCIA

Outro incentivo fiscal que merece ser mencionado dentro da perspectiva de gênero é a dedução das quantias pagas a título de pensão alimentícia do IRPF do alimentante, que, como regra geral, é o pai da criança. A norma em questão, prevista na Lei nº 9.250/1995[120],

---

[119] "[...] c) retorno da dedução do IRPF de empregadores da contribuição previdenciária patronal paga para empregado doméstico, na medida em que as mulheres negras são as que mais exercem esses trabalhos; e

d) dedução do IRPF de empregadores de despesas gastas com instrução e saúde de empregadas domésticas e suas filhas e filhos, também com o intuito de valorizar e incentivar a formalização do trabalho doméstico remunerado, altamente precarizado e populado por mulheres negras" (ROCHA, 2021, p. 266).

[120] "Art. 4º. Na determinação da base de cálculo sujeita à incidência mensal do imposto de renda poderão ser deduzidas: [...]

II – as importâncias pagas a título de pensão alimentícia em face das normas do Direito de Família, quando em cumprimento de decisão judicial, inclusive a prestação de alimentos provisionais, de acordo homologado judicialmente, ou de escritura pública a que se refere o art. 1.124-A da Lei nº 5.869, de 11 de janeiro de 1973 - Código de Processo Civil;

Art. 8º A base de cálculo do imposto devido no ano-calendário será a diferença entre as somas:

I - de todos os rendimentos percebidos durante o ano-calendário, exceto os isentos, os não-tributáveis, os tributáveis exclusivamente na fonte e os sujeitos à tributação definitiva;

inicialmente surgiu como um incentivo fiscal para o pagamento de pensões alimentícias, porém é bastante questionável porque acaba maximizando as desigualdades de gênero, conforme será demonstrado em seguida.

A referida norma, inclusive, poderia ser considerada como um viés implícito de gênero antes do julgamento da Ação Direta de Inconstitucionalidade (ADI) n° 5.422 (BRASIL, 2022c) pelo Supremo Tribunal Federal, na medida em que, na prática, criava uma distorção de tratamento tributário entre homens e mulheres, apesar de não existir essa diferenciação de forma explícita no texto da norma.

A previsão legal de dedução do IRPF dos valores pagos a título de pensão alimentícia pode ser considerada como um incentivo fiscal, uma vez que a concessão da benesse fiscal, consubstanciada na redução da base de cálculo tributável do IRPF, é acompanhada da contrapartida de realização do pagamento das pensões alimentícias estabelecidas em decisão judicial, acordo homologado judicialmente ou escritura pública de separação ou divórcio consensual.

O Ministro Toffoli, ao relatar o julgamento da ADI n° 5.422, também adotou o entendimento em seu voto de que a dedução das pensões alimentícias é considerada benesse fiscal, apesar de entender que seria um benefício fiscal, e não incentivo fiscal:

> Diversas deduções admitidas na lei, tal como essa, consistem em verdadeiros benefícios fiscais. E muitas dessas benesses são concedidas pelo legislador quando o próprio imposto incide sobre a renda ou sobre os proventos de qualquer natureza. Na espécie, o alimentante, e não a pessoa alimentada, é o beneficiário da dedução, dada a incidência do imposto de renda sobre as quantias sujeitas ao tributo por ele recebidas.
>
> Repare-se, além do mais, que, como se sabe, o legislador tem boa liberdade para tratar dos benefícios fiscais. Isso significa que, por razões de política fiscal, num juízo de conveniência e oportunidade, pode ele retirar o benefício previsto no citado art. 4°, II, da Lei n° 9.250/95. (BRASIL, 2022, p. 12).

II - das deduções relativas: [...]

f) às importâncias pagas a título de pensão alimentícia em face das normas do Direito de Família, quando em cumprimento de decisão judicial, inclusive a prestação de alimentos provisionais, de acordo homologado judicialmente, ou de escritura pública a que se refere o art. 1.124-A da Lei n° 5.869, de 11 de janeiro de 1973 - Código de Processo Civil;" (BRASIL, 1995).

A fundamentação no sentido de que o incentivo fiscal encontra amparo no poder familiar consta também no voto do Ministro Barroso[121]. O poder familiar – e mais especificamente aquele que se relaciona ao "sustento, guarda e educação dos filhos" – pertence a ambos os cônjuges e está previsto no artigo 229 da Constituição[122], no artigo 1.566, inciso IV, da Lei nº 10.406/2002 (Código Civil)[123] e no caput do artigo 22 da Lei nº 8.069/1990 (Estatuto da Criança e do Adolescente)[124]. É decorrência do dever de garantia de uma sobrevivência digna ao dependente, que irradia do direito à vida e da dignidade da pessoa humana, previstos, respectivamente, no *caput* do artigo 5º[125], e no artigo 1º, inciso III[126], ambos da Constituição.

Ou seja, a concessão do incentivo fiscal funcionaria como um "nudge" para estimular aqueles que são responsáveis pelo pagamento de pensão alimentícia – que em sua grande maioria são homens – a efe-

---

[121] "O dever ou a obrigação de sustento filial advém do poder familiar, conforme disposto pelos artigos 229 da Constituição; 1.566, IV, do Código Civil; e 22, caput, do Estatuto da Criança e do Adolescente. É a forma que o filho menor tem de ver suprido o seu sustento até que ele complete a maioridade ou que seja emancipado" (BRASIL, 2022c, p. 15).

[122] "Art. 229. Os pais têm o dever de assistir, criar e educar os filhos menores, e os filhos maiores têm o dever de ajudar e amparar os pais na velhice, carência ou enfermidade" (BRASIL, 1988).

[123] "Art. 1.566. São deveres de ambos os cônjuges: [...]

IV - sustento, guarda e educação dos filhos;" (BRASIL, 2002).

[124] "Art. 22. Aos pais incumbe o dever de sustento, guarda e educação dos filhos menores, cabendo-lhes ainda, no interesse destes, a obrigação de cumprir e fazer cumprir as determinações judiciais.

Parágrafo único. A mãe e o pai, ou os responsáveis, têm direitos iguais e deveres e responsabilidades compartilhados no cuidado e na educação da criança, devendo ser resguardado o direito de transmissão familiar de suas crenças e culturas, assegurados os direitos da criança estabelecidos nesta Lei." (BRASIL, 1990).

[125] "Art. 5º Todos são iguais perante a lei, sem distinção de qualquer natureza, garantindo-se aos brasileiros e aos estrangeiros residentes no País a inviolabilidade do direito à vida, à liberdade, à igualdade, à segurança e à propriedade, nos termos seguintes: [...]" (BRASIL, 1988).

[126] "Art. 1º A República Federativa do Brasil, formada pela união indissolúvel dos Estados e Municípios e do Distrito Federal, constitui-se em Estado Democrático de Direito e tem como fundamentos: [...]

III - a dignidade da pessoa humana;" (BRASIL, 1988).

tivamente cumprirem sua obrigação de prover o sustento, guarda e educação dos filhos.

No entanto, é questionável que o incentivo fiscal encontre a sua fundamentação no poder familiar. Isso porque os direitos e deveres da família são exercidos igualmente pelo homem e pela mulher[127], de forma que um incentivo fiscal que premia aqueles que realizam o pagamento de pensão alimentícia (sejam homens ou mulheres) foge à lógica da igualdade de repartição de direitos e deveres familiares que consta na Constituição. Essa incoerência acaba ganhando uma dimensão de discriminação na prática da realidade social, já que a grande maioria dos pagadores de pensão alimentícia são homens, como apontado nas estatísticas mencionadas ao logo do estudo.

Mesmo porque existem outras normas processuais e penais que atuam com o propósito de desincentivar o inadimplemento das prestações alimentícias, como a prisão civil[128] ou a caracterização do cri-

---

[127] "Art. 226. A família, base da sociedade, tem especial proteção do Estado. [...]
§ 5º Os direitos e deveres referentes à sociedade conjugal são exercidos igualmente pelo homem e pela mulher." (BRASIL, 1988).

[128] "Art. 528. No cumprimento de sentença que condene ao pagamento de prestação alimentícia ou de decisão interlocutória que fixe alimentos, o juiz, a requerimento do exequente, mandará intimar o executado pessoalmente para, em 3 (três) dias, pagar o débito, provar que o fez ou justificar a impossibilidade de efetuá-lo.

§ 1º Caso o executado, no prazo referido no caput, não efetue o pagamento, não prove que o efetuou ou não apresente justificativa da impossibilidade de efetuá-lo, o juiz mandará protestar o pronunciamento judicial, aplicando-se, no que couber, o disposto no art. 517.

§ 2º Somente a comprovação de fato que gere a impossibilidade absoluta de pagar justificará o inadimplemento.

§ 3º Se o executado não pagar ou se a justificativa apresentada não for aceita, o juiz, além de mandar protestar o pronunciamento judicial na forma do § 1º, decretar-lhe-á a prisão pelo prazo de 1 (um) a 3 (três) meses.

§ 4º A prisão será cumprida em regime fechado, devendo o preso ficar separado dos presos comuns.

§ 5º O cumprimento da pena não exime o executado do pagamento das prestações vencidas e vincendas.

§ 6º Paga a prestação alimentícia, o juiz suspenderá o cumprimento da ordem de prisão.

me de abandono material[129]. Essas disposições operam, em conjunto, como mecanismos de estímulo para que os pagamentos sejam rigorosamente efetuados.

Além da benesse concedida em sua grande maioria a homens, a mulher acabava sendo onerada pelos valores recebidos a título de pensão alimentícia. Isso porque aquele que declara o dependente deve declarar também os gastos com ele, uma vez que não é possível deduzir um pagamento feito a alguém que não conste como dependente em sua declaração de IRPF. Em decorrência disso, na hipótese em que o contribuinte recebedor da verba alimentícia optar por declará-la em separado, no nome do próprio dependente beneficiado, ficará impossibilitado de utilizar a dedução legal prevista para dependentes, enquanto o contribuinte alimentante, que promove o pagamento da pensão alimentícia, sempre poderá deduzir o valor da base tributável em sua declaração de ajuste anual.

Assim, antes do julgamento da ADI nº 5.422 (BRASIL, 2022c), a verba alimentícia devia ser ofertada como renda tributável pelo contribuinte

---

§ 7º O débito alimentar que autoriza a prisão civil do alimentante é o que compreende até as 3 (três) prestações anteriores ao ajuizamento da execução e as que se vencerem no curso do processo.

§ 8º O exequente pode optar por promover o cumprimento da sentença ou decisão desde logo, nos termos do disposto neste Livro, Título II, Capítulo III, caso em que não será admissível a prisão do executado, e, recaindo a penhora em dinheiro, a concessão de efeito suspensivo à impugnação não obsta a que o exequente levante mensalmente a importância da prestação.

§ 9º Além das opções previstas no art. 516, parágrafo único, o exequente pode promover o cumprimento da sentença ou decisão que condena ao pagamento de prestação alimentícia no juízo de seu domicílio" (BRASIL, 2015).

129 "Abandono Material

art. 244. Deixar, sem justa causa, de prover a subsistência do cônjuge, ou de filho menor de 18 (dezoito) anos ou inapto para o trabalho, ou de ascendente inválido ou maior de 60 (sessenta) anos, não lhes proporcionando os recursos necessários ou faltando ao pagamento de pensão alimentícia judicialmente acordada, fixada ou majorada; deixar, sem justa causa, de socorrer descendente ou ascendente, gravemente enfermo:

Pena - detenção, de 1 (um) a 4 (quatro) anos e multa, de uma a dez vezes o maior salário-mínimo vigente no País.

Parágrafo único - Nas mesmas penas incide quem, sendo solvente, frustra ou ilide, de qualquer modo, inclusive por abandono injustificado de emprego ou função, o pagamento de pensão alimentícia judicialmente acordada, fixada ou majorada" (BRASIL, 1940).

que a gerenciava em sua declaração de ajuste anual, quando os valores excediam a faixa de isenção do imposto de renda, como condição à utilização da dedução legal permitida para dependentes.

No entanto, como na grande maioria das vezes ainda é a mulher que se encontra na posição de recebimento/gerenciamento da pensão alimentícia[130], a sistemática anterior ao julgamento do Supremo Tribunal Federal resultava em uma violação ao princípio da isonomia, na medida em que promovia tratamento desigual entre contribuintes que, teoricamente, se encontram em situação equivalente em relação ao recebimento de rendimentos e custeio de gastos com dependentes, partindo-se da premissa de que, sob uma perspectiva de neutralidade fiscal, os contribuintes (mãe e pai) possuem rendimentos similares e repartem igualmente entre si as despesas com o dependente.

Essa situação acabava gerando um contexto de "perda versus perda", relatado pelo grupo de pesquisa Tributação e Gênero da FGV de São Paulo (PISCITELLI *et al.*, 2020), em que a mulher sempre seria penalizada: se optasse por declarar a pensão em sua própria declaração de ajuste anual, teria que arcar com o imposto de renda incidente sobre uma base tributável muito maior e que não seria compensada pelo baixo limite anual de dedução com dependentes, ao passo em que, se optasse por declarar a pensão alimentícia separadamente, em nome dos dependentes, teria que recolher o imposto sobre a renda incidente sobre uma verba destinada a custear despesas essenciais dos dependentes e perderia o direito à dedução com dependentes, ainda que promovesse gastos consideráveis com a sua manutenção.

Após o julgamento de mérito da ADI n° 5.422 (BRASIL, 2022c), em sessão virtual realizada em 2022, o Supremo Tribunal Federal, por maioria, conheceu em parte[131] da ação e, quanto à parte conhecida,

---

130 As Estatísticas do Registro Civil do IBGE para 2019 demonstram que 62% dos filhos menores de idade ficam sob a guarda das mulheres, enquanto apenas 4% ficam com os homens, além de outros arranjos de guarda compartilhada entre o pai e a mãe, guarda de avós e outros parentes (IBGE, 2019).

Um outro levantamento realizado pela Receita Federal do Brasil, relativo ao IRPF do ano-calendário de 2017, revela que os homens declararam pagar 15.269 bilhões de reais em pensão alimentícia nesse período, enquanto as mulheres declararam 346 milhões, do que se infere que nos divórcios ou separações os filhos geralmente ficam nos lares maternos: (BRASIL, 2019a).

131 Em parte, porque o pedido de declaração de inconstitucionalidade e o de medida cautelar alcançam os dispositivos questionados apenas nas partes que tratam do

julgou procedente o pedido formulado, de modo a conferir ao artigo 3°, § 1°, da Lei n° 7.713/1988, aos artigos 4° e 46 do Anexo do Decreto n° 9.580/2018 (Regulamento do Imposto de Renda) e aos artigos 3°, caput e §1°, e 4° do Decreto-lei n° 1.301/1973 interpretação conforme à Constituição para afastar a incidência do imposto de renda sobre valores decorrentes do direito de família percebidos pelos alimentados a título de pensões alimentícias.

O relator Ministro Toffoli adotou como razões para o reconhecimento da inconstitucionalidade das normas questionadas a ausência de acréscimo patrimonial em decorrência da configuração de *bis in idem*. Fundamentou o seu entendimento no fato de que o recebimento da renda ou do provento de qualquer natureza pelo alimentante, de onde ele retira a parcela a ser paga ao credor dos alimentos, já configura fato gerador do imposto de renda, de modo que submeter os valores recebidos pelo alimentando a título de pensão alimentícia ao imposto de renda representaria nova incidência do mesmo tributo sobre a mesma realidade:

> Tenho, para mim, que existe inconstitucionalidade material na legislação questionada. Alimentos ou pensão alimentícia oriunda do direito de família não são renda nem provento de qualquer natureza do credor dos alimentos, mas simplesmente montantes retirados dos rendimentos (acréscimos patrimoniais) recebidos pelo alimentante para serem dados ao alimentado. Nesse sentido, para o último, o recebimento de valores a título de alimentos ou de pensão alimentícia representa tão somente uma entrada de valores.
>
> Afora isso, é certo que a legislação impugnada provoca a ocorrência de bis in idem camuflado e sem justificação legítima, violando, assim, o texto constitucional. Isso porque o recebimento de renda ou de provento de qualquer natureza pelo alimentante, dos quais ele retira a parcela a ser paga ao credor dos alimentos, já configura, por si só, fato gerador do imposto de renda. Desse modo, submeter os valores recebidos pelo alimentado a título de alimentos ou de pensão alimentícia ao imposto de renda representa nova incidência do mesmo tributo sobre a mesma realidade, isto é, sobre aquela parcela que integrou o recebimento de renda ou de proventos de qualquer natureza pelo alimentante. Essa situação não ocorre com outros contribuintes. (BRASIL, 2022c).

Destaca-se que em nenhum momento o relator suscitou a impossibilidade de tributação das pensões recebidas no beneficiário em decorrência de sua necessidade para a manutenção do mínimo existencial

---

imposto de renda sobre os valores recebidos em dinheiro a título de alimentos ou de pensão alimentícia estabelecida com base no direito de família, não alcançando outras modalidades de pensões.

ou da dignidade da pessoa humana. O fundamento utilizado no voto para o reconhecimento da inconstitucionalidade da norma foi simplesmente a configuração de *bis in idem*.

O relator explorou a possibilidade de dedução dos valores pagos a título de pensão alimentícia pelo alimentante, porém concluiu que mesmo assim restaria configurado o *bis in idem* porque o legislador tem liberdade para tratar dos benefícios fiscais e que, por razões de política fiscal, em um juízo de conveniência e oportunidade, poderia vir a retirar o benefício fiscal:

> Por fim, vale frisar que o art. 4º, inciso II, da Lei nº 9.250/95, ao possibilitar a dedução das importâncias pagas a título de pensão alimentícia, quando em cumprimento de decisão judicial ou escritura pública (nos termos lá referidos), na determinação da base de cálculo sujeita à incidência mensal do imposto de renda devido pelo alimentante, de modo algum afasta o entendimento ora defendido.
>
> Diversas deduções admitidas na lei, tal como essa, consistem em verdadeiros benefícios fiscais. E muitas dessas benesses são concedidas pelo legislador quando o próprio imposto incide sobre a renda ou sobre os proventos de qualquer natureza. Na espécie, o alimentante, e não a pessoa alimentada, é o beneficiário da dedução, dada a incidência do imposto de renda sobre as quantias sujeitas ao tributo por ele recebidas.
>
> Repare-se, além do mais, que, como se sabe, o legislador tem boa liberdade para tratar dos benefícios fiscais. Isso significa que, por razões de política fiscal, num juízo de conveniência e oportunidade, pode ele retirar o benefício previsto no citado art. 4º, inciso II, da Lei nº 9.250/95.
>
> Paralelamente a isso, registre-se que não cabe ao legislador, visando a compensar esse benefício fiscal concedido, tributar com o imposto de renda os valores decorrentes do direito de família percebidos pelo alimentado a título de alimentos ou de pensão alimentícia. A percepção desses valores pelo alimentado consiste, na verdade, em hipótese de não incidência do imposto, como visto alhures, não podendo, desse modo, ser alcançada pelo tributo.
>
> Concluo, assim, não ser possível a incidência do imposto de renda sobre tais montantes percebidos pelo alimentado. (BRASIL, 2022c).

Acompanharam o voto do relator os Ministros Barroso, Moraes, Lúcia, Weber, Lewandowski, Mendonça e Fux, sendo que apenas os Ministros Barroso e Moraes apresentaram voto escrito com as suas razões de decidir.

O voto do Ministro Barroso reiterou a ausência de acréscimo patrimonial, mas utilizou fundamento diverso: o fato de que os alimentos se destinam a assegurar a manutenção do mínimo existencial e da dignidade da pessoa humana ao garantirem o sustento e subsistência do alimentando (2022c, p. 20):

> 58. Os alimentos são destinados a satisfazer as necessidades mais básicas de um indivíduo que, sem aquela prestação, não poderá prover seu próprio sustento. Assim, é parcela que assegura a dignidade da pessoa humana, por meio do mínimo existencial, integrando o rol de direitos da personalidade, com todos os consectários próprios. Nesse contexto, o ingresso dos alimentos na esfera de disponibilidade do indivíduo não representa acréscimo patrimonial, uma vez que a verba será integralmente destinada à satisfação de suas necessidades básicas do alimentando, sendo fixada com base nelas, conforme preconiza a legislação civil.

O Ministro Barroso acrescentou, ainda, outra razão de decidir para o reconhecimento da inconstitucionalidade da norma: a discriminação de gênero provocada pela incidência do imposto de renda sobre pensão alimentícia que não encontra respaldo no texto constitucional:

> 68. Segundo pesquisa do IBGE, no ano de 2019, em 66,91% dos divórcios concedidos em primeira instância a casais com filhos menores de idade, coube à mulher a guarda do(s) filho(s). Em apenas 4,37% dos divórcios, a guarda foi atribuída ao pai e, em 28,72% [34], a guarda foi compartilhada. Assim, pode-se inferir que em, ao menos, 66,91% dos divórcios registrados, o pagamento da pensão alimentícia aos filhos será feito pelo homem. [...]
>
> 72. Conforme defendi no voto proferido no RE 576.967, de minha relatoria, em que foi reconhecida a inconstitucionalidade da incidência da contribuição previdenciária sobre o salário maternidade, a tributação não pode ser um fator que aprofunde as desigualdades de gênero, colocando as mulheres em situação social e econômica pior do que a dos homens. É inconteste que o dever de cuidado, socialmente construído e atribuído primordialmente às mulheres, precisa ser dividido entre os membros do casal ou do ex-casal da forma mais equânime possível, sendo inconstitucional que, em contrapartida aos cuidados dos filhos, a mulher sofra oneração por parte do Estado. É necessário, desse modo, conferir à discussão sobre o impacto da tributação sobre o gênero feminino o status constitucional que ela merece.
>
> 73. Isso porque a Constituição Federal de 1988, em seu art. 5º, I, dispõe que "homens e mulheres são iguais em direitos e obrigações, nos termos desta Constituição". Além disso, a Carta atribui ao pai e à mãe, em igualdade de condições, o dever de assistir, criar e educar os filhos menores (art. 229).
>
> 74. Nesse contexto, a previsão da legislação acerca da incidência do imposto de renda sobre pensão alimentícia acaba por penalizar ainda mais as mulheres, que além de criar, assistir e educar os filhos, ainda devem arcar com ônus tributários dos valores recebidos a título de alimentos, os quais

foram fixados justamente para atender às necessidades básicas da criança e do adolescente.

75. A incidência do imposto de renda sobre pensão alimentícia configura, portanto, regra discriminatória que não encontra respaldo no texto constitucional. (BRASIL, 2022c, p. 22-24)

O Ministro Moraes também reiterou que os valores recebidos pelos alimentandos a título de pensões alimentícias decorrentes das obrigações familiares do provedor não constituem renda ou proventos de qualquer natureza, mas seguiu o Ministro Barroso ao justificar o seu entendimento no fato de que tais verbas garantem o mínimo existencial e a dignidade humana dos alimentandos[132]. O Ministro Moraes seguiu o voto do relator em relação ao entendimento de que a manutenção da tributação no beneficiário geraria *bis in idem*[133].

Como se vê, os únicos que adotaram o entendimento no sentido de que a não configuração de acréscimo patrimonial decorre do fato de que tais verbas são essenciais para a manutenção do mínimo existencial e da dignidade humana do alimentando foram os Ministros Barroso e Moraes. Os demais Ministros que seguiram o voto do relator (Lúcia, Weber, Lewandowski, Mendonça e Fux) não expuseram as suas razões em voto próprio e, portanto, seguiram o entendimento do relator no sentido de que a não configuração de acréscimo patrimonial tributável decorre exclusivamente da configuração de *bis in idem*.

A divergência foi inaugurada pelo Ministro Mendes que, por sua vez, votou pela inconstitucionalidade das normas questionadas, mas não pelos fundamentos adotados no voto do relator, pois a sua motivação se baseou unicamente na violação à isonomia material entre os gêneros gerada pela tributação das pensões alimentícias na pessoa do beneficiário. Veja-se:

---

132 "Com apoio nessas mesmas razões, e tendo por base o princípio implícito de não obstância do exercício de direitos fundamentais por via da tributação, entendo que os valores recebidos a título de pensão alimentícia decorrente das obrigações familiares de seu provedor não podem integrar a renda tributável do alimentando, sob pena de violar-se a garantia ao mínimo existencial, constituindo verba necessária à manutenção de sua existência digna."

133 "A incidência de imposto de renda sobre os valores pagos à título de alimentos configura verdadeiro bis in idem, pois haverá dupla tributação incidente sobre o mesmo montante, uma vez que, após o devedor de alimentos já ter recolhido o correspondente IR sobre a totalidade de seus rendimentos, o credor de alimentos precisará recolher – novamente – o IR sobre a parcela daqueles rendimentos que lhe foram transferidas à título de alimentos" (BRASIL, 2022c).

Poder-se-ia pensar que a legislação atacada é neutra do ponto de vista do gênero, eis que será aplicada independentemente de quem paga a pensão. Ou seja, tanto no caso de a mulher pagar a pensão quanto do homem, a incidência da tributação será idêntica. Não podemos, contudo, fechar os olhos para a realidade, e aqui os números escancaram que o tema debatido deve ser enfrentando também sob a perspectiva de gênero. (..)

O sistema, da forma como está desenhado, com o pseudo objetivo de ser neutro, está na realidade financiando o aumento das desigualdades, visto que o destinatário quase que exclusivo da norma exacional é a mulher. Além disso, não estamos diante de uma tributação idêntica ou equiparável entre homens e mulheres, em que a desigualdade seria resultante das condições já existentes de desnivelamento. Ao revés, a dedução da base de cálculo prevista na norma é endereçada predominantemente à população masculina (99,9998%). São, portanto, dois lados da mesma moeda: tributa-se mais a mãe, em compensação à dedução da base de cálculo do pai. Quero deixar bem claro que não estou a defender a inconstitucionalidade da norma por uma suposta ausência de caráter extrafiscal de redução da desigualdade de gênero. Não chego a tanto e reitero que o local apropriado para essa discussão é o Parlamento. O que vislumbrei da presente norma, na realidade, é um caráter anti-isonômico, no sentido de fomentar as desigualdades já existentes. A norma, do jeito que foi concebida, incentiva o desnivelamento de gênero, servindo como mais um elemento de ampliação das históricas distorções. Por esse motivo, considero que esta Suprema Corte, como guardiã da Constituição e dos direitos fundamentais dos contribuintes, tem o papel de corrigir tal distorção. (BRASIL, 2022c).

O Ministro Mendes criticou a fundamentação de que a tributação das pensões alimentícias na pessoa dos beneficiários geraria *bis in idem* ou bitributação, tendo em vista a possibilidade atualmente vigente de dedução integral dos valores pagos pelo alimentante[134].

O Ministro também destacou que não concorda com o desenquadramento das pensões alimentícias decorrentes do direito de família como renda ou proventos de qualquer natureza, pois isso apenas maximizaria a regressividade do sistema atual, em razão da ofensa aos

---

[134] "Trata-se de premissa, data vênia, equivocada, pois os valores pagos a título de pensão alimentícia não são tributados no alimentante (de regra, o pai). No formato atual, há uma incidência única (e não dupla), apenas por quem recebe a pensão. Hei de concordar que há dúvida razoável a respeito de essa incidência única, do formato atual, ser constitucional, mas fato é que não há dupla tributação.

Assim, porque excluída da determinação da base de cálculo do devedor de alimentos, essa fração de seus rendimentos não experimentará tributação. A mesma fração destacada de sua base de cálculo, entretanto, experimentará tributação por quem a percebe."

princípios da progressividade e da capacidade contributiva[135], utilizando como exemplo um caso em que o valor recebido de pensão seria mais expressivo. O Ministro chama atenção, inclusive, para o fato do impacto orçamentário que a dupla isenção provocada pelo voto do relator poderia provocar, sem negar que a pensão seja destinada para a manutenção do mínimo existencial dos alimentandos, mas ponderando que se o mínimo existencial fosse um critério para a não tributação seriam abertas portas para infinitas outras hipóteses de não tributação e a regressividade do sistema seria maximizada. Em suas palavras:

> Com as costumeiras vênias, admitir essa construção seria abrir o flanco a que todas as despesas essenciais elencadas na Constituição, notadamente aquelas veiculadas como passíveis de custeio pelo salário mínimo (Art. 7º, IV, da CF/88) – para custeio de moradia, alimentação, educação, saúde, lazer, vestuário, higiene, transporte e previdência social – possam ser imediatamente excluídas como dedução do imposto de renda, sem qualquer intermediação legal.
>
> A compreensão veicula, a meu ver, uma interpretação que, levada a extremos por meio de criativas construções de teses tributárias, poderá esvaziar por completo a base de incidência do imposto sobre rendas e proventos. [...]
>
> Um dos argumentos principais em defesa da não tributação das pensões alimentícias decorre da natureza jurídica do referido pagamento, o qual, conforme legislação civilista, tem como objetivo prover o básico necessário para o sustento do dependente. Nesse sentido, alega-se que a tributação ofenderia o mínimo existencial.
>
> De fato, do ponto de vista da mãe, receptora da pensão em benefício dos filhos em comum, o tratamento legal de cumulação entre aquela e seus rendimentos próprios, da forma como atualmente concebido, mostra-se ofensivo tanto em relação à isonomia com o pai-alimentante, quanto à

---

[135] "Do que foi exposto até agora, penso que o sistema tributário, da forma como foi desenhado, é tecnicamente justificável e, em tese, aparentemente coerente com a discricionariedade conferida ao legislador para escolher as despesas que serão deduzidas do imposto de renda. Isso porque não vislumbro, aprioristicamente, incompatibilidade da pensão alimentícia com o conceito de renda como acréscimo patrimonial.

Entretanto, a mim me parece que a maneira como a legislação foi concebida – adicionando de forma cumulada os valores recebidos a título de pensão alimentícia aos rendimentos do responsável pela guarda do alimentante – tem levado a distorções quanto a sua efetiva aplicação.

A despeito das judiciosas preocupações manifestadas no voto do relator, Ministro Dias Toffoli, a sua consequência prática é a geração de uma maior regressividade no sistema tributário, ofendendo os princípios da progressividade e da capacidade contributiva, tão caros ao imposto de renda."

capacidade contributiva, uma vez que promove a incidência sobre parcelas que, embora sob disponibilidade e administração da mãe, têm destinatário(s) próprio(s). Isso, porque o modelo atual impõe que, caso a mãe inclua os filhos como dependentes do imposto de renda, ela terá que efetuar uma soma simples entre os rendimentos próprios dela e os rendimentos dos filhos (isto é, a pensão alimentícia). Somente após realizada essa soma simples, a tabela progressiva do imposto de renda será aplicada, ou seja, como se mãe e filhos fossem única pessoa para fins de caracterização do mínimo existencial.

Assim, efetivamente, parece-me ofensivo ao mínimo existencial a forma como a tributação se encontra atualmente desenhada. Entretanto, penso que a solução que melhor atende a isonomia não se encontra na isenção pura e simples de quaisquer rendimentos recebidos a título de pensão alimentícia. Afinal, não obstante a pensão alimentícia, efetivamente, ter como objetivo principal prover o mínimo existencial, não se deve ignorar que ela é fixada de acordo com binômio necessidade/possibilidade, além de ter como objetivo manter, dentro do possível, o padrão de vida anterior do dependente. [...]

Considero que esse é um elemento de extrema importância para o deslinde da presente controvérsia, a qual, relembro, é uma discussão de direito tributário. Assim, não me parece coadunar com a legalidade e até com a justiça tributária permitir que quaisquer valores pagos a título de pensão alimentícia sejam totalmente isentos de tributação. [...]

Não ignoro a diferença entre mínimo existencial e mínimo vital, além da intrínseca natureza relativa e dinâmica do primeiro, já que necessariamente depende das condições factuais a quem dirigido. Entretanto, não nos distanciemos do fato que a discussão aqui é, repito, de direito tributário e que os recursos são naturalmente escassos. Desse modo, a concessão de isenções ilimitadas gera vácuos orçamentários que terão de ser preenchidos por meio de outros tipos de receitas, seja por meio da revogação de uma isenção até então existente (e relembro aqui a discussão atual sobre a revogação da dedução com despesas médicas), seja pelo aumento de tributos. [...]

Temos que ter consciência que os recursos públicos são finitos e que a isenção tributária é uma espécie de rendimento, vista por outro ângulo, representa um financiamento público àquela situação. Então questiono: parece coadunar com o princípio da isonomia a dupla isenção tributária de forma ilimitada (relembro que quem paga a pensão também deduz de sua base de cálculo a totalidade dos valores pagos)? Imaginemos uma pensão de 100 mil reais mensais. Será que podemos afirmar que uma pensão mensal de 100 mil reais se presta a atender o mínimo existencial da mesma maneira que uma pensão mensal de 2 mil reais?

Se mantido o entendimento do eminente relator, estaremos criando uma isenção dupla ilimitada e, com todas as vênias ao entendimento contrário, gerando uma distorção no sistema, uma vez que fere o princípio da capacidade contributiva. (BRASIL, 2022c).

Assim, destacou que na hipótese de prevalecer o entendimento adotado no voto relator de não tributação integral dos valores recebidos como pensão alimentícia, deveria ser aplicado um limite para a não tributação, que seria o patamar de isenção da tabela progressiva do IRPF. Ressaltou, por fim, que esse limite de isenção deveria ser aplicado a cada alimentando, separadamente em relação aos rendimentos do responsável, por se tratar de pessoas distintas, ressalvada a possibilidade de o alimentando realizar isoladamente a declaração de imposto de renda. Confira-se:

> Reitero que há de haver algum limite. E tenho para mim que esse limite já existe no ordenamento jurídico tributário.
>
> Trata-se da tabela progressiva do imposto de renda. Afinal, a que se presta a tributação progressiva do imposto de renda? Justamente a garantir que os valores considerados essenciais a uma existência digna não sejam tributados. Ademais, até determinado patamar de renda, a tributação será menor, só alcançando uma tributação mais elevada de valores igualmente maiores. Cumpre-se, assim, o princípio da capacidade contributiva.
>
> Temos o instrumento já previsto e aplicável a todos os contribuintes para fazer valer o princípio da isonomia, sem criar maiores distorções no ordenamento jurídico. Devemos aplicar, portanto, a tabela progressiva ao caso concreto, que trata da tributação das pensões alimentícias.
>
> Nesse sentido, a mim me parece que manteremos a coerência do sistema tributário e atenderemos ao princípio da isonomia se permitirmos a tributação dos valores recebidos a título de pensão alimentícia de acordo com a tabela progressiva do imposto de renda.
>
> Assim, em vez de simplesmente somarmos acumuladamente os valores do dependente aos valores de seu responsável, sugiro que façamos essa soma aplicando a tabela progressiva do imposto de renda. Afinal, trata-se, efetivamente, de pessoas diferentes. Esclareço desde logo que considero que deve ser aplicada isoladamente a tabela do imposto de renda a cada dependente eventualmente existente.
>
> Nem se alegue que essa sugestão está inovando demasiadamente no sistema jurídico tributário. Não está! Afinal, esse procedimento já pode ser realizado atualmente, desde que o alimentando faça isoladamente a declaração de imposto de renda. Ao proceder dessa maneira, contudo, o alimentando não pode ser incluído como dependente na declaração de imposto de renda de responsável legal. A minha sugestão, portanto, permite a aplicação da tabela progressiva de forma isolada aos valores recebidos a título de pensão alimentícia, com a manutenção da possibilidade de fruição das deduções atualmente existentes com o dependente.
>
> Supera-se, assim, o modelo atual, em que a soma dos recursos ocorre de forma cumulada, para só então ser aplicada a tabela progressiva, levando a que o beneficiário da pensão e a sua responsável passem a figurar em patamar superior da tabela progressiva, como se fossem uma única pes-

soa. A presente proposta, portanto, respeita a individualidade das rendas. (BRASIL, 2022c).

Em conclusão, ao invés de votar simplesmente pela não tributação integral das pensões alimentícias na pessoa do beneficiário, o Ministro Mendes votou por conferir interpretação conforme à Constituição ao § 1º do art. 3º da Lei 7.713/1998, de modo a esclarecer que as pensões alimentícias decorrentes do direito de família devem ser somadas aos valores de seu responsável legal aplicando-se a tabela progressiva do imposto de renda de forma isolada aos valores recebidos de pensão e para cada um dos dependentes.

O voto do Ministro Mendes foi acompanhado pelos Ministros Fachin e Marques. Como visto, os únicos votos que enfrentaram a questão das desigualdades de gênero foram proferidos pelos Ministros Barroso e Gilmar (este último acompanhado por Fachin e Marques), de forma que a inconstitucionalidade da norma questionada na ação em decorrência da violação à isonomia de gênero não formou *ratio decidendi*.

Dessa forma, a *ratio decidendi* foi formada unicamente pela não configuração de acréscimo patrimonial tributável na pessoa do beneficiário em decorrência da configuração de *bis in idem*, considerando a possibilidade de dupla tributação da verba na pessoa do alimentante e do alimentando (seis votos). A utilização do fundamento de que a pensão não configuraria acréscimo patrimonial por ser utilizada para a garantia do mínimo existencial e da dignidade humana do alimentando (dois votos) e da violação da isonomia entre os gêneros (quatro votos) não formou maioria entre os Ministros.

Assim, o Tribunal, por maioria, conheceu em parte da ação direta e, quanto à parte conhecida, julgou procedente o pedido formulado, de modo a dar ao artigo 3º, § 1º, da Lei nº 7.713/88, aos artigos 4º e 46 do Anexo do Decreto nº 9.580/18 e aos artigos 3º, caput e § 1º, e 4º, ambos do Decreto-lei nº 1.301/73, interpretação conforme à Constituição para se afastar a incidência do imposto de renda sobre a integralidade dos valores decorrentes do direito de família percebidos pelos alimentandos a título de alimentos ou de pensões alimentícias. Os Embargos de Declaração opostos pela Fazenda Nacional foram rejeitados, por unanimidade, incluindo o pedido de modulação dos efeitos da decisão.

Feita a descrição minuciosa dos votos que foram proferidos no julgamento da ADI nº 5.422, passa-se à análise crítica do julgado, sob a ótica de gênero.

Como visto, o efeito prático do julgamento do Supremo Tribunal Federal foi a eliminação do ordenamento jurídico de uma discriminação implícita de gênero promovida pelo incentivo fiscal de dedução, ainda que a *ratio decidendi* formada tenha sido a não configuração de acréscimo patrimonial na perspectiva do beneficiário, ao invés da configuração de uma discriminação concreta entre os gêneros.

Considerando todos os princípios e valores que norteiam a Constituição de 1988, o legislador não poderia conceder tratamento discriminatório entre os gêneros, ainda que de forma implícita – como ocorre no caso em análise, em que a discriminação se manifesta na realidade concreta das contribuintes.

A despeito da superação da discriminação implícita entre gêneros, o julgamento do Supremo Tribunal Federal não solucionou todos os problemas originados pelo incentivo fiscal de dedução integral da pensão alimentícia do imposto de renda do pagador. Na realidade, o julgamento acabou criando uma situação de dupla desoneração, uma vez que o pagador da pensão alimentícia poderá deduzir o respectivo valor integralmente de sua declaração de imposto de renda e o recebedor da pensão alimentícia não computará os valores na base de cálculo do imposto, pois as verbas não são mais consideradas como acréscimos patrimoniais para fins de tributação.

Essa situação acabou gerando uma discriminação do tratamento da família na sociedade. Isso porque, após o julgamento do Supremo Tribunal Federal, tornou-se mais vantajosa a realidade de um casal separado ou divorciado, já que, nessa hipótese, ambos os ex-cônjuges não recolherão imposto sobre a renda incidente sobre as verbas destinadas à pensão alimentícia. Por outro lado, aqueles que se encontram em uma união estável ou em um regime matrimonial e que possuem filhos recolherão regularmente imposto sobre a renda incidente sobre todos os rendimentos auferidos pelo casal, inclusive aqueles destinados à subsistência dos dependentes.

O tratamento diferenciado da família pelo Estado pode ter o efeito reverso esperado pelo Supremo Tribunal Federal, na medida em que estimula a separação e divórcio de casais, o que, consequentemente, pode acabar onerando ainda mais a mulher, que provavelmente ficará com a guarda do filho e arcará com a sobrecarga do trabalho não remunerado, segundo estatísticas mencionadas neste estudo. Além disso, esse tratamento diferenciado da família pode gerar situações de planejamento tributário abusivo, já que abriu o caminho para uma situação esdrúxula em que um casal pode simular uma separação fictícia objetivando pagar menos tributo. Essa situação pode gerar, ainda, uma elevada renúncia fiscal para o governo federal e impactos orçamentários significativos.

Esse é o entendimento de Dutra (2023), segundo o qual o desdobramento do julgamento em questão acabou se relacionando muito mais com o tratamento da família do que com uma questão de gênero. Confira-se:

> Contudo, não achamos que nesse caso o mais importante seja focar na distinção de gênero, mas sim na tributação como um todo da unidade familiar. Dizemos isso pois não pode a tributação da família mudar pela condição de seus membros, ou seja, não se pode onerar mais quem é divorciado do que quem está casado e vice-versa, afinal a tributação não pode ser um indutor de comportamento nesse segmento, até porque isso seria uma intervenção odiosa do Estado em um segmento que deveria apenas proteger.
>
> Então, ao concluir pela não tributação da pensão recebida, não temos ainda a correção da ineficiência tributária existente, mas sim um estímulo indireto ao divórcio, afinal um deles poderá deduzir integralmente a pensão, enquanto o outro, declarando em conjunto com o menor, não terá tributação da pensão e poderá deduzir R$ 2.275,08 por ano. Essa situação é muito menos onerosa do que a existente para os casados, em que só um pode deduzir por ano os R$ 2.275,08.
>
> Dessa feita, tal decisão, em vez de resolver o problema de tributação da família de modo justo, cria uma situação em que, se pensarmos apenas sob o prisma tributário, vale mais divorciar-se, incentivando o Estado a adoção dessa postura por ser mais econômica em termos de gastos fiscais do que a manutenção do casamento.
>
> Veja que absurdo, a decisão, em vez de proteger a família, estimula sua fragmentação, apesar de buscar resolver a questão do gênero reduzindo as desigualdades entre homens e mulheres (DUTRA, 2023).

Essa dupla desoneração tributária viola o artigo 226, §§ 1º, 2º, 3º e 4º, da Constituição[136], os quais colocam no mesmo patamar de entidade familiar o casamento (religioso ou civil), a união estável e a

---

[136] "Art. 226. A família, base da sociedade, tem especial proteção do Estado.

§1º O casamento é civil e gratuita a celebração.

§2º O casamento religioso tem efeito civil, nos termos da lei.

§3º Para efeito da proteção do Estado, é reconhecida a união estável entre o homem e a mulher como entidade familiar, devendo a lei facilitar sua conversão em casamento.

comunidade formada por qualquer dos pais e seus descendentes. Também há violação ao artigo 226, § 7º, da Constituição[137], que estabelece que o planejamento familiar é livre decisão do casal e que é vedada qualquer forma coercitiva por parte do Estado. Isso porque, ainda que não seja propriamente uma conduta coercitiva do Estado, a tributação majorada é um claro desincentivo à determinada configuração familiar (união estável ou casamento) em detrimento de outra configuração familiar (separação ou divórcio).

Nesse cenário, a superação da distinção de tratamento familiar atualmente existente poderia ocorrer por dois caminhos: através da revogação do incentivo fiscal pelo Poder Legislativo ou do reconhecimento da inconstitucionalidade do incentivo pelo Supremo Tribunal Federal, caso os dispositivos legais que estabelecem a dedução fossem submetidos à apreciação do Tribunal em sede de controle concentrado ou sob a sistemática de repercussão geral.

O primeiro caminho parece ser improvável, considerando-se a atual configuração do Congresso Nacional, composto majoritariamente por homens que, de uma forma geral, são os pagadores de pensão alimentícia que usufruem do incentivo fiscal.

Rocha (2022) suscita uma alternativa pela via legislativa: uma proposta que modificasse a regra de dedução da pensão alimentícia, impondo a ela os mesmos limites de dedução permitidos para dependentes, como se o alimentante ainda estivesse com a guarda dos filhos. A medida, apesar de não ser a ideal, teria maior chance de ser aprovada e limitaria a renúncia de receita gerada pelo incentivo, uma vez que o alimentante recolheria o imposto de renda sobre os valores pagos a título de pensão alimentícia que ultrapassassem os limites de dedução permitidos para dependentes.

Destaca-se, ainda, que o Projeto de Lei nº 287/2021 propõe a vedação da dedução do IRPF dos valores pagos por parte do alimentante, assim como a isenção do IRPF sobre as verbas recebidas a título de pensão alimentícia pelo representante legal ou diretamente pelo des-

---

§4º Entende-se, também, como entidade familiar a comunidade formada por qualquer dos pais e seus descendentes" (BRASIL, 1988).

137 "§ 7º Fundado nos princípios da dignidade da pessoa humana e da paternidade responsável, o planejamento familiar é livre decisão do casal, competindo ao Estado propiciar recursos educacionais e científicos para o exercício desse direito, vedada qualquer forma coercitiva por parte de instituições oficiais ou privadas" (BRASIL, 1988).

cendente beneficiário – o que recentemente já foi promovido pelo Supremo Tribunal Federal quando do reconhecimento da inconstitucionalidade dessa tributação.

Já o caminho pela via do Poder Judiciário parece mais viável. O reconhecimento da inconstitucionalidade de benefícios e incentivos fiscais já foi feito pelo Supremo Tribunal Federal anteriormente. Um exemplo de julgado relevante em que se aplicou a teoria da interdição de arbitrariedade em decorrência de privilégio odioso em matéria tributária foi a ADI nº 1.655[138]. Na ocasião, foi reconhecida a inconstitucionalidade da isenção do Imposto Sobre Propriedade de Veículo Automotor (IPVA), concedida exclusivamente aos veículos regularizados perante cooperativa municipal de transporte escolar, sob o fundamento de que a Constituição proíbe o tratamento desigual entre contribuintes que se encontrem na mesma situação econômica, reconhecendo-se, por conseguinte, a violação aos princípios da isonomia e liberdade de associação[139].

---

138 Ementa: "[...] 2. Lei Estadual 356/97. Cancelamento de multa e isenção do pagamento do IPVA. Matéria afeta à competência dos Estados e à do Distrito Federal. Benefício fiscal concedido exclusivamente àqueles filiados à Cooperativa de Transportes Escolares do Município de Macapá. Inconstitucionalidade. A Constituição Federal outorga aos Estados e ao Distrito Federal a competência para instituir o Imposto sobre Propriedade de Veículos Automotores e para conceder isenção, mas, ao mesmo tempo, proíbe o tratamento desigual entre contribuintes que se encontrem na mesma situação econômica. Observância aos princípios da igualdade, da isonomia e da liberdade de associação. Ação direta de inconstitucionalidade julgada procedente" (BRASIL, 2004).

139 Confira-se trecho extraído do voto proferido pelo Ministro Relator Maurício Corrêa:

"Há de levar-se em conta, ademais, que a inconstitucionalidade é alegada, principalmente, em face dos princípios constitucionais da igualdade e da isonomia tributária. Tenho que lei violadora de tais princípios, ao estabelecer tratamento desigual aos que se encontram na mesma situação, necessariamente particularizará seus destinatários, criando assim situação de discrímen injustificado. [...]

Sobre o tema bem esclareceu o Ministério Público Federal, ao asseverar que "nos termos do art. 5º, inc. XX, da Constituição Federal, ninguém pode ser compelido a associar-se ou a permanecer associado. Vale dizer, a adesão a determinada entidade associativa, de que são espécies as cooperativas, é uma faculdade jurídica do indivíduo, não podendo o Estado, ainda que de forma indireta – por meio de concessão de incentivos fiscais, por exemplo – inibir o pleno gozo desse direito fundamental, conferindo certo privilégio exclusivamente em favor de quem se associe – e/ou permaneça associado – a uma determinada cooperativa" (BRASIL, 2004).

Campos, ao discorrer sobre os limites do Poder Judiciário no exercício do controle de constitucionalidade de desonerações tributárias frente às hipóteses de omissão legislativa relativa, faz uma reflexão acerca da possibilidade de reconhecimento da inconstitucionalidade da norma com base na violação à isonomia e da possibilidade de extensão da norma àqueles que se encontram em situação equivalente e que foram discriminados:

> Com efeito, as desonerações tributárias são alvos de intensos debates em torno da aplicação do princípio da isonomia em matéria tributária. Ponto polêmico, relativo ao controle de constitucionalidade dessas normas de benefícios fiscais, é dos limites do Poder Judiciário frente às hipóteses de omissão legislativa relativa – benefícios concedidos a determinadas pessoas ou grupos de pessoas sem alcançarem outras pessoas ou grupos em situação equivalente. A questão é saber se cabe ao juiz tão somente declarar a inconstitucionalidade do benefício ou se ele pode estendê-lo às pessoas ou aos grupos de pessoas discriminados injustamente. Pode o Supremo, por exemplo, lançar mão das chamadas sentenças aditivas, ou deve restringir sua atuação ao papel de legislador negativo? (CAMPOS, 2016, p. 278).

Mais à frente, Campos (2016, p. 279-281) observa que, tradicionalmente, o Supremo Tribunal Federal não realiza a integração normativa, restringindo-se à declaração de inconstitucionalidade da norma desonerativa. No entanto, faz uma crítica à essa forma de atuação restritiva, manifestando o seu entendimento no sentido de que o Tribunal não deveria furtar-se em assim atuar nos casos de benefícios fiscais inconstitucionais por violação à isonomia:

> Presente omissão relativa da lei concessiva de benefícios fiscais, o Supremo, tradicionalmente, não realiza a integração normativa, restringindo-se a declarar, caso conclua pela violação ao princípio da isonomia, a inconstitucionalidade da norma. Em julgamentos já sob a vigência da Constituição de 1988, o Tribunal assim decidiu, considerando juridicamente impossível a extensão dos benefícios aos contribuintes discriminados. Nessas decisões, o Supremo recusou-se a admitir a construção de sentenças aditivas de significados normativos, tratando como dogma a vedação de atuar como legislador positivo. A função seria apenas de bloqueio, nunca de criação normativa. [...]
> O Supremo, ao recusar a atuação como legislador positivo nesses casos, faz claro uso seletivo de métodos de interpretação constitucional. Sem embargo, é impossível defender que o Supremo não tenha atuado como legislador positivo em decisões paradigmáticas como os casos da união estável homoafetiva, do aborto de fetos anencefálicos e da Lei Maria da Penha. Em todos esses casos, o Tribunal adicionou sentidos normativos aos dispositivos legais envolvidos a partir de uma "interpretação orientada

a valores", dirigida à melhor realização de princípios constitucionais fundamentais, dentre eles, a isonomia. Para manter coerência metodológica, o Tribunal não deveria furtar-se em assim atuar nos casos de benefícios fiscais inconstitucionais por violação à isonomia tributária. (CAMPOS, 2016, p. 279-281).

Sobre a concretização do princípio da isonomia no controle judicial de normas instituídas com finalidade extrafiscal, Ávila também reconhece essa possibilidade, ponderando o seguinte:

> [...] não se pode, apenas porque há uma finalidade extrafiscal, deixar de realizar integralmente a igualdade, sustentando que o ato é discricionário e que, por isso, escapa ao controle do Judiciário. A finalidade extrafiscal não torna o ato nem discricionário nem imune ao controle: não o torna discricionário, porque, como já visto, a finalidade eleita continua tendo que manter uma relação de pertinência fundada e conjugada com a medida de comparação escolhida pelo órgão competente; não o torna imune ao controle do Poder Judiciário porque o Poder Judiciário tem competência para realizar vários juízos positivos. Dentre esses, ressalta-se a condição de: analisar os efeitos prospectivos da lei; considerar alternativas que deveriam ter sido cogitadas pelo Poder Legislativo; excluir medidas de comparação incompatíveis com as finalidades eleitas; anular medidas de comparação compatíveis com finalidades não previstas pela Constituição; concretizar padrões legais; verificar a compatibilidade da diferenciação com os direitos fundamentais dos contribuintes; escolher um dos múltiplos significados compatíveis com o teor literal e o objetivo inequívoco da lei. Alegar a discricionariedade do poder competente e a imunidade do controle em virtude de finalidade extrafiscal é silenciosamente violar a igualdade. (ÁVILA, 2015, p. 191).

Portanto, a maior possibilidade de eliminação do ordenamento jurídico do incentivo fiscal de dedução da pensão alimentícia seria pela via do Poder Judiciário, através do reconhecimento da inconstitucionalidade da norma desonerativa extrafiscal que permite a dedução ilimitada das pensões alimentícias.

Outra alternativa que poderia viabilizar a existência do incentivo fiscal sem a ocorrência de uma dupla desoneração seria a inclusão, pelo Poder Legislativo, no texto da norma que prevê o incentivo de dedução, de dispositivo que determine que o pagamento da pensão seja efetuado com o "gross up" do imposto incidente sobre os referidos valores. Ou seja, o juiz, ao fixar a pensão alimentícia, já incluiria o imposto sobre a renda no cômputo do valor a ser pago. Assim, a mulher receberia o valor da pensão já com o imposto sobre a renda embutido, de forma que o seu recolhimento seria apenas formalmente efetuado pela mulher, pois o ônus financeiro já teria sido arcado pelo homem quando do pagamento da pensão.

Nesse caso, o imposto incidiria somente sobre o valor isolado pago a título de pensão alimentícia, desconsiderando o valor global da renda, tanto do pagador quanto do recebedor. Assim, caso a pensão alimentícia esteja situada dentro da faixa de isenção do imposto sobre a renda, não incidiria o imposto sobre esse pagamento. Essa alternativa poderia ser uma forma mais política de tentar solucionar a dupla desoneração sem que seja necessária a revogação do incentivo. De toda forma, também seria necessária iniciativa do Poder Legislativo para tal alteração normativa. Além disso, a medida deveria ser cumulada com normas que ampliem as deduções com dependentes para os responsáveis alimentandos, já que o alimentante continuaria deduzindo integralmente o valor pago a título de pensão alimentícia, de forma que os responsáveis recebedores da pensão teriam uma margem maior de dedução, o que poderia tornar o regime mais justo.

4.4. CONCLUSÃO DESTE CAPÍTULO

Em resumo, é possível que a extrafiscalidade seja interpretada com vistas à redução das desigualdades de gênero, através da concessão de benefícios ou incentivos fiscais voltados para tal fim. No entanto, a utilização da extrafiscalidade deverá ser feita com cautela, sob pena da criação de normas desonerativas que, ao invés de contribuírem para a isonomia material de gênero, acabem potencializando as desigualdades atualmente existentes. Por esse motivo, é necessário que as potenciais regras desonerativas extrafiscais sejam elaboradas em conjunto com a análise de dados e estatísticas que revelarão como as discriminações de gênero se manifestam na sociedade.

CONCLUSÃO

O objetivo desta pesquisa consistiu em analisar os princípios e institutos de justiça tributária sob a perspectiva das desigualdades de gênero com vistas à sua superação, em especial a isonomia, a capacidade contributiva, a seletividade e a extrafiscalidade. Foi possível concluir que os referidos princípios e institutos podem ser interpretados de forma a contemplar as particularidades de gênero, o que garantiria uma maior isonomia material para as contribuintes.

A pretensão não foi analisar a melhor forma de redução das desigualdades sociais de gênero existentes no ordenamento jurídico – se por meio de políticas orçamentárias ou fiscais –, mas apenas demonstrar que existe um caminho no Direito Tributário e que é possível a interpretação de seus princípios e institutos com vistas à superação dessas desigualdades.

O primeiro capítulo tratou do princípio da isonomia a partir da análise de pesquisas e dados que demonstram claramente as desigualdades de gênero existentes na sociedade, os quais serviram de base para todos os capítulos seguintes. Foi abordado também o precedente paradigmático que reconheceu a inconstitucionalidade das contribuições previdenciárias sobre o salário-maternidade, na ocasião do julgamento do RE nº 576.967. Ao fim, concluiu-se que a concretização do princípio da isonomia reclama a adoção de ações e instrumentos afirmativos voltados ao combate da situação de desequilíbrio entre os gêneros, os quais podem ser buscados diretamente no princípio da isonomia tributária ou através da capacidade contributiva, seletividade e extrafiscalidade.

No segundo capítulo foi analisado o princípio da capacidade contributiva, em sua dimensão objetiva e subjetiva, e a sua relação com as desigualdades de gênero. A partir dessa análise, foi proposto que a tributação leve em consideração todos os ônus inerentes à condição de portar o gênero feminino, sejam diretos (quantificáveis financeiramente) ou indiretos (não quantificáveis financeiramente). Para embasar essa proposta, foi analisada a tributação sobre a renda, com ênfase nas deduções do IRPF com dependentes e instrução, que afetam mais diretamente as mulheres.

No terceiro capítulo, que tratou do princípio da seletividade, foi analisada a sua aplicação no caso do ICMS e do IPI. Com isso, concluiu-se que, na maioria das vezes, a seletividade é aplicada de uma forma genérica e neutra, focando em produtos alimentares de primeira necessidade e contemplando, quando muito, alguns produtos de higiene básicos. Ou seja, não há uma ponderação acerca da essencialidade de bens voltados exclusiva ou majoritariamente para o público feminino, com elevado ou mediano grau de essencialidade para as mulheres. Portanto, a partir da análise da seletividade sob uma perspectiva de gênero, percebe-se que ela está sendo aplicada de forma equivocada e distanciada da realidade social atual, criando vieses implícitos de gênero.

Por fim, no último capítulo, que tratou da extrafiscalidade, concluiu-se que é possível a sua interpretação com vistas à redução das desigualdades de gênero, através da concessão de benefícios ou incentivos fiscais voltados para tal fim. No entanto, é de suma importância que sejam observadas a Lei de Responsabilidade Fiscal, a Lei de Diretrizes Orçamentárias e o Ato das Disposições Constitucionais Transitórias para que as medidas sejam legítimas. Além disso, deve ser verificada regularmente a eficiência da norma desonerativa para o alcance dos resultados almejados, especialmente se a criação da norma desonerativa gera um efeito reverso, isto é, se acaba potencializando as desigualdades de gênero atualmente existentes.

Em resumo, as conclusões desta pesquisa demonstram que é possível a interpretação e a aplicação dos princípios e institutos de justiça tributária sob a ótica de gênero. Além disso, também foram sugeridas algumas medidas que poderiam ser adotadas para a redução das referidas desigualdades. O objetivo, portanto, não é propor que mulheres sejam privilegiadas pelo sistema tributário em detrimento dos homens, mas que o sistema possa ser adequado para contemplar as diferenças existentes entre os gêneros e, assim, mitigar tais diferenças. Espera-se que, em um futuro não tão distante, as mulheres alcancem a tão almejada paridade de tratamento em relação aos homens e que algumas das medidas propostas neste trabalho se tornem cada vez menos necessárias. No entanto, até que esse dia chegue, o Direito Tributário deve se adaptar para lidar com a realidade como ela se apresenta atualmente.

REFERÊNCIAS

ABIHPEC [Associação Brasileira da Indústria de Higiene Pessoal, Perfumaria e Cosméticos]. Alíquotas de ICMS por UF. *ABIHPEC*, São Paulo, 30 maio 2018. Disponível em: https://abihpec.org.br/tributarios/aliquotas-de-icms-por-uf-2/. Acesso em: 8 jan. 2023.

ALVARENGA, Darlan. Mulheres ganham em média 20,5% menos que homens no Brasil. *G1*, 08 mar. 2022. Disponível em: https://g1.globo.com/dia-das-mulheres/noticia/2022/03/08/mulheres-ganham-em-media-205percent-menos-que-homens-no-brasil.ghtml. Acesso em: 8 jan. 2023.

ANDRADE, Rebeca Drummond de; KINGSTON, Renata Ribeiro. A redução da desigualdade de gênero pela via tributária. *Jota*, 03 mar. 2022. Disponível em: https://www.jota.info/opiniao-e-analise/colunas/elas-no-jota/a-reducao-da-desigualdade-de-genero-pela-via-tributaria-03032022. Acesso em: 8 jan. 2023.

ARGENTINA. Ley de impuesto a las ganancias. *Boletin Oficial de la República Argentina*, Buenos Aires, 10 fev. 2023. Disponível em: https://www.boletinoficial.gob.ar/detalleAviso/primera/245673/20210616. Acesso em: 8 jan. 2023.

ÁVILA, Humberto. *Teoria da Igualdade Tributária*. São Paulo: Malheiros, 2015.

———. *Teoria da Igualdade Tributária*. São Paulo: Malheiros, 2008.

BALEEIRO, Aliomar. *Limitações constitucionais ao poder de tributar*. 7. ed. Atualizado por Misabel Abreu Machado Derzi. Rio de Janeiro: Forense, 1997.

BARRETO, Ana Cristina Teixeira. Carta de 1988 é um marco contra discriminação. *Consultor Jurídico*, 5 nov. 2010. Disponível em: https://www.conjur.com.br/2010-nov-05/constituicao-1988-marco-discriminacao-familia-contemporanea. Acesso em: 8 jan. 2023.

BARRETO, Simone Rodrigues Costa. *Tributação extrafiscal*. São Paulo: Enciclopédia jurídica da Pontifícia Universidade Católica de São Paulo, 2017. Disponível em: https://enciclopediajuridica.pucsp.br/verbete/305/edicao-1/tributacao-extrafiscal. Acesso em: 8 jan. 2023.

BARROSO, Luís Roberto. *Temas de Direito Constitucional*: Razoabilidade e Isonomia no Direito Brasileiro. Rio de Janeiro: Editora Renovar, 2001.

BLASIO, Bill de. *From Cradle to Cane*: The Cost of Being a Female Consumer. Nova York: New York City Department of Consumer Affairs, 2015. Disponível em: https://www1.nyc.gov/assets/dca/downloads/pdf/partners/Study-of-Gender-Pricing-in-NYC.pdf. Acesso em: 8 jan. 2023.

BOMFIM, Diego Marcel Costa. *Extrafiscalidade*: identificação, fundamentação, limitação e controle. 2014. Tese (doutorado em Direito) – Faculdade de Direito, Universidade de São Paulo, São Paulo, 2014. Disponível em: https://www.teses.usp.br/teses/disponiveis/2/2133/tde-09082017-160000/publico/TESE_COMPLETA_Diego_Marcel_Costa.pdf. Acesso em 8 jan. 2023.

BORZINO, Catarina *et al*. A tributação sobre as mulheres, o RE 576.967 e o papel dos tributos diretos: A necessidade de avançarmos no projeto de reforma tributária sob a perspectiva de gênero. *Jota*, 29 set. 2020. Disponível em: https://www.jota.info/opiniao-e-analise/colunas/elas-no-jota/a-tributacao-sobre-as-mulheres-o-re-576-967-e-o-papel-dos-tributos-diretos-24092020. Acesso em: 8 jan. 2023.

BOTTALLO, Eduardo Domingos. *IPI*: Princípios e Estrutura. São Paulo: Dialética, 2009.

BRASIL [2023a]. *Relatório do grupo de trabalho destinado a analisar e debater a PEC nº 45/2019*. Brasília, DF: Câmara dos Deputados, 2023. Disponível em: https://www.camara.leg.br/proposicoesWeb/prop_mostrarintegra?codteor=2285113. Acesso em: 20 jun. 2023.

BRASIL [2022a]. *Lei Complementar 14.436, de 9 de agosto de 2022*. Dispõe sobre as diretrizes para a elaboração e a execução da Lei Orçamentária de 2023 e dá outras providências. Brasília, DF: Presidência da República, 2022. Disponível em: https://www.planalto.gov.br/cciVil_03/_Ato2019-2022/2022/Lei/L14436.htm. Acesso em: 8 jan. 2023.

BRASIL [2021a]. *Projetos de Lei nº 1.740/2021 e 1741/2021*. Brasília, DF: Câmara dos Deputados, 2021a. Disponível em: https://www.camara.leg.br/propostas-legislativas/2281266. Acesso em: 8 jan. 2023.

———. [2021d]. *Lei nº 14.214, de 6 de outubro de 2021*. Institui o Programa de Proteção e Promoção da Saúde Menstrual; e altera a Lei nº 11.346, de 15 de setembro de 2006, para determinar que as cestas básicas entregues no âmbito do Sistema Nacional de Segurança Alimentar e Nutricional (Sisan) deverão conter como item essencial o absorvente higiênico feminino. Brasília, DF: Presidência da República, 2021d. Disponível em: https://www.planalto.gov.br/ccivil_03/_ato2019-2022/2021/Lei/L14214.htm. Acesso em: 8 jan. 2023.

———. [2020a]. Lei nº 14.116, de 31 de dezembro de 2020. Dispõe sobre as diretrizes para a elaboração e a execução da Lei Orçamentária de

2021 e dá outras providências. Brasília, DF: Presidência da República, 2000a. Disponível em: https://www.planalto.gov.br/ccivil_03/_Ato2019-2022/2020/Lei/L14116.htm. Acesso em: 8 jan. 2023.

———. [2019a]. *Proposta de Emenda à Constituição 45/2019.* Brasília, DF: Câmara dos Deputados, 2019a. Disponível em: https://www.camara.leg.br/proposicoesWeb/fichadetramitacao?idProposicao=2196833. Acesso em: 8 jan. 2023.

———. *Decreto nº 9.580, de 22 de novembro de 2018.* Regulamenta a tributação, a fiscalização, a arrecadação e a administração do Imposto sobre a Renda e Proventos de Qualquer Natureza. Brasília, DF: Presidência da República, 2018a. Disponível em: https://www.planalto.gov.br/ccivil_03/_ato2015-2018/2018/decreto/d9580.htm. Acesso em: 8 jan. 2023.

———. *Emenda Constitucional nº 95, de 15 de dezembro de 2016.* Altera o Ato das Disposições Constitucionais Transitórias, para instituir o Novo Regime Fiscal, e dá outras providências. Brasília, DF: Presidência da República, 2016. Disponível em: https://www.planalto.gov.br/ccivil_03/constituicao/Emendas/Emc/emc95.htm. Acesso em: 8 jan. 2023.

———. *Lei nº 13.105, de 16 de março de 2015.* Código de Processo Civil. Brasília, DF: Presidência da República, 2016. Disponível em: https://www.planalto.gov.br/ccivil_03/_ato2015-2018/2015/lei/l13105.htm. Acesso em: 8 jan. 2023.

———. *Lei nº 11.346, de 15 de setembro de 2006.* Cria o Sistema Nacional de Segurança Alimentar e Nutricional – SISAN com vistas em assegurar o direito humano à alimentação adequada e dá outras providências. Brasília, DF: Presidência da República, 2006. Disponível em: https://www.planalto.gov.br/ccivil_03/_Ato2004-2006/2006/Lei/L11346.htm. Acesso em: 8 jan. 2023.

———. *Lei nº 10.406, de 10 de janeiro de 2002.* Institui o Código Civil. Brasília, DF: Presidência da República, 2006. Disponível em: https://www.planalto.gov.br/ccivil_03/LEIS/2002/L10406compilada.htm. Acesso em: 8 jan. 2023.

———. *Decreto Estadual nº 45.490, de 30 de novembro de 2000.* Aprova o Regulamento do Imposto sobre Operações Relativas à Circulação de Mercadorias e sobre Prestações de Serviços de Transporte Interestadual e Intermunicipal e Comunicação - RICMS. São Paulo, SP: Assembleia Legislativa do Estado de São Paulo, 2000. Disponível em: https://www.al.sp.gov.br/repositorio/legislacao/decreto/2000/decreto-45490-30.11.2000.html. Acesso em: 8 jan. 2023.

———. *Lei Complementar n. 101, de 04 de maio de 2000.* Estabelece normas de finanças públicas voltadas para a responsabilidade na gestão fiscal e dá outras providências. Brasília, DF: Presidência da República, 2000a. Disponível em: https://www.planalto.gov.br/ccivil_03/LEIS/LCP/Lcp101.htm. Acesso em: 8 jan. 2023.

———. *Lei nº 9.250, de 26 de dezembro de 1995.* Altera a legislação do imposto de renda das pessoas físicas e dá outras providências. Brasília, DF: Presidência da República, 1995. Disponível em: https://www.planalto.gov.br/ccivil_03/Leis/L9250.htm. Acesso em: 18 fev. 2023.

————. *Convênio ICMS nº 128, de 24 de outubro de 1994*. Dispõe sobre tratamento tributário para as operações com as mercadorias que compõem a cesta básica. Brasília, DF: Conselho Nacional de Política Fazendária, 1994. Disponível em: https://www.confaz.fazenda.gov.br/legislacao/convenios/1994/CV128_94. Acesso em: 18 fev. 2023.

————. *Convênio ICMS nº 224, de 15 de dezembro de 2017*. Autoriza as unidades federadas que menciona a conceder isenção do ICMS nas operações internas com produtos essenciais ao consumo popular que compõem a cesta básica. Brasília, DF: Conselho Nacional de Política Fazendária, 2017. Disponível em: https://www.confaz.fazenda.gov.br/legislacao/convenios/2017/CV224_17. Acesso em: 18 fev. 2023.

————. *Lei nº 8.212, de 24 de julho de 1991*. Dispõe sobre a organização da Seguridade Social, institui Plano de Custeio, e dá outras providências. Brasília, DF: Presidência da República, 1991. Disponível em: https://www.planalto.gov.br/ccivil_03/leis/l8212cons.htm. Acesso em: 8 fev. 2023.

————. *Lei nº 8.069, de 13 de julho de 1990*. Dispõe sobre o Estatuto da Criança e do Adolescente e dá outras providências. Brasília, DF: Presidência da República, 1990. Disponível em: https://www.planalto.gov.br/ccivil_03/leis/L8069.htm. Acesso em: 8 fev. 2023.

————. *Constituição da República Federativa do Brasil*. Brasília, DF: Presidência da República, 1988. Disponível em: https://www.planalto.gov.br/ccivil_03/constituicao/constituicao.htm. Acesso em: 17 fev. 2023.

————. *Decreto-Lei nº2.848, de 7 de dezembro de 1940*. Código Penal. Brasília, DF: Presidência da República, 1988. Disponível em: https://www.planalto.gov.br/ccivil_03/decreto-lei/Del2848compilado.htm. Acesso em: 8 jan. 2023.

————. [2022b]. Receita Federal. *Tabela de preços e tributos sobre produtos e serviços essenciais*. Brasília, DF: Receita Federal, 2022b. Disponível em: http://www.receita.fazenda.gov.br/publico/EducacaoFiscal/PrimeiroSeminario/22CARGATRIBUTARIAPRODUTOSDECONSUMOPOPULAR.pdf. Acesso em 19 jun. 2021.

————. [2019b]. Receita Federal. *Grandes Números IRPF – Ano-Calendário 2017, Exercício 2018*. Brasília, DF: Receita Federal, 2019b. Disponível em: https://www.gov.br/receitafederal%22/pt-br/centrais-de-conteudo/publicacoes/estudos/imposto-de-renda/estudos-por-ano/gn-2018-2017.pdf. Acesso em: 8 jan. 2023.

————. [2022c]. Supremo Tribunal Federal (Tribunal Pleno). Ação Direta de Inconstitucionalidade nº 5.422. Requerente: Instituto Brasileiro de Direito de Família (IBDFAM). Requerido: União Federal. Relator: Ministro Dias Toffoli, Sessão Virtual de 27 mai. 2022 a 3 jun. 2022. *Diário de Justiça Eletrônico,* Brasília, DF, n. 112, Ata nº 18, 8 jun. 2022c.

————. [2021b]. Supremo Tribunal Federal (Tribunal Pleno). Ação Direta de Inconstitucionalidade nº 5.489/RJ. Requerente: Confederação Nacional da Indústria. Requerido: Estado do Rio de Janeiro. Relator: Ministro Luis

Roberto Barroso, Sessão Virtual de 12 fev. 2021 a 23 fev. 2021. *Diário de Justiça Eletrônico*, Brasília, DF, n. 47, ata n° 40, 11 mar. 2021b.

———. [2021c]. Supremo Tribunal Federal (Tribunal Pleno). Ação Direta de Inconstitucionalidade n° 4.565/PI. Requerente: Conselho Federal da Ordem dos Advogados do Brasil. Requerido: Estado do Piauí. Relator: Ministro Luis Roberto Barroso. Sessão Virtual de 12 fev. 2021 a 23 fev. 2021. *Diário de Justiça Eletrônico*, Brasília, DF, n° 45, Ata n. 38, 9 mar. 2021.

———. [2020b]. Supremo Tribunal Federal (Tribunal Pleno). Recurso Extraordinário n° 576.967/PR. Recorrente: Hospital Vita Batel S.A. Recorrido: União Federal. Relator: Ministro Luis Roberto Barroso, Sessão Virtual de 26 jun. 2020 a 4 ago. 2020. *Diário de Justiça Eletrônico*, Brasília, DF, n. 254, ata n. 178, 20 out. 2020b.

———. Supremo Tribunal Federal (Tribunal Pleno). Recurso Extraordinário n° 573.675/SC. Recorrente: Ministério Público do Estado de Santa Catarina. Recorrido: Município de São José. Relator: Ministro Ricardo Lewandowski, 25 mar. 2009. Diário de Justiça Eletrônico, Brasília/DF, n. 94, ata n. 15, 21 mai. 2009.

———. Supremo Tribunal Federal (Tribunal Pleno). Ação Direta de Inconstitucionalidade n° 1.655. Requerente: Governador do Estado do Amapá. Requerida: Assembleia Legislativa do Estado do Amapá. Relator: Ministro Maurício Corrêa, 3 mar. 2004, *Diário de Justiça*, Brasília, DF, n. 02146-01, p. 156, 2 abr. 2004.

———. Supremo Tribunal Federal. (Tribunal Pleno). Medida Cautelar na Ação Direta de Inconstitucionalidade n° 2.021/SP. Requerente: Governador do Estado do Rio Grande do Sul. Requeridos: Governador do Estado São Paulo e Assembleia Legislativa do Estado de São Paulo. Relator: Ministro Maurício Corrêa, 25 ago. 1999. *Diário da Justiça,* Brasília, DF, Ata n. 24, 25 ago. 1999.

———. Supremo Tribunal Federal (Tribunal Pleno). Recurso Extraordinário n° 562.045/RS. Requerente: Estado do Rio Grande do Sul. Requerido: Espólio de Emília Lopes de Leon. Relator: Ministro Ricardo Lewandowski, 6 fev. 2013. *Diário de Justiça Eletrônico,* Brasília, DF, n° 233, ata n. 182, 26 nov. 2013.

———. [2021d]. Tribunal Regional do Trabalho da 4° Região (1. Turma). *Recurso Ordinário Trabalhista n° 0020359-41.2019.5.04.0301*. Recorrente: Adriana Fagundes, ZZAB Comércio de Calçados Ltda. Recorrido: Adriana Fagundes, ZZAB Comércio de Calçados Ltda. Relator: Fabiano Holz Beserra, RS: 10 abr. 2021d. Disponível em: https://pje.trt4.jus.br/consultaprocessual/detalhe-processo/0020359-41.2019.5.04.0301/2#57ceaea. Acesso em: 8 jan. 2023.

———. [2020c]. Tribunal Regional do Trabalho da 4° Região (4. Turma). *Recurso Ordinário Trabalhista n° 0020459-79.2018.5.04.0026*. Recorrente: Joice Viviane da Silva Ereno, Tam Linhas Aéreas S.A. Recorrido: Joice Viviane da Silva Ereno, Tam Linhas Aéreas S.A. Relator: André Reverbel Fernandes, 3 out. 2020c. Disponível em: https://pje.trt4.jus.br/consultaprocessual/detalhe-processo/0020459-79.2018.5.04.0026/2#c1de775. Acesso em: 8 jan. 2023.

————. [2021e]. Ministério do Planejamento. *A Mulher no Orçamento de 2021*. Brasília, DF: Ministério do Planejamento no Orçamento, 2021. Disponível em: https://www.gov.br/planejamento/pt-br/centrais-de-conteudo/publicacoes/a-mulher-no-orcamento-2021.pdf/view. Acesso em: 8 jan. 2023.

————. [2022d]. Ministério do Planejamento. *A Mulher no Orçamento de 2022*. Brasília, DF: Ministério do Planejamento no Orçamento, 2022. Disponível em: https://www.gov.br/planejamento/pt-br/centrais-de-conteudo/publicacoes/a-mulher-no-orcamento-2022.pdf/view. Acesso em: 8 jan. 2023.

CÂMARA, Andalessia Lana Borges. Benefícios fiscais e a inserção de mais mulheres no mercado de trabalho. *Jota,* 20 dez. 2021. Disponível em: https://www.jota.info/opiniao-e-analise/artigos/beneficios-fiscais-insercao-mais-mulheres-mercado-de-trabalho-20122021. Acesso em: 8 jan. 2023.

CAMPOS, Carlos Alexandre de Azevedo. *Escritos de Direito Constitucional e de Direito Tributário*. Rio de Janeiro: Gramma, 2016.

CARVALHO, Paulo de Barros. *Curso de Direito Tributário,* 30. ed. São Paulo: Saraiva, 2019.

CARRAZA, Roque Antônio. *Curso de Direito Constitucional Tributário*. 30 ed. São Paulo: Malheiros, 2015.

CAVENAGUI, Suzana. *Mulheres Chefes de Família no Brasil:* avanços e desafios. Rio de Janeiro: ENS-CPES, 2018. Disponível em: https://www.ens.edu.br/arquivos/mulheres-chefes-de-familia-no-brasil-estudo-sobre-seguro-edicao-32_1.pdf. Acesso em: 8 jan. 2023.

CISGÊNERO [verbete]. *In*: DICIONÁRIO Priberam da Língua Portuguesa. *Priberam dicionário* [online], 2022. Disponível em: https://dicionario.priberam.org/cisg%C3%AAnero. Acesso em: 8 jan. 2023.

COSTA, Regina Helena. *Curso de Direito Tributário*. 7. ed. São Paulo: Saraiva, 2017.

CRENSHAW, Kimberlé. Documento para o encontro de especialistas em aspectos da discriminação racial relativos ao gênero. *Revista Estudos Feministas*, Florianópolis, v. 10, 2002, p. 175. Disponível em: https://periodicos.ufsc.br/index.php/ref/article/view/S0104-026X2002000100011/8774. Acesso em: 8 jan. 2023.

DELIGNE, Maysa de Sá Pittondo. O Supremo Tribunal Federal e a não tributação do salário maternidade: a *ratio decidendi* do Recurso Extraordinário nº 576.967. *In*: OLIVEIRA, Daniela Olimpio de; GOMES, Pryscilla Régia de Oliveira (orgs.). *Tributação e Sociedade*. São Paulo: Editora Dialética, 2023.

DELMA, Sarah; GONTIJO, Raquel. 'Orçamento Mulher': a perspectiva de gênero na atividade financeira do Estado. *Jota,* 13 out. 2022. Disponível em: https://www.jota.info/opiniao-e-analise/colunas/elas-no-jota/orcamento-mulher-a-perspectiva-de-genero-na-atividade-financeira-do-estado-13102022. Acesso em: 8 jan. 2023.

DEMARI, Melissa. A falácia da neutralidade do sistema tributário nacional. *Jota,* 17 abr. 2022. Disponível em: https://www.jota.info/

opiniao-e-analise/colunas/pauta-fiscal/a-falacia-da-neutralidade-do-sistema-tributario-nacional-17042022. Acesso em: 8 jan. 2023

DERZI, Misabel. *Princípio da igualdade no direito tributário e suas manifestações*. São Paulo: RT, 1991.

DOMINGUES JÚNIOR, William do Val. Tributação e Gênero: a mudança de paradigma do estado do Rio de Janeiro e uma necessária reflexão para a CBS. *Jota,* 27 ago. 2020. Disponível em: https://www.jota.info/opiniao-e-analise/colunas/pauta-fiscal/tributacao-e-genero-2-27082020. Acesso em: 8 jan. 2023.

DOTOLI, Richard Edward. *Efetividade Jurídica e Econômica*: política fiscal tributária e a crise de 2008. Rio de Janeiro: Lumen Juris, 2020.

DUTRA, Micaela Dominguez. A tributação da família e a visão do Supremo Tribunal Federal. *In*: OLIVEIRA, Daniela Olimpio de; GOMES, Pryscilla Régia de Oliveira (orgs.). *Tributação e Sociedade*. São Paulo: Editora Dialética, 2023.

ESTEVÃO, Marcello; GASPAR, Vitor; HANIF, Navid; SAINT-AMANS, Pascal. How tax reform can promote growth and gender equality in the post-COVID era. *Plataform for Collaboration on tax*, 04 jun. 2021. Disponível em: https://www.tax-platform.org/news/blog/Tax-Reform-Gender-Equality-in-the-Post-COVID-Era. Acesso em: 8 jan. 2023.

ETCOFF, Nancy; STOCK, Shannon; HALEY, Lauren E.; VICKERY, Sarah A.; HOUSE, David M. Cosmetics as a Feature of the Extended Human Phenotype: Modulation of the Perception of Biologically Important Facial Signals. *Plos One*, v. 6, n. 10, p. 1-9, out. 2011. Disponível em: https://journals.plos.org/plosone/article?id=10.1371/journal.pone.0025656#abstract0. Acesso em: 8 jan. 2023.

FERREIRA, Stéfano Vieira Machado. *Benefícios fiscais*: definição, revogação e anulação. 2018. Dissertação (mestrado em Direito) - Programa da Pós-Graduação em Direito Tributário, Pontifícia Universidade Católica de São Paulo, São Paulo, 2018. Disponível em: https://tede2.pucsp.br/bitstream/handle/20963/2/St%C3%A9fano%20Vieira%20Machado%20Ferreira.pdf. Acesso em: 8 jan. 2023.

GIOKARIS, Ionnis; POULIASI, Maria Eleni. To Tax or Not to Tax? Tampon Taxes and Gender. Equality: The Cyprus Case-Study. *The Cyprus Review*, v. 32, n. 1, p. 257-278, 2021. Disponível em: http://cyprusreview.org/index.php/cr/article/view/732/595. Acesso em: 8 jan. 2023.

GODOI, Marciano Seabra de. *Justiça, Igualdade e Direito Tributário*. São Paulo: Editora Dialética, 1999.

GRECO, Marco Aurélio. *Planejamento Tributário*. São Paulo: Editora Dialética, 3ª ed., 2011.

GRUPENMACHER, Betina Treiger. Das Exonerações Tributárias: incentivos e benefícios fiscais. *In*: _____ *et al.* (orgs.). *Novos Horizontes da Tributação*: um diálogo luso-brasileiro. Lisboa: Almedina, 2012.

GUERRA, Ana Luisa Sénéchal de Goffredo; TIBURCIO, Mariana Cavalcanti. *Ser mulher custa caro?* Uma análise sobre o viés discriminatório na tributação de absorventes e cosméticos. *In*: BASTOS, Ana Carolina A. Caputo *et al.* (orgs.). *Questões controvertidas em matéria tributária*: tributando com elas. Rio de Janeiro: Lumen Juris, 2022.

IBE. INSTITUTE OF BUSINESS EDUCATION. Pesquisa da FGV mostra que brasileiras ficam fora do mercado de trabalho após licença maternidade. *Ibe.edu,* 2017. Disponível em: http://ibe.edu.br/metade-das-mulheres-brasileiras-fica-desempregada-um-ano-apos-ter-filho. Acesso em: 8 jan. 2023.

IBGE. Em média, mulheres dedicam 10,4 horas por semana a mais que os homens aos afazeres domésticos ou ao cuidado de pessoas. *Agência IBGE Notícias*, 2020. Disponível em: https://agenciadenoticias.ibge.gov.br/agencia-sala-de-imprensa/2013-agencia-de-noticias/releases/27877-em-media-mulheres-dedicam-10-4-horas-por-semana-a-mais-que-os-homens-aos-afazeres-domesticos-ou-ao-cuidado-de-pessoas. Acesso em: 8 jan. 2023.

———. *Estatísticas de gênero*: indicadores sociais das mulheres Brasil. *IBGE Estudos e Pesquisas*, n. 38, 2021. Disponível em: https://biblioteca.ibge.gov.br/visualizacao/livros/liv101784_informativo.pdf. Acesso em: 8 jan. 2023.

———. *Estatísticas de Gênero*: proporção de famílias com mulheres responsáveis pela família. Rio de Janeiro: IBGE, 2010. Disponível em: https://www.ibge.gov.br/apps/snig/v1/?loc=0&cat=-15,-16,53,54,55,-17,-18,128&ind=4704. Acesso em: 8 jan. 2023.

———. *Estatísticas do Registro Civil*. Rio de Janeiro: IBGE, 2019. Disponível em: https://www.ibge.gov.br/estatisticas/sociais/populacao/9110-estatisticas-do-registro-civil.html?edicao=29639&t=resultados. Acesso em: 8 jan. 2023.

———. Pesquisa Nacional por Amostra de Domicílios (PNAD) Contínua: diferença do rendimento do trabalho de mulheres e homens nos grupos ocupacionais. *Agência IBGE Notícias,* 08 mar. 2018. Disponível em: https://agenciadenoticias.ibge.gov.br/agencia-sala-de-imprensa/2013-agencia-de-noticias/releases/23923-em-2018-mulher-recebia-79-5-do-rendimento-do-homem. Acesso em: 8 jan. 2023.

JACOB, Céline et al. Waitresses' facial cosmetics and tipping: A field experiment. *International Journal of Hospitality Management*, v. 29, n. 1, p. 188-190, mar. 2010.

KERGOAT, Danièle. Divisão sexual do trabalho e relações sociais de sexo. *In*: HIRATA, Helena *et al.* (orgs.). *Dicionário Crítico do Feminismo*. São Paulo: Editora UNESP, 2009.

LEÃO, Martha Toribio. *Critérios para o controle das normas tributárias indutoras*: uma análise pautada no princípio da igualdade e na importância dos efeitos. Dissertação (mestrado em Direito) – Faculdade de Direito, Universidade de São Paulo, São Paulo, 2014. Disponível em: https://teses.usp.br/teses/disponiveis/2/2133/tde-20012015-110559/publico/INTEGRAL_Dissertacao_Martha_Leao.pdf. Acesso em: 8 jan. 2023.

LODI, Ricardo. *Estudos de Direito Tributário*. Rio de Janeiro: Multifoco, 2015. v. 1. [tributação e cidadania].

————. O Princípio da Capacidade Contributiva nos Impostos, nas Taxas e nas Contribuições Parafiscais. *Revista da Faculdade de Direito da UERJ*, Rio de Janeiro, v. 18, 2010.

————. *Tributos*: teoria geral e espécies. Rio de Janeiro: Impetus, 2013.

LUPION, Bruno. Desigualdade de gênero nos tributos precisa ser revista. *Deutsche Welle,* 19 dez. 2020. Disponível em: https://www.dw.com/pt-br/desigualdade-de-g%C3%AAnero-no-sistema-tribut%C3%A1rio-precisa-ser-revista/a-55998414. Acesso em: 8 jan. 2023.

MACHADO, Hugo de brito. *Curso de Direito Tributário*. 36. ed. São Paulo: Malheiros Editores, 2015.

MACHADO, Luiza. Mulheres pagam quase três vezes mais impostos por métodos contraceptivos do que os homens. *Diário do Nordeste*, 08 mar. 2023. Disponível em: https://diariodonordeste.verdesmares.com.br/negocios/mulheres-pagam-quase-tres-vezes-mais-por-metodos-contraceptivos-do-que-os-homens-entenda-1.3339409?utm_source=linkedin&utm_medium=social&utm_campaign=socialshare. Acesso em: 21 mar. 2023.

MADALOZZO, Regina; BLOFIELD, Merike. Como famílias de baixa renda em São Paulo conciliam trabalho e família? *Revista de Estudos Feministas,* jan. 2017. Disponível em: https://www.thefreelibrary.com/Como+familias+de+baixa+renda+em+Sao+Paulo+concilia m+trabalho+e...-a0492873422. Acesso em: 8 jan. 2023.

MOREIRA, André Mendes; MOTTA, Thelson Barros. *Seletividade do IPI e Controle Jurisdicional*: possibilidade e limites. Revista Dialética de Direito Tributário, São Paulo, n. 239, 2015.

MELLO, Celso Antônio Bandeira de. *O Conteúdo Jurídico do Princípio da Igualdade*. São Paulo: Editora Malheiros, 2015.

MEZZAROBA, Orides; MONTEIRO, Cláudia Servilha. *Manual de Metodologia de Pesquisa no Direito*. 6. ed. São Paulo: Saraiva, 2014.

MILEO FILHO, Francisco Sávio Fernandez. A seletividade na tributação sobre o consumo e o critério da essencialidade: fundamentos, limites normativos e escopo constitucional. 2021. Dissertação (mestrado em Direito) – Faculdade de Direito, Universidade de São Paulo, São Paulo, 2021. Disponível em: https://www.teses.usp.br/teses/disponiveis/2/2133/tde-13072022-111547/publico/10669190MIO.pdf. Acesso em: 8 jan. 2023.

MULHERES pagam mais por produtos "rosa". *Nota Alta ESPM*, 09 mar. 2017. Disponível em: https://notaalta.espm.br/o-assunto-do-dia/mulheres-pagam-mais-por-produtos-rosa/. Acesso em: 8 jan. 2023.

NASH, Rebecca *et al.* Cosmetics: They influence more than causasian female facial attractiveness. *Journal of Applied Social Psychology*, v. 36, 2006.

NEITZKE, Felipe. Redução de imposto busca estimular consumo e produção. *Grupo A Hora*, 02 mar. 2022. Disponível em: https://grupoahora.net.br/conteudos/2022/03/02/reducao-de-imposto-busca-estimular-consumo-e-producao/. Acesso em: 8 jan. 2023.

NOVO, Carla Mendes; MATTHIESEN, Maria Raphaela. Um incentivo às avessas: tributação do salário-maternidade transforma benefício em ônus. *Jota*, 04 out. 2019. Disponível em: https://www.jota.info/opiniao-e-analise/colunas/women-in-tax-brazil/um-incentivo-as-avessas-tributacao-do-salario-maternidade-transforma-beneficio-em-onus-04102019. Acesso em: 8 jan. 2023.

NUNES, Caroline Barbosa Bezerra. A tributação sobre rendimentos e os mecanismos de isenção fiscal como meios de reprodução de desigualdade de gênero. *In*: MELO, Luciana Grassano; TAVARES, Ana Pontes; GODOI, Marciano Seabra de (org.). *Política Fiscal e Gênero*. Belo Horizonte: Letramento, 2020.

OLIVEIRA, Daniela Olímpio de. Orçamentos (in)sensíveis a gênero no Brasil: Uma análise do Relatório de Execução Orçamentária do "Orçamento Mulher 2021. *Jota*, 15 maio 2022. Disponível em: https://www.jota.info/opiniao-e-analise/colunas/pauta-fiscal/orcamento-publico-insensivel-a-genero-no-brasil-15052022. Acesso em: 8 jan. 2023.

OXFAM BRASIL. *Bem público ou riqueza privada?* São Paulo: Oxfam Brasil, 2019. Disponível em: oxfam.org.br/publicação/bem-publico-ou-riqueza-privada/. Acesso em: 8 jan. 2023.

PAPP, Anna Carolina; LIMA, Bianca; GERBELLI, Luiz Guilherme. Na mesma profissão, homem branco chega a ganhar mais que o dobro que mulher negra, diz estudo. *Portal G1*, 15 set. 2020. Disponível em: https://g1.globo.com/economia/concursos-e-emprego/noticia/2020/09/15/na-mesmaprofissao-homem-branco-chega-a-ganhar-mais-que-o-dobro-da-mulher-negra-diz-estudo.ghtml. Acesso em: 8 jan. 2023.

PERIM, Flávia Gomes Santolin; GRUPENMACHER, Flávia Treiger; AZEVEDO, Larissa Almeida Santos. *Redução da desigualdade de gênero no trabalho doméstico*: um diálogo pelo viés tributário. *Jota,* 09 set. 2022. Disponível em: https://www.jota.info/opiniao-e-analise/colunas/women-in-tax-brazil/reducao-da-desigualdade-de-genero-no-trabalho-domestico-09092022. Acesso em: 8 jan. 2023

PISCITELLI, Tathiane. *Curso de Direito Tributário*. 2. ed. São Paulo: Revista dos Tribunais, 2022.

PISCITELLI, Tathiane. Tributação de gênero no Brasil. *Valor Econômico*, 01 ago. 2019. Disponível em: https://valor.globo.com/legislacao/fio-da-meada/post/2019/08/tributacao-de-genero-no-brasil.ghtml. Acesso em: 8 jan. 2023.

PISCITELLI, Tathiane *et al*. Tributação e Gênero. *Jota*, 03 maio 2019. Disponível em: https://www.jota.info/opiniao-e-analise/artigos/tributacao-e-genero-03052019#sdfootnote17sym. Acesso em: 8 jan. 2023.

————. *et al. Reforma tributária e desigualdade de gênero*: contextualização e propostas. São Paulo: FGV, 2020. Disponível em: https://direitosp.fgv.br/sites/default/files/2021-09/reforma_e_genero_-_final_1.pdf. Acesso em: 8 jan. 2023.

PISCITELLI, Adriana. Ambivalência sobre os conceitos de sexo e gênero na produção de algumas teóricas feministas. *In*: AGUIAR, Neuma (org.).

Gênero e ciências humanas: desafio às ciências desde a perspectiva das mulheres, Rio de Janeiro: Rosa dos Tempos, 1997. p. 49-65.

QUASE 2 milhões de empresas devem migrar de regime com a reforma tributária. *Valor Investe,* 30 jul. 2020. Disponível em: https://valorinveste.globo.com/mercados/renda-variavel/empresas/noticia/2020/07/30/quase-2-milhoes-de-empresas-devem-migrar-de-regime-com-a-reforma-tributaria.ghtml. Acesso em: 8 jan. 2023.

QUEIROZ, Luís Cesar de Souza. *Imposto sobre a Renda*: Requisitos para uma tributação constitucional. Rio de Janeiro: GZ Editora, 2018.

ROCHA, Isabelle. A pensão imposta e o custo reverso. *Jota,* 25 fev. 2022. Disponível em: https://www.jota.info/opiniao-e-analise/colunas/women-in-tax-brazil/a-pensao-imposta-e-o-custo-reverso-25022022?msclkid=d6614dc0a93811ec876e460659a63196. Acesso em: 8 jan. 2023.

———. *Tributação e Gênero*: como o imposto de renda da pessoa física afeta as desigualdades entre homens e mulheres. Belo Horizonte: Editora Dialética, 2021.

ROCHA, Sérgio André. *Discriminações de gênero e tributação*: uma abordagem estrutural. *Jota,* 27 dez. 2020. Disponível em: https://www.jota.info/opiniao-e-analise/artigos/discriminacoes-de-genero-e-tributacao-uma-abordagem-estrutural-27122020. Acesso em: 8 jan. 2023.

———. *Fundamentos do Direito Tributário Brasileiro.* Belo Horizonte: Letramento, 2020.

SÃO PAULO. Associação Comercial de São Paulo. Relação de produtos. *Impostômetro*, 2023. Disponível em: https://impostometro.com.br/home/relacaoprodutos. Acesso em: 8 jan. 2023.

SANTOS, Maria Angélica dos. *Sistema tributário*: não basta ser feminista, é preciso ser também antirracista. *Jota,* 26 ago. 2021. Disponível em: https://www.jota.info/opiniao-e-analise/colunas/pauta-fiscal/sistema-tributario-nao-basta-ser-feminista-e-preciso-ser-tambem-antirracista-26082021. Acesso em: 8 jan. 2023.

SEBRAE. Painel de empresas. *Data Sebrae,* 11 maio 2020. Disponível em: https://datasebrae.com.br/totaldeempresas/. Acesso em: 8 jan. 2023.

STAUDT, Nancy. *Taxing Housework*. Washington, D.C.: The Georgetown Law Journal, 1996, v. 84, No. 5.

STEWART, Miranda. *Tax, social policy and gender*: rethinking equality and efficiency. Camberra: Australian National University Press, 2017.

STOTSKY, Janet Gale. *Gender Bias in Tax Systems. IMF Working Paper* n. 96-99, Washington, D.C.: International Monetary Fund, 1996.

TORRES, Ricardo Lobo. *Tratado de Direito Constitucional, Financeiro e Tributário*: Os Direitos Humanos e a Tributação. Rio de Janeiro: Renovar, 2005. v. 3.

———. *Tratado de Direito Constitucional Financeiro e Tributário*: Valores e Princípios Constitucionais Tributários. Rio de Janeiro: Editora Renovar, 2014. v. 2.

————. *Tratado de Direito Constitucional Financeiro e Tributário*: Os Tributos na Constituição. Rio de Janeiro: Editora Renovar, 2014. v. 4.

UNICEF. *Pobreza menstrual no Brasil*: desigualdades e violações de direitos. Brasília, DF: Unicef, 2021. Disponível em: https://www.unicef.org/brazil/media/14456/file/dignidade-menstrual_relatorio-unicef-unfpa_maio2021.pdf. Acesso em: 8 jan. 2023.

VALCÁRCEL, Ernesto Lejeune. *Tratado de Derecho Tributario*. Bogotá: Editorial Temis, 2001.

————. Aproximación al principio constitucional de igualdad tributaria. *In:* _____. *Seis Estudios sobre Derecho Constitucional e Internacional Tributario*. Madrid: Editoriales de Derecho Reunidas, 1980. p. 145.

VELLOSO, Andrei Pitten. *Constituição Tributária Interpretada*. 2. ed. Porto Alegre: Livraria do Advogado, 2012.

VIEIRA, Helena; JANONE, Lucas. Brasil é 142° na lista internacional que aponta participação de mulheres na política. *CNN Brasil*, 23 nov. 2021. Diponível em: https://www.cnnbrasil.com.br/politica/brasil-e-142-na-lista-internacional-que-aponta-participacao-de-mulheres-na-politica/. Acesso em: 8 jan. 2023.

VILAÇA, Camila. Tributação sobre o salário-maternidade: Decisão do Supremo Tribunal Federal representa a ponta do iceberg. *Jota,* 31 ago. 2020. Disponível em: https://www.jota.info/opiniao-e-analise/artigos/tributacao-sobre-o-salario-maternidade-31082020. Acesso em: 8 jan. 2023.

WODON, Quentin; BRIÈRE, Benedicte de la. *Unrealized Potential:* The High Cost of Gender Inequality in Earnings. Washington, DC: The World Bank, 2018. Disponível em: https://openknowledge.worldbank.org/handle/10986/29865. Acesso em: 8 jan. 2023.

WOLF, Naomi. *O mito da beleza*: como as imagens de beleza são usadas contra as mulheres. 15. ed. Rio de Janeiro: Rosa dos Tempos, 2020.

ZAGARI, Daniela *et. al.* Gênero e tributação, a discriminação da mulher além do mercado de trabalho. *Aberj.com,* 12 mar. 2021. Disponível em: https://www.aberje.com.br/blog/genero-e-tributacao-a-discriminacao-da-mulher-alem-do-mercado-de-trabalho. Acesso em: 8 jan. 2023.

editoraletramento
editoraletramento.com.br
editoraletramento
company/grupoeditorialletramento
grupoletramento
contato@editoraletramento.com.br
editoraletramento

editoracasadodireito.com.br
casadodireitoed
casadodireito
casadodireito@editoraletramento.com.br